D1149732

ÉLOGE DE LA CONSCIENCE

Du même auteur

Nietzsche et la critique du christianisme
Éditions du Cerf, 1974

Essais sur la modernité : Nietzsche et Marx
Éditions du Cerf-Desclée de Brouwer, 1975

Un christianisme au présent
Éditions du Cerf-Desclée de Brouwer, 1975

Nietzsche : l'athée de rigueur
Desclée de Brouwer, 1975

Jésus-Christ ou Dionysos
La foi chrétienne en confrontation avec Nietzsche
Desclée de Brouwer, 1979

Agir en politique.
Décision morale et pluralisme politique
Éditions du Cerf, 1980

L'Église en procès : catholicisme et société moderne
Calmann-Lévy, 1987
et Flammarion, coll. « Champs », 1988

Inévitable morale
Seuil, coll. « Esprit », 1990

Lettres à un chrétien impatient
La Découverte, 1991

PAUL VALADIER

ÉLOGE DE LA CONSCIENCE

ÉDITIONS DU SEUIL
27, rue Jacob, Paris VIe

Cet ouvrage a été édité sous la direction
de Jean-Louis Schlegel

ISBN 2-02-019262-4

Introduction

On ne peut écrire un éloge de la conscience que par paradoxe, et peut-être même par provocation. Ne faut-il pas convenir en effet que le désarroi des esprits, lié à une profonde déstructuration sociale, semble rendre vaine, ou du moins extrêmement problématique, une telle référence ? Peut-on aujourd'hui encore prétendre parler sérieusement en matière de décision, donc de morale, en s'appuyant sur une base aussi fragile ? Et pourtant on ne voit pas comment trouver de fondement meilleur ni plus ferme à nos jugements moraux et à nos comportements, même si bien évidemment une telle référence ne peut pas être proposée comme unique et souveraine. Le paradoxe se redouble dès lors qu'on se place sur le terrain de la philosophie : comment, après les critiques dévastatrices de la belle âme et la mise en évidence des impasses d'une réflexivité trop ignorante des soubassements inconscients du sujet, oser parler encore de la conscience comme d'une référence crédible ? Et pourtant là encore ce sont plutôt les philosophies du soupçon ou les sciences humaines relativisantes qui sont en peine pour rendre compte de la puissance de contestation que les hommes sont capables de manifester devant l'oppression ou les structures d'injustice. A bien des égards, l'effondrement du totalitarisme n'est-il pas dû, aussi, à l'entêtement des consciences pour ne pas plier devant l'hydre ? De cela également il faut rendre compte : et si la conscience restait encore et toujours la seule référence cohérente avec nos sociétés démocratiques, la norme qui règle explicitement ou secrètement le débat public et ordonne l'agencement de la vie sociale et culturelle ?

Aussi bien un éloge de la conscience ne peut pas être naïf. C'est pourquoi il doit d'abord passer par l'écoute des critiques formulées à son endroit, et dans le même temps cette écoute ne peut pas ne pas aboutir à confirmer le bien-fondé de cette référence (chapitre 1). Certes l'appel à la conscience semble fragiliser l'individu laissé à lui-même, en quelque sorte livré à ses caprices ou aux tromperies des apparences ; c'est pourquoi la Loi ou les lois, fermes et majestueuses, s'offrent comme des références infiniment plus fiables ; ce qu'on appelle le tutiorisme en morale s'inscrit sur cette ligne ; de nos jours tout particulièrement, en une période d'instabilité, il trouve un crédit renouvelé, alors qu'il a connu ses premières expressions bien articulées précisément au moment du surgissement de la subjectivité dans la Renaissance européenne (chapitre 2). Toutefois l'éloge n'est pas l'exaltation inconditionnelle, d'ailleurs pour une raison simple : l'affirmation de la conscience a peu à voir avec la suffisance d'un homme enfin émancipé des transcendances et en peine possession de la nature comme de lui-même ; il faut même démontrer contre un cliché couramment entretenu que le foyer de naissance de la conscience morale dans la philosophie moderne n'a que peu à voir avec l'anthropocentrisme, ou la rébellion de l'homme contre Dieu, mais qu'il coïncide au contraire avec une appréciation modeste et étroitement limitée des pouvoirs de l'homme sur lui-même et sur son environnement naturel et politique (chapitre 3). C'est même ce contexte désenchanté qui rend d'autant plus inexplicable quelque chose comme la conscience : comment un être aussi peu « fixé » que l'homme, aussi livré à lui-même par la nature, aussi changeant et divers peut-il trouver, prétendre trouver en lui une norme d'action fiable et même exigeant de lui le renoncement à ses biens, à ses affections, voire à sa vie même ? Et si la conscience constitue une sorte de « miracle », ne faut-il pas insister aussi sur les conditions de son instruction (chapitre 4) ? Il le faut d'autant plus que la conscience peut se tromper et errer gravement ; elle peut prendre le mal pour le bien, ou ne plus voir où est le bien. Double question d'immense portée : la conscience peut s'aveugler sur le mal autour d'elle et s'enfermer dans ses œillères ; mais elle peut aussi être aveuglée par et dans ses démarches mêmes. Question d'autant plus grave qu'on doit tenir aussi que c'est dans la confrontation et le refus du mal que la conscience se saisit et surgit à elle-même : comment y parviendrait-elle si elle perd la conscience du mal (chapitre 5)? Mais puisqu'on a montré que l'avènement de la conscience en morale ne coïncide pas avec la tentation prométhéenne d'affirmer l'homme contre Dieu, il importe aussi de s'expliquer sur les démêlés historiques entre le catholicisme et une telle référence; abordé en divers endroits au cours de ces pages, ce contentieux mérite d'être traité comme tel en remontant aux textes fondateurs du christianisme et à l'enseignement actuel de l'Église à ce sujet (chapitre 6).

Car l'éloge est d'autant plus fondé qu'on est à même de montrer que la foi chrétienne, par toute l'entreprise d'émergence d'un homme libre susceptible de répondre en fils de Dieu à la proposition de croire et d'aimer en quoi elle tient, constitue une incitation à vivre en conscience, bien plus qu'elle offre les moyens de cette vivante stimulation.

CHAPITRE 1

La conscience, inéluctable référence

Une réflexion sur la conscience morale ne porte pas sur un secteur limité de la philosophie morale, ni sur un problème particulier. Il n'y va pas non plus d'un effet de mode, encore que, nous le verrons, la référence à la conscience renvoie bien à un trait caractéristique de la modernité philosophique et théologique. Traiter de la conscience morale consiste en réalité à aborder la nature même de la vie morale en son point central : la décision, c'est-à-dire le choix que fait une personne de s'engager sur un acte qu'elle assume de manière à pouvoir en rendre compte devant elle-même comme devant autrui, et devant Dieu si elle est croyante. Choix précaire, toujours risqué et difficile, et c'est bien pourquoi à travers la question de la conscience se trouve abordé aussi un problème anthropologique d'importance. Qu'en est-il de cet être, l'homme, non entièrement programmé dans sa conduite, conditionné de multiples façons, mais tel aussi que, sur la base de ces divers conditionnements, s'impose inéluctablement à lui la nécessité d'opter entre des possibilités et donc de choisir ce qui paraît le plus sensé, ou le moins périlleux ? Qu'en est-il de cet être livré à lui-même et laissé à son choix pour décider de sa vie, de celle des autres, de son rapport au monde ? Où trouvera-t-il les références nécessaires pour de telles options, si en lui-même les instincts ne le programment pas contrairement aux beaux et vains rêves naturalistes, et si hors de lui la multiplicité des normes et des autorités rend vain un conformisme de l'obéissance et du suivisme tranquille ?

Qu'il s'agisse là d'une caractéristique propre à la vie morale, on en trouverait un témoignage dans cette affirmation d'Auguste

Comte contenue dans son *Plan des travaux scientifiques nécessaires pour réorganiser la société* (1822) : « Il n'y a point de liberté de conscience en astronomie, en physique, en chimie, en physiologie, dans ce sens que chacun trouverait absurde de ne pas croire aux principes établis dans ces sciences par les hommes compétents. » Le maître du positivisme parle d'or, et l'on souhaiterait que ceux des scientifiques qui rêvent d'une morale calquée sur le type de rationalité cohérent avec le statut des sciences, surtout des sciences dites « dures », méditent sur leur incohérence quand ils veulent conférer à la morale une rationalité qui lui est étrangère. Comte a raison : en morale, même les principes établis par les hommes compétents sont susceptibles d'être contestés et pratiquement tournés sans qu'on juge ce comportement « absurde ». Il convient même de se demander si en ce domaine il existe des hommes plus compétents que d'autres, les « sages » eux-mêmes n'étant pas imitables toujours et en tous points... Étrange condition de la vie morale et de l'homme même...

L'enjeu

Envisagée dans toutes ses dimensions, on pressent donc que la question de la conscience morale conduit à aborder les domaines les plus fondamentaux, ceux mêmes où il y va du sens de la vie individuelle et collective. Ne critiquons-nous pas spontanément l'« inconscience » des chauffards parce qu'elle provoque de nombreuses pertes en vies humaines ou qu'elle entraîne des handicaps irréparables chez les victimes ? Ne condamnons-nous pas l'« inconscience » des responsables et des conseillers quand se produisent des accidents du type Tchernobyl ? Et, à l'inverse, nous savons aussi combien les « prises de conscience » individuelles et collectives permettent d'accélérer la solution de problèmes jusque-là insolubles. Qu'un individu ou un groupe perde cette conscience vive de sa responsabilité, ou qu'au contraire il l'acquière, et bien des nœuds de la vie publique, nationale ou internationale se trouvent soudain défaits. Mais que s'éteigne ou s'affaiblisse ou, pire encore, que se pervertisse cette conscience, et les meilleures législations sont vaines, tout autant que les avertissements les plus solennels. Que la conscience soit en éveil chez tous ou qu'au contraire elle s'éteigne, et c'est peu à peu l'ensemble de la vie sociale et des relations à autrui qui s'affermit ou vacille. C'est la personne elle-même qui trouve ou perd le sens de sa propre existence, et la société qui se délite.

Enjeu actuel

A ces considérations générales, peuvent s'ajouter des réflexions puisées à une récente actualité. Nous sortons à peine de la grande parenthèse totalitaire qui, pendant ce XXe siècle, a enfermé tant de peuples dans le carcan de l'oppression. Or, parmi les multiples leçons à retirer de cette terrible expérience, il en est une qui intéresse tout particulièrement la morale. Car ceux que bien à tort on a appelés les « dissidents » ont redécouvert d'abord, mis en œuvre en en payant le prix ensuite, proclamé enfin aux oreilles des sourds l'importance décisive de la conscience morale et de sa protestation têtue contre le mensonge totalitaire. Au moment de la proclamation de la Charte 77, le Tchèque Jan Patocka avançait une proposition renversante pour la vulgate marxiste-léniniste dominante sur tant d'esprits, en Occident notamment : « La morale n'est pas là pour faire fonctionner la société, mais tout simplement pour que l'homme soit l'homme. Ce n'est pas l'homme qui la définit selon l'arbitraire de ses besoins, de ses souhaits, tendances et désirs. C'est au contraire la morale qui définit l'homme » ; « tout devoir moral, ajoutait-il, repose sur ce qu'on pourrait appeler le devoir de l'homme envers lui-même », qui pose l'obligation « de se défendre contre toute injustice dont il serait victime ». Mais l'homme ne trouvera la force d'entrer dans cette voie qu'à condition de reconnaître qu'« il existe une autorité supérieure qui oblige les individus dans leur conscience personnelle », autorité supérieure aux institutions politiques, fondée sur le « respect de ce qui est supérieur dans l'homme[1]». Comment exprimer plus fortement l'importance d'une conscience source d'obligation et puisant en ce qui la passe tout en la constituant l'énergie pour s'opposer au mensonge organisé? Que la nature de cette «autorité supérieure» évoquée pour attester de l'énergie morale reste indéterminée dans l'article du philosophe, peu importe pour le moment : on voit clairement que, face à l'hydre totalitaire, Patocka fait appel à ce qui dans le tréfonds de l'homme (sa conscience) constitue une instance de protestation et d'attestation irréductible aux conditionnements sociaux et aux terreurs policières.

Quelques années plus tard, de sa prison, Adam Michnik n'écrivait pas autre chose au général Kiszczak, ministre de l'Intérieur du général Jaruzelski. «Dans la vie de chaque homme, général, vient un moment où pour dire simplement : ceci est noir et ceci est blanc, il faut payer très cher... A ce moment-là, le problème principal n'est pas de connaître le prix à payer, mais de savoir si le blanc est blanc et le noir noir. Pour cela, il faut *garder une conscience* (...). Général, on peut être un puissant ministre de l'Intérieur, avoir derrière soi un puissant empire qui étend sa domination de l'Elbe à Vladivostok, avoir au-dessous de soi toute la police du pays, des millions d'espions et des millions de zlotys pour acquérir des pistolets, des canons à eau, des systèmes d'écoute et aussi des indicateurs ou des journalistes rampants : et voici que sort de l'ombre un inconnu qui vous dit : ''Cela, tu ne le feras pas.'' *C'est ça, la conscience*[2].»

On n'en finirait pas d'ajouter à ces témoignages, ceux par exemple d'un Soljenitsyne ou d'un Havel : en termes analogues, ils proclament tous que la conscience n'est pas un caprice subjectif, un point d'appui branlant, mais que, face au mensonge et à l'oppression totalitaires, elle constitue une référence exigeante et incoercible, coûteuse à suivre, mais au principe de tout sens de la dignité de l'homme, petite chose de rien qui oblige à proclamer des vérités

1. *Le Monde* du 10 février 1977. Patocka devait mourir un mois plus tard, victime de ce qu'il dénonçait...
2. *Le Monde* du 29-30 janvier 1984. C'est moi qui souligne.

aussi élémentaires que « ceci est blanc, ceci est noir », et à n'en pas démordre... Petite chose que cette conscience, dont nous savons maintenant qu'elle est venue à bout, non sans acharnement et mobilisation collective, du bel empire qui donnait toute sa puissance illusoire au général Kiszczak... Grande chose aussi dont nous aurons à nous demander d'où elle tire pareille force subversive !

Il importe d'enregistrer l'écho trouvé par ces témoignages récents en faveur de la conscience dans l'enseignement de l'Église catholique, répercuté par le pape Jean-Paul II. Nous aurons à nous en souvenir quand nous entendrons aussi les réserves, pour dire le moins, que soulève au sein du catholicisme, du moins de la part du magistère ecclésiastique, la référence à la conscience en morale. Dans son message pour la Journée de la Paix, le 1er janvier 1991, le pape allait jusqu'à dire : « Aucune autorité humaine n'a le droit d'intervenir dans la conscience de quiconque. La conscience est le témoin de la *transcendance de la personne*, même en face de la société, et, comme telle, elle est inviolable [1]. » « Nier à une personne la pleine liberté de conscience, et notamment la liberté de chercher la vérité, ou tenter de lui imposer une façon particulière de comprendre la vérité, cela va contre son droit le plus intime », et le pape ajoutait que « c'est au niveau de la conscience que se pose, et que peut être plus facilement abordée, la question d'assurer une paix solide et durable », car le non-respect intolérant de cette conscience est une des sources essentielles des troubles dans le monde. Certes ces splendides et heureuses affirmations ne vont pas sans contrepartie, car le pape fait immédiatement suivre son apologie de la conscience par la réserve suivante : « Cependant la conscience n'est pas un absolu qui serait placé au-dessus de la vérité et de l'erreur ; et même, sa nature intime suppose *un rapport avec la vérité objective*, universelle et égale pour tous, que tous peuvent et doivent rechercher. » Que la conscience ne soit pas un absolu, une instance déliée *(absoluta)* de toute autre référence qu'à soi, nul n'en disconviendra, et sûrement pas les « dissidents » cités plus haut

---

1. *La Documentation catholique*, n° 2020, du 20 janvier 1991, p. 54. Souligné dans le texte.

dont certains, tel Patocka, évoquent une « autorité supérieure » ; mais le texte ne précise pas ce qu'est cette « vérité objective », véritable mesure de la conscience, référence qui constitue pourtant un leitmotiv des documents pontificaux. Pour le moment, on peut se limiter à enregistrer un accord essentiel, sans gâter trop notre plaisir et en attendant plus ample analyse. La conscience constitue bien de nos jours un rempart contre l'emprise totalitaire, et contre *toute* « autorité humaine » (Jean-Paul II *dixit*) qui voudrait en imposer à la personne par autoritarisme et abus de puissance.

Enjeu ancien

On ne doit toutefois pas conclure de ce qui précède que l'appel à la conscience serait un phénomène neuf. Il ne s'agit certes pas de nier qu'au terme d'un siècle qui se sera particulièrement illustré par la mise en place de systèmes politiques parmi les plus oppressifs que l'histoire ait connus, la pertinence de cette référence retrouve une actualité impressionnante, d'ailleurs liée à l'affirmation du caractère indépassable des droits de l'homme, notamment de la personne humaine. Mais on ne peut ignorer non plus que cette fin de siècle ne fait que retrouver les couches les plus anciennes de la tradition occidentale, et en quelque sorte la préhistoire même de la philosophie morale.

Sophocle a immortalisé la protestation d'Antigone contre les ordres de Créon : rebelle au pouvoir politique qui interdit de donner une sépulture à quiconque désobéit aux ordres du roi, Antigone en appelle aux lois divines et au devoir imprescriptible de les suivre, quoi qu'il en coûte, pour poser sur le cadavre de son frère les gestes de piété que demandent les dieux. Elle en appelle de la loi des hommes à la loi des dieux, et son geste peut à bon droit figurer comme la première protestation de la conscience individuelle devant l'injustice et l'abus de pouvoir. Hegel en tout cas n'hésite pas à affirmer qu'Antigone incarne la protestation de la conscience éthique [1] ; il note toutefois que la conscience n'est pas encore surgie avec elle « comme individualité singulière », comme décision en conscience d'une subjectivité optant pour des raisons personnelles. Antigone choisit en effet le respect des lois divines non écrites contre les lois humaines de la cité que veut faire respecter Créon. Il y a déchirure, écartèlement, conflit entre deux références incompatibles et préférence de l'une contre l'autre, mais pas encore, à proprement parler, option personnelle prise à partir de soi, « en toute conscience » ; d'ailleurs Créon n'est pas moins divisé en imposant la mort d'Antigone, c'est-à-dire en optant pour le respect des lois humaines. On a donc plus affaire au tragique d'un double destin qu'au premier mot de la conscience au sens où nous l'entendons aujourd'hui. Chacun est lié à la loi sous laquelle il s'inscrit et ne fait au fond qu'obéir à sa nécessité.

Cette perspective tragique se retrouve assez bien chez Eschyle, notamment dans *Les Perses*, et en la rappelant Hegel interdit tout anachronisme ; la rébellion d'Antigone s'inscrit dans un univers mental typiquement grec ; elle prend sens et force en lui ; elle oblige aussi, par contraste, à bien mesurer l'originalité de notre conception moderne de la conscience ; mais elle fait apparaître également que, derrière la disparité des modalités culturelles et éthiques, se fait jour un même appel ou une même exigence ; on peut attribuer des dénominations diverses à cet appel ; on peut et on doit noter qu'il s'enrobe de tonalités extraordinairement différentes, voire déconcertantes selon les contextes, et souligner en même temps qu'ici et là il s'agit toujours de la même chose : le refus de se plier à une violence instituée par appel à une instance supérieure qui fonde cette résistance. Une leçon peut en être dès maintenant tirée : nous parlons de « conscience », d'autres, à d'autres moments, ont parlé d'obéissance aux lois divines, on pourrait imaginer d'autres façons de parler encore. Il serait erroné de s'attacher à un seul terme, par exemple pour polémiquer sur son caractère insaisissable ou typiquement « moderne », sans voir l'attitude fondamentale qu'il

---

1. *La Phénoménologie de l'esprit*, t. II, p. 24 *sq.*, Paris, Aubier-Montaigne, 1951.

recouvre. Le terme importe moins que ce qu'il implique et où un enjeu radical d'humanité se laisse pressentir.

Que ce jeu d'équivalences entre notions fasse partie intrinsèque de ce qui est en cause ici, on peut en trouver un exemple particulièrement éclairant chez l'Apôtre Paul. Cherchant à enseigner *aux Romains* que le salut gracieusement offert par Dieu en Jésus-Christ inclut aussi bien les juifs que les païens, donc qu'il est universel, Paul écrit dans son *Épître* que les uns comme les autres sont incapables de ce salut, sauf à l'accueillir comme un don. Loin de relativiser la loi, cette perspective conduit à reconnaître que les juifs seront jugés sur la loi, car il ne suffit pas d'écouter la loi, mais de la mettre en pratique pour être justifié. Il n'en va pas autrement des païens, si, sans connaître la loi mosaïque, ils « font naturellement ce qu'ordonne la loi » ; dès lors « ils se tiennent lieu de loi à eux-mêmes ; ils montrent que l'œuvre voulue par la loi est inscrite dans leur cœur ; leur conscience en témoigne également ainsi que leurs jugements intérieurs qui tour à tour les accusent et les défendent [1] ». Il est significatif que Paul institue une sorte d'équivalence entre juifs et païens : la conscience, puissance de jugement intérieure aux actes humains, tient lieu chez les païens de cette autre puissance de jugement qu'est la loi chez les juifs. Conscience et loi relèvent certes de deux systèmes religieux et éthiques différents, mais entre eux des homologies sont possibles, nécessaires, et parfaitement fondées du point de vue de l'universalité du salut. Le verset qui suit immédiatement la citation précédente montre d'ailleurs qu'aux yeux de Paul le jugement éthique, si fondamental soit-il, reste en quelque sorte enrobé et secret ; seul le jugement de Dieu fera paraître au dernier jour « le comportement caché des hommes ». Ainsi des deux côtés, l'instance de jugement est à la disposition de l'homme, et pourtant elle reste en son fond comme inaccessible ou béante sur une réalité autre que l'homme même.

---

1. *Épître aux Romains*, ch. 2, v. 14 à 15. Le terme grec utilisé par Paul *(suneidésis)* a donné lieu à une abondante littérature. Pour notre propos, importe moins ce qu'entend exactement Paul sous ce terme que l'équivalence qu'il pose entre conscience chez les païens et loi chez les juifs.

Faut-il conclure qu'avec cette comparaison, audacieuse mais encore timide, Paul aborde la conscience comme nous l'abordons aujourd'hui ? On ne peut ignorer que Paul comprend toujours la conscience païenne dans un rapport à la loi, non en elle-même, comme judication ayant valeur propre et par soi, mais en tant qu'elle tient lieu de la loi (mosaïque) pour le païen. Et l'on pourrait redire ici ce que Hegel affirmait à propos d'Antigone ; nous sommes encore loin de l'affirmation selon laquelle le jugement de la conscience singulière a par lui-même une importance décisive. Et ceci doublement : d'abord parce que la conscience païenne est tout entière référée au système mosaïque dont elle est l'analogue, ensuite parce que la conscience n'est évoquée que sous la réserve eschatologique du jugement ultime de Dieu. Cette double réserve posée, il n'en subsiste pas moins un grand enseignement : Paul donne droit de cité dans le christianisme naissant à cette référence fondamentale en éthique qu'est la conscience, position qui devrait lever bien des réticences dans la tradition chrétienne, et particulièrement de nos jours ; et surtout il la situe comme une puissance de jugement en l'homme liée, quoique de façon mystérieuse, au jugement même de Dieu, puisque tout se passe comme si le jugement de la conscience obligeait avec assez de poids pour que la force de sa sentence ait à voir avec le Jugement dernier. Ainsi le jugement porté par l'homme païen sur ses actes a rapport avec le jugement que Dieu porte(ra) sur les actes humains. Il convient de noter encore que cette affirmation ne vaut pas seulement pour le païen, mais pour Paul lui-même, donc pour un juif devenu chrétien, ainsi que l'atteste un passage de la *Première Lettre aux Corinthiens* : sa propre conscience à lui, Paul, ne lui reproche rien, mais ce non-reproche, tout fondé qu'il soit, reste encore sous le jugement de Dieu qui en vérifie seul en quelque sorte le bien-fondé (ch. 4, v. 4).

On peut donc affirmer que la référence à la conscience morale se retrouve doublement dans l'archéologie de notre civilisation, puisqu'on peut attester son recours aussi bien du côté des tragiques grecs que du côté du christianisme naissant. Attestation enrobée, balbutiante, fort éloignée de ce que nous comprenons sous ce terme, encore liée à des systèmes sociaux traditionnels où elle

19

ne joue qu'en lien avec des lois divines ou avec la loi mosaïque, et dont elle reçoit sa force, son contenu et sa légitimation. En ce sens et de ce point de vue, la conscience n'a encore qu'une valeur relative, mais déjà bien affirmée. Impossible dès lors de ne pas accorder tout le sérieux requis à une telle référence aussi nettement marquée dans notre héritage philosophique et religieux.

Les critiques

Comment expliquer cependant qu'une référence aussi classique puisse faire l'objet de réserves et de critiques ? Pleinement dégagée de ses enveloppements traditionnels, la conscience ne peut-elle pas constituer une base unanimement reconnue et incontestable ? Pourquoi faut-il alors que des philosophes ou des autorités religieuses en dénoncent les faiblesses et même le danger ? On peut rassembler les critiques sous trois chefs d'accusation, sans aucunement prétendre ici à l'exhaustivité, et en les organisant par gradation dans la vigueur de la remise en cause.

Fragilité et inconsistance

Une première critique va quasiment de soi. N'est pas Antigone qui veut : et donc celui ou celle qui, au nom d'un tel héritage, se prend pour l'héroïne grecque assume de nos jours le risque d'élever tout bonnement son caprice ou son intérêt au rang de lois divines ! Qui niera en effet que, dans le contexte de déstructuration sociale très avancée que connaissent les pays dits développés, l'individu est très souvent livré à lui-même et que sa protestation peut trouver une base davantage dans ses frustrations ou ses impuissances que dans un impératif éthiquement fondé ? En témoignerait le désarroi de toute une jeunesse dans des quartiers à l'abandon : la désintégration des liens familiaux, l'anonymat des banlieues, l'échec de nos systèmes scolaires centrés sur l'instruction plus que sur l'éducation, ou ordonnés à la compétitivité plus qu'à l'acquisition d'une vraie culture, ne favorisent guère l'accès à la maturation du jugement éthique, et tout simplement la formation de personnalités psychologiquement fortes et moralement motivées. Bien des éducateurs sociaux, témoins d'une inquiétante évolution des comportements, s'alarment devant tant de couches jeunes de la population qui semblent avoir perdu jusqu'à la notion même d'une distinction entre le bien et le mal : une criminalité quotidienne en témoigne, aussi bien que l'usage de drogues dont la toxicité ne semble même pas toujours perçue par les adeptes. La libéralisation sexuelle, sur laquelle tout a été dit, contribue pour sa part à l'instabilité des psychologies et des comportements, dont elle est aussi l'un des premiers effets. Comment alors, dans ce contexte de perte d'identité personnelle, attendre que le recours à la conscience constitue une base ferme de jugement ? La contestation en conscience d'Antigone prenait sens à s'opposer à la fermeté et à la rigueur d'un ordre politique et social impérieux : mais devant un réseau relâché et gravement lacunaire des relations sociales, ou déjà familiales, le recours à la conscience ne perd-il pas tout sens ? En deçà même de l'individualisme censé caractériser nos sociétés modernes, n'assistons-nous pas à une déstructuration ou à une non-structuration des consciences, en sorte que l'individu n'a même pas la possibilité d'accéder à lui-même, livré qu'il est à la bande, aux comportements stéréotypés et aux manipulations de toute sorte sans même s'en rendre compte ? En ce sens, alors que d'aucuns dissertent savamment sur l'individualisme moderne, bien de nos contemporains sont incapables d'accéder à ce minimum de conscience de soi qui en ferait des individus autonomes... Dans ce contexte, faire comme si la conscience pouvait fournir une référence ferme à la conduite ou à la protestation devant l'ordre des choses manifesterait une préoccupante méconnaissance de l'état des esprits. Ce serait vouloir fonder la morale sur le vide.

Ainsi a-t-on pu parler d'un citoyen sans vertu ou d'un homme sans qualité pour caractériser l'homme actuel. Ce contexte explique qu'aux États-Unis notamment, ceux qu'on appelle les « communautaristes » aient développé de fortes critiques contre l'appel à la conscience, jugé idéaliste et contribuant à aggraver la destruction du lien social. Dans une grande proximité avec les thèses chères à F. Hayek, Michael Oakeshott [1] a pu opposer deux formes de vie morale : celle des traditions et des conventions, stable quoique évolutive, qui fournit à l'individu des règles à suivre et dans lesquelles il peut en quelque sorte se couler, même s'il lui arrive de se rebeller, et celle des idéaux déstabilisateurs reposant sur la conscience ou sur « la poursuite autoconsciente d'idéaux moraux ». Le christianisme en particulier serait passé de la première forme de la morale à la seconde, et ceci dès le IIe siècle de notre ère..., s'identifiant ainsi à une idéologie. Cette transformation, ou ce reniement, aurait des conséquences tout à fait néfastes, car l'insistance sur la conscience déstabilise les mœurs en introduisant une instance critique là où il s'agit avant tout de fidélité ; elle culpabilise là où s'agit avant tout de se conformer à ce qui passe pour avoir toujours été, les mœurs, les coutumes, les façons de faire et de vivre. Que nos sociétés connaissent ainsi dans les comportements et dans leurs raisons d'être désarroi et impuissance ne saurait étonner que les naïfs... Elles héritent de siècles au cours desquels elles ont patiemment élevé « une tour de Babel » avec le résultat bien connu : confusion des idéaux et incapacité à savoir quoi faire dans le comportement public et privé. Certes Oakeshott reconnaît que son opposition en deux formes extrêmes de vie morale est trop tranchée, mais il insiste sur ce qu'il considère comme un fait acquis, et malheureux : nos sociétés valorisent la recherche d'un idéal moral choisi, conçu, supposé apte à guider une existence, mais elles ont perdu le sens de la morale comme sagesse ou manière de vie léguée par la tradition. Elles méprisent le « capital d'idéaux moraux » lentement accumulé et offert dans les mœurs reçues encadrant les comportements. D'où les effondrements soudains auxquels nous assistons, qui frappent collectivement les sociétés, et singulièrement les individus livrés à eux-mêmes sous prétexte de liberté et de conscience.

1. In *Antitheory in Ethics and moral Conservatism*, New York, 1989, ch. 8 : « The Tower of Babel ».

Ces analyses frappent particulièrement aujourd'hui parce que, tout en étant soutenues par une critique philosophique non dénuée de force, elles renvoient à une expérience sociale largement partagée. En un sens pourtant, elles ne sont pas neuves ; elles reprennent en les réactualisant les thèmes déjà présents dans le traditionalisme du XIXᵉ siècle. Lamennais, dans sa phase antimoderne, ne disait pas autre chose quand il écrivait [1] : « La philosophie de nos jours a bien vu que la souveraineté de la raison individuelle, qu'elle appelle aussi *liberté de conscience*, n'était qu'un principe de destruction, qui devait, par son effet propre, renverser peu à peu toutes les vérités et toutes les croyances... La religion du siècle est le droit pour chacun *de suivre ce qui lui plaît* ; et cela sans limites, sans restrictions, et autant en ce qui tient aux devoirs qu'aux croyances... La religion du siècle est l'abolition de toute loi divine et humaine, de toute morale et de toute société. » On ne saurait mieux assimiler conscience et fantaisie, liberté et arbitraire subjectif.

Mais ce diagnostic retrouve des couleurs neuves chez les auteurs américains qui opposent à l'effondrement éthique attribué aux effets du libéralisme éthique la fermeté des traditions sociales. Oakeshott s'inscrit lui-même dans la mouvance d'un philosophe plus connu, Alasdair MacIntyre. L'un et l'autre impressionnent davantage par la netteté sans concession de leur critique que par la pertinence de leurs solutions. Ainsi MacIntyre a d'abord semblé proposer la reconstitution de communautés de conviction, susceptibles de recréer un lien social et d'offrir des alternatives éthiques, dans son livre célèbre *After Virtue*, dont la tonalité alarmiste frappait : ne concluait-il pas que « les barbares n'attendent pas au-delà des frontières ; ils nous gouvernent déjà depuis un bon bout de temps », tout en appelant à un éveil et à une mobilisation puisque « c'est notre inconscience de ce fait qui constitue une part de l'impasse

---

1. *De la religion considérée dans ses rapports avec l'ordre politique et civil*, Genève, Éditions du milieu du monde, ch. VI, § III, p. 159. Ce texte date des années 1825-1826 (les italiques sont dans le texte).

actuelle[1]». Mais sa production ultérieure[2] s'est plutôt orientée vers une acceptation réservée des traditions morales présentes dans la modernité, tout en valorisant la tradition aristotélico-thomiste, considérée comme la seule apte à fournir une réponse adéquate aux défis actuels.

Ces hésitations indiquent bien la limite des propositions de la perspective « communautariste » : aux vives critiques qu'elle avance à l'égard de la moralité actuelle, elle répond par des thérapeutiques peu convaincantes, puisqu'elle met en avant soit une valorisation de communautés restreintes, ce qui laisse très en deçà des défis massifs du présent, soit par l'exaltation d'une tradition philosophique aristotélico-thomiste, certes vigoureuse, mais dont les principes sont extrinsèques à la modernité, et donc vraisemblablement peu aptes à répondre aux apories actuelles. Du coup l'irréalisme des réponses jette un doute sur la justesse du diagnostic : celui-ci ne reste-t-il pas marqué de nostalgie à l'égard de traditions éthiques bien structurées qui offrent à la conscience des modèles indiscutables à suivre ? Un tel modèle a-t-il jamais existé (que l'on songe à Antigone déjà divisée entre deux traditions) ou ne s'agit-il pas d'une reconstitution après coup à laquelle on donne une consistance a posteriori et factice ? A supposer que malgré tout ce modèle doive être proposé, comment le restaurer dans un univers où le principe de la souveraineté de la raison individuelle, pour parler comme Lamennais, a surgi et s'impose ? N'est-ce pas en s'appuyant sur ce principe qu'on relèvera les défis éthiques de nos sociétés, plutôt qu'en rêvant au bon vieux temps des coutumes prétendument indiscutées et au renouveau de traditions philosophiques vénérables, mais peu compatibles avec les principes sur lesquels se pensent et se vivent nos sociétés ? De toute façon, nous relisons le passé à partir de la modernité philosophique, ainsi que l'atteste très clairement l'interprétation que propose MacIntyre de la pensée d'Aristote basée sur

---

1. *After Virtue. A Study in moral Theory*, University of Notre-Dame Press, 1981, p. 245.
2. *Three Rival Versions of moral Inquiry*, Duckwork, Gifford Lectures, 1988.

les thèmes de la narrativité et de l'historicité, c'est-à-dire sur des thèmes caractéristiques de l'approche moderne des choses. Une reconstitution bricolée du passé éthique ou philosophique reste une reconstitution artificielle ; en outre, et tel est le paradoxe, son volontarisme tombe directement sous le diagnostic impitoyable d'un Oakeshott : il faut revenir autoritairement à ce qui a effectivement disparu...

Des guides pour la conscience

La remise en cause de la conscience dans la perspective précédente méritait attention, car elle constitue en quelque sorte le vivier de la plupart des critiques. Selon des modalités variables et des considérants divers, tout a été dit là sur la faiblesse, voire l'inconsistance ou même le danger destructeur de cette référence. On peut voir également dans ces mises en garde le foyer à partir duquel comprendre les avertissements développés au sein du catholicisme, notamment du côté du magistère ecclésiastique. MacIntyre d'ailleurs n'a jamais caché que sa remise en honneur de la tradition aristotélico-thomiste allait de pair avec l'importance qu'il attache à une autorité morale dans l'Église, seule apte, pense-t-il, à fonder un consensus moral, sur la base d'un accord stable et véritable entre les esprits [1]. La référence à une hiérarchie s'emboîte d'ailleurs de manière très cohérente avec la valorisation des traditions : qui en effet plus qu'une hiérarchie peut rappeler une tradition et la rendre actuelle par ses prises de position ? Qui peut plus qu'elle mettre la conscience devant ses devoirs et la détourner de ses tentations ou de ses égarements ?

Tel est bien le contexte à partir duquel la hiérarchie catholique elle-même aborde le problème de la conscience ; comme on l'a déjà vu à propos de Jean-Paul II, le oui est franc, mais non point

---

1. Surtout dans *Whose justice ? Which rationality ?*, University of Notre-Dame Press, 1979 (trad. fr. *Quelle justice ? Quelle rationalité ?*, Paris, PUF, 1993.)

inconditionnel : oui à la conscience, mais en tant que celle-ci s'incline devant « la vérité objective » ; cette expression peu ou pas définie dans le texte cité précédemment n'est pas la seule à être utilisée pour poser une limite à la conscience ; elle est parfois mise en équivalence avec la « loi naturelle », quand il est dit par exemple que « les "rythmes naturels mêmes, inhérents aux fonctions génératrices" *appartiennent à la vérité objective de ce langage* (du corps) [1] ». On pourrait penser que cette ouverture à la « vérité objective » ou au « langage du corps », expression de la « loi naturelle », devrait offrir à la conscience la plus grande autonomie de décryptage, hors de toute référence ou soumission à une autorité : n'est-ce point à elle qu'il revient de reconnaître ses obligations dans la lecture de la réalité et de s'y soumettre en toute indépendance ? Mais on se tromperait si l'on concluait des affirmations précédentes que la personne serait à même de déchiffrer seule ce langage, et donc d'accéder assurément à ladite « vérité objective », sous le prétexte qu'elle pourrait en quelque sorte lire cette vérité dans son langage ou à partir de son expérience. Car la personne peut s'égarer et méconnaître les exigences de la « vérité objective ». C'est pourquoi la conscience a besoin d'un guide, et elle le trouve dans le magistère ecclésiastique. Ainsi « le Magistère de l'Église ayant été institué par le Christ Seigneur pour éclairer la conscience, se réclamer de cette conscience précisément pour contester la vérité de ce qui est enseigné par le Magistère comporte le refus de la conception catholique, tant du Magistère que de la conscience morale. Parler de dignité intangible de la conscience, sans autre spécification, expose au risque d'erreurs graves [2] ».

Cette affirmation ecclésiologique assez massive s'accompagne parfois de considérations plus nuancées : si la conscience ne peut pas être un guide sûr en toute hypothèse, cela vient aussi pour une

---

1. *La Documentation catholique*, n° 1883, du 4 novembre 1984, p. 1010 (audience du 5 septembre 1984). Italiques dans le texte.
2. *La Documentation catholique*, n° 1976, du 15 janvier 1989, p. 61 : Allocution au IIe Congrès international de théologie morale pour le XXe anniversaire d'*Humanae Vitae* (théologiens majoritairement membres de l'Opus Dei).

part de ce que son accès à la vérité suppose un long et difficile travail, cela tient aussi pour une autre part à la nature de la vérité. Si celle-ci est identifiée à la Révélation de Dieu, combien la conscience individuelle doit-elle faire preuve d'humilité pour s'ouvrir à cette Révélation et ne pas prétendre trop vite en tenir le secret ! Selon le message pour la Journée de la Paix du 1er janvier 1991, déjà cité, « plus que tout autre le chrétien doit se sentir obligé de *conformer sa conscience à la vérité*. Face à la splendeur du don gratuit de la révélation de Dieu dans le Christ, avec quelle humilité et quelle attention il doit être à l'écoute de la voix de sa conscience ! Combien il doit se méfier de sa lumière limitée, combien il doit être prompt à apprendre et lent à condamner ! ». Et qui peut mieux lui apprendre les insondables dimensions de la vérité que le magistère ecclésiastique, qui, d'étonnante manière, ne semble pas soumis aux règles pourtant jugées indispensables à un accès authentique à la Vérité, puisque ledit magistère paraît détenir comme sous la lumière de l'évidence ce qu'il est, dit-on, si difficile à tout croyant de reconnaître ? Cette conception, cela va de soi, ne laisse guère de place au désaccord ou au dissentiment ; toute divergence, surtout si elle est affichée, relève du défi à l'autorité et traduit une complaisance grave envers le principe du libre examen, la conscience du fidèle ou celle du théologien s'érigeant alors en norme de vérité[1]. Or, « s'ériger en norme de vérité est une des tentations qui reviennent en tout temps, même chez les chrétiens », dit encore Jean-Paul II dans son message sur la Paix, quoique cette remarque posée dans sa généralité semblerait valoir en effet pour tout chrétien, y compris pour ce chrétien qu'est un membre du magistère... A vrai dire, les textes récents ne sont point homogènes, ni dans leurs arguments ni dans leurs attendus ; ils oscillent entre une franche et vigoureuse acceptation de la liberté de la conscience, surtout en direction des États et donc vers l'« extérieur », et une nette réserve des effets

---

1. Le refus du dissentiment est particulièrement net dans l'*Instruction sur la vocation ecclésiale du théologien*, texte émanant de la Congrégation pour la doctrine de la foi (mai 1990), in *La Documentation catholique*, n° 2010, du 15 juillet 1990, p. 693-701. Il est réitéré dans l'encyclique Splendeur de la Vérité (août 1993).

d'une telle acceptation à l'intérieur de l'Église. Si la cohérence n'est pas le fort de cette position, au point que la crédibilité de cette exaltation de la liberté de conscience en est affectée auprès de nombre de bons esprits, la ligne de fond est assez claire.

On doit toutefois noter qu'à la différence des traditions calvinistes et jansénistes, la suspicion à l'égard de la conscience en régime catholique s'enracine peu ou pas sur une référence au péché originel. Certes, des idéologues de second ordre avancent bien ici ou là l'idée que l'homme est incapable de découvrir les principes du bien et du mal à cause du péché originel, et qu'il ne pourrait que « bricoler sa vie » si, par bonheur, un magistère dans l'Église ne lui fournissait pas un discours « incontestable en matière morale », apte à « préciser les intentions divines » *(sic)*, donc à trouver ainsi la certitude morale extrinsèque à laquelle il ne peut prétendre par lui-même, à moins d'un coupable orgueil. Cette justification, *ad hominem* si l'on peut dire, d'un magistère moral n'est d'ailleurs pas propre au catholicisme, il vaudrait mieux dire à un catholicisme vulgarisé. Dans une perspective calviniste stricte, Jacques Ellul expliquait aussi naguère [1] qu'à cause du péché originel l'homme est « esclave du péché, et finalement rien d'autre » (p. 53), par conséquent que sa liberté « n'existe à aucun niveau » (p. 51) ou qu'elle « est extrinsèque, qu'elle lui est donnée de l'extérieur » (p. 74 et 81) ; à liberté inexistante, conscience pervertie, donc aussi incapacité à décider par soi-même, à moins de décider pour le mal et dans le péché. Inutile dans ce contexte théologique d'en appeler à la conscience morale, puisque, par principe et dès l'origine, une référence de cet ordre serait contaminée par le péché. Seule l'extériorité radicale de la Parole de Dieu et de la Rédemption peut de manière extrinsèque conférer une liberté d'emprunt. En contexte calviniste, assurément aucun magistère n'est l'interprète fidèle des « intentions divines », mais le fidèle trouve dans la Parole de Dieu, consignée dans les Écritures, tous les éléments de la droite conduite, et, *last but not least*, on ne doit pas sous-estimer ce magistère larvé

---

1. *Éthique de la liberté*, Genève, Labor et Fides, 1973, 2 t. (au début du premier tome).

qu'exerce le théologien Ellul qui, interprétant avec assurance la Parole, décrète savamment, sinon infailliblement, ce qu'il en est de la vraie vie chrétienne tout au long d'un volumineux ouvrage par rapport auquel le dissentiment ne semble pas avoir beaucoup droit de cité...

Le rapprochement entre le magistère romain et cette forme (intégrisante?) de calvinisme peut surprendre; on voit pourtant qu'à partir de données différentes la conscience se trouve ici comme là relativisée et encadrée, soit par une hiérarchie censée connaître la « vérité objective » et la déclarer, soit par référence à la Parole de Dieu dûment interprétée par un théologien, mais surtout posée en seul recours contre l'esclavage du péché. Il faut même dire que l'utilisation de la doctrine du péché originel (dont n'abuse pas, on l'a noté, l'actuel magistère catholique) est particulièrement redoutable et dangereuse : imparable même au premier abord, car si l'homme est réellement incapable de discerner le bien et le mal à cause de sa nature radicalement corrompue, aucun appel à la conscience ou à la liberté ne trouve de raison d'être; redoutable surtout car si cette théorie est vraie, comment supposer qu'une conscience aussi pervertie puisse seulement entendre et lire correctement la Parole de Dieu? Faussée en sa racine, comment discernerait-elle en elle l'écho du bien, dont elle est censée tout ignorer? Assurément, elle a alors besoin d'un guide (magistère ou théologien éclairé comme Ellul), mais par quel miracle le guide échappe-t-il lui-même au sort de la commune humanité, et se trouve-t-il délivré de la corruption originelle? Faut-il supposer chez lui une illumination divine particulière, résultat d'une libre et gracieuse prédestination? De telles constructions intellectuelles sont-elles soutenables?

On l'a noté : la hiérarchie romaine ne s'appuie pas, ou rarement, sur le péché originel pour fonder son intervention par rapport à la conscience. En quoi d'ailleurs elle garde une heureuse et prudente distance par rapport à une surévaluation indue de ce thème théologique, et se maintient, si l'on ose dire, dans une ligne très catholique de pensée. Il n'en reste pas moins que des problèmes se posent selon la perspective adoptée. Il est très abondamment dit par exemple que la conscience doit se former, qu'elle n'est pas immédiatement adéquate au vrai et au bien, qu'elle doit donc entreprendre une tâche difficile et de longue haleine. Mais cette très bienfaisante et juste recommandation ne semble jamais appliquée au magistère lui-même comme si, en ce qui le concerne, sa conscience de la vérité n'avait nul besoin d'être formée ou informée par une lecture sérieuse des Écritures, par la tradition, l'expérience, l'échange partagé avec la communauté croyante, l'écoute des frères ou la consultation des compétences diverses, l'information concernant les données nouvelles ou simplement une juste appréciation des situations. Le magistère ecclésiastique déplore souvent que sa parole soit mal reçue par l'opinion, même catholique; et il s'en prend à l'idée que, de nos jours, le règne du libre examen révoque toute autorité extérieure à la conscience. En est-il réellement ainsi? Une autorité n'est pas a priori refusée dès lors qu'elle est à même d'exhiber ses attendus, d'avancer les arguments en faveur de ses prises de position, d'expliquer les raisons de ses arrêts, de montrer comment elle en est venue aux conclusions auxquelles elle s'arrête, bref comment elle s'est elle-même formé un jugement. Ainsi en est-il dans le domaine des sciences où l'on ne voit pas que par principe l'autorité soit récusée. Mais par contre l'appel à une « vérité objective » dont on ne montrerait pas en quoi elle fait vérité, en quoi elle peut être proposée par un sujet vivant à un autre sujet vivant, suscite des réticences, d'autant plus fondées que l'autoritarisme a souvent abouti à des abus ou a justifié des pratiques ou des comportements moralement condamnables. La crédibilité se gagne, et elle se gagne d'autant plus difficilement que le passé, même récent, contient trop d'exemples où l'autorité, religieuse, politique, scientifique s'est gravement égarée, alors que des consciences courageuses, apparemment mieux formées ou mieux averties qu'elle, relevaient le flambeau d'une vérité trahie par ceux qui devaient la défendre.

Ainsi on ne niera pas que la conscience ait besoin de guides, mais les guides eux-mêmes ne sont pas statutairement installés dans le vrai ou le bien; ils ont aussi par le jeu de la relation humaine, de l'expérience partagée, par l'ouverture aux traditions vivantes à se faire une conscience droite et à l'éprouver sans cesse au long des épreuves de la vie. Et si les consciences connaissent aujourd'hui les désarrois que nous avons évoqués, c'est sans doute parce qu'elles manquent de guides crédibles, d'autorités qui fassent autorité, de références qui provoquent à devenir soi-même référence. Loin donc de récuser des guides, nous devons en réclamer, mais non point des guides qui nous fassent croire qu'ils échappent à la commune humanité : des guides qui, fraternels, se disent en recherche de la vérité, et proposent les critères qui permettent de la distinguer, ce dont les traditions religieuses ne manquent assurément pas. On voit mal comment des guides « institués par le Christ Seigneur » seraient dispensés de se soumettre eux-mêmes à cette « vérité objective » élémentaire, condition actuelle, et sans doute permanente, pour la crédibilité d'une parole sensée. On peut même soutenir que, plus que d'autres, leur mission les appelle à s'y plier sans réticence, puisqu'il y va de l'accomplissement fécond de leur charge.

Subjectivité et règne du même

Les objections précédentes s'articulent assez bien les unes par rapport aux autres, même si les considérations théologiques ajoutent à la force de la critique. On peut encore leur donner une radicalité supplémentaire si l'on observe que l'appel à la conscience est typique de la métaphysique moderne et qu'avec elle s'est instituée une profonde rupture par rapport à l'Être. Martin Heidegger n'a cessé de développer cette thèse ; on la trouve en particulier dans les pages consacrées à Nietzsche, magnifiques de profondeur autant que contestables quant à la lecture qu'elles offrent du philosophe de Sils-Maria [1] : elles nous renseignent infiniment plus sur la pensée de Heidegger que sur celle de Nietzsche, prétexte à dissertations fulgurantes quoique peu rigoureuses du point de vue

---

1. M. Heidegger, *Nietzsche*, Pfullingen, Neske, 1961, 2 t. (tr. fr. par P. Klossowski, Paris, Gallimard, 1971). Voir surtout dans le 2ᵉ tome, le ch. 5 consacré au nihilisme européen d'où sont extraites les citations données.

philologique. La thèse essentielle est surtout développée à propos de Descartes, non sans que Heidegger ait situé l'entreprise cartésienne en rupture par rapport à la théologie chrétienne médiévale et à la doctrine de la création, qui, selon lui, ne porte pas sur l'étant en tant que tel, mais vise à assurer le salut de l'homme. Avec Descartes, explique-t-il, s'accomplit la rupture aussi bien par rapport à cette théologie que par rapport à la philosophie antique, et cette rupture est marquée par l'avènement de la subjectivité, c'est-à-dire par cette affirmation selon laquelle « l'homme se sait lui-même absolument certain en tant que l'étant dont l'être est le plus certain ». Il est l'étant qui trouve en lui-même et par lui-même une certitude qu'il ne trouve nulle part ailleurs, et l'on songe au *Cogito* cartésien. La question « qu'est-ce que l'étant ? » se change en recherche d'un fondement absolu et inébranlable de la vérité ; et cette vérité l'homme pense la trouver en soi ; « l'homme pose une certitude semblable en vertu de laquelle et au sein de laquelle il devient certain de lui-même en tant que l'étant qui de la sorte se pose soi-même sur soi ». Par cette affirmation de la liberté et de la subjectivité s'opère la rupture par rapport au christianisme et s'annonce ce que Heidegger ne craint pas d'appeler la « sécularisation » du christianisme. Descartes donne à l'homme moderne son fondement métaphysique en tant que liberté sûre d'elle-même et se posant en législateur autonome. Devenue certitude, la vérité est ce que la conscience peut se représenter, et elle peut désormais se représenter et s'approprier l'étant en sa totalité. D'où le lien de cette prétention avec la volonté de puissance, dont Nietzsche tirera toutes les conséquences démiurgiques, selon Heidegger. Au lieu de s'ouvrir à la différence sans fond et proprement abyssale entre l'Être et l'étant, la subjectivité moderne s'enferme ainsi dans le règne du même (ou de la technique appropriatrice).

On voit la radicalité de la critique. En s'en prenant à la subjectivité et en l'inscrivant dans un projet global, celui de la métaphysique ou celui de l'oubli de l'Être tel qu'il se lit dans les soubresauts du monde moderne, Heidegger donne une caution philosophique de taille aux objections précédentes, quoique de manière tout à fait indépendante. Il est intéressant de noter que, sur des bases intel-

LA CONSCIENCE, INÉLUCTABLE RÉFÉRENCE

lectuelles fort opposées à celles de Heidegger, Emmanuel Lévinas situe également l'avènement de la conscience sous le règne du même, puisque la conscience, selon lui, suppose un sujet bien armé et sûr de lui, jouissant en quelque sorte de sa propre essence dans l'oubli de l'autre ; la conscience a part à la totalité close dans laquelle des consciences séparées se croiraient aptes à communiquer ou à se reconnaître sur la base de leur autoconstitution. C'est oublier, prétend le philosophe, que « la subjectivité se passe comme une passivité plus passive que toute passivité », qu'elle est « vulnérabilité, exposition à l'outrage, à la blessure (...), traumatisme de l'accusation subie jusqu'à la persécution par un otage, mise en cause, dans l'otage, de l'identité se substituant aux autres : Soi — défection ou défaite de l'identité du Moi » [1]. Ainsi donc autrui ou son visage sont-ils toujours premiers, antécédents à toute conscience, et la blessant ou la provoquant à devenir consciente de sa responsabilité.

Ce serait outrepasser grandement le projet de cet exposé que d'entrer dans la discussion des thèses de deux philosophes aussi importants que ceux qui viennent d'être cités. Il importe cependant d'enregistrer une identique réserve à l'égard d'une subjectivité sûre de soi, qui, à leur dire, serait liée au règne moderne de l'oubli de l'Être ou de la totalité close et exclusive du monde de l'altérité. Cette réserve assurément s'appuie sur des considérants très différents chez l'un et chez l'autre, mais à sa façon elle pose la question du fondement de la décision morale aujourd'hui. Et nous retrouvons nos questions antérieures, d'abord dans les perspectives de Heidegger : une décision sensée est-elle impossible sur l'horizon de la métaphysique occidentale ? Poésie et méditation silencieuse d'un Être toujours dérobé sont-elles les seules issues ? Sommes-nous livrés à l'emprise ensorcelante de la technique, et donc les jouets de la volonté de puissance ? On sait qu'il n'y a pas place pour une morale dans la pensée de Heidegger ; on peut même

1. Emmanuel Lévinas, *Autrement qu'être ou au-delà de l'essence*, M. Nijhoff, 1974, p. 30-31. Affirmations semblables p. 85 où Lévinas récuse toute identité « qui resurgirait comme caillot qui se coagulerait sur soi, coïnciderait avec soi »...

situer là l'une des ambiguïtés majeures de sa philosophie aussi bien que l'une des sources de ses propres responsabilités (ou irresponsabilités) pratiques : faut-il contempler impuissants l'extension de l'emprise technicienne, portée qu'elle serait par une volonté de puissance dévorante, ou en appeler à de nouveaux dieux sauveurs, selon un article célèbre du philosophe ? MacIntyre en appelait déjà en finale de *After Virtue* à un nouveau saint Benoît pour nous sauver des barbares ; faut-il maintenant attendre la venue de dieux salvateurs ? Nous sommes d'autant plus sur nos gardes que les héros auxquels Heidegger mit sa confiance pour rénover un peuple corrompu soulèvent de légitimes et insurmontables objections... de conscience, et ce ne sont pas les (trop) fulgurantes justifications trouvées dans le destin de la métaphysique pour justifier l'avènement d'une ère nouvelle qui pourront impressionner. A trop prouver, on affaiblit sa cause. Dès lors, si ambigu que soit son recours, pouvons-nous vraiment faire l'économie de cette référence à la conscience pour décider dans le contexte qui est le nôtre et sans rêver d'un mythique retour aux Grecs ?

Sans aucunement le confondre avec Heidegger, Lévinas offre-t-il une issue plus heureuse ? On admire l'entreprise qui institue l'éthique en philosophie première et qui cherche à briser l'encerclement de la totalité fermée sur soi. Mais il est étrange de constater à quel point cette éthique reste sans contenu et peu préoccupée des questions morales concrètes dans lesquelles pourraient s'éprouver et se rendre vraies les considérations métaphysiques souvent abruptes du philosophe. Le vis-à-vis des altérités est tellement souligné que le jeu des médiations par lesquelles elles doivent bien se rapporter l'une à l'autre pour nouer des liens vivants est pratiquement omis. Est-ce peur de retomber dans la mêmeté et de faire le jeu de la totalité ? Mais comment l'existence morale échapperait-elle à ce qui constitue son milieu et écarterait-elle l'épreuve de son expérience concrète ? Par ailleurs, Paul Ricœur a justement remarqué [1] que « si l'intériorité n'était déterminée que par la seule volonté de repli

_____

1. Paul Ricœur, *Soi-même comme un autre*, Paris, Éditions du Seuil, 1990, p. 391 (dixième étude).

et de clôture, comment entendrait-elle jamais une parole qui lui serait si étrangère qu'elle serait comme rien pour une existence insulaire ? Il faut bien accorder au soi une capacité d'accueil qui résulte d'une structure réflexive », et donc admettre que la conscience n'est pas pure passivité ou déshérence. En quoi nous retrouvons l'objection déjà élevée à propos de la liberté corrompue selon Ellul : comment une conscience sans un minimum de certitude de soi ou de consistance propre pourrait-elle jamais entendre autrui et répondre à ses sollicitations ? Ici encore, nous devons entendre les objections, mais apercevoir aussi à quelles impasses elles conduisent. C'est pourquoi nous sommes plutôt confirmés dans la conviction que, contestée, et sans doute contestable, la référence à la conscience occupe une position stratégique pour la vie morale dans une société sortie du monde des certitudes fournies par les traditions. Si nous n'attendons ni un nouveau saint Benoît, ni de nouveaux dieux, et si nous ne rêvons pas non plus d'instituer des communautés fortes qui rendraient vives les traditions mortes, pouvons-nous faire l'économie d'une instance qui, alertée et droitement avertie, est capable en effet de résister à l'emprise totalitaire, donc au règne du même, comme les « dissidents » évoqués plus haut l'attestent sans ambiguïté ?

Une référence inéluctable

La diversité des éthiques et la conscience

Pour voir clair en cette question, il faut repartir de l'inquiétude manifestée par les « communautaristes » ; ils alertent légitimement il est vrai sur les effets désastreux de la perte des traditions morales dans les sociétés modernes, et corrélativement mettent en doute l'aptitude de la conscience à porter des jugements droits. Que leur diagnostic désigne certains des maux parmi les plus préoccupants de l'actualité, entraîne-t-il à leur accorder ce qui est implicite dans leur position : il serait désormais possible de retrouver les sagesses antiques dans lesquelles l'individu recevait sans discuter les normes de la bonne conduite (Oakeshott), ou tout au moins de s'appuyer sur la seule tradition (Aristote, saint Thomas) apte à fournir la base de la juste décision (MacIntyre) ? Pour répondre, il faut remonter en deçà de la diversité des traditions morales présentes en nos sociétés et tenter de comprendre le fondement de cette diversité. Est-elle le résultat d'une décadence, le signe d'une dégradation de l'esprit public, l'effet d'une idéologie libérale perverse, ou cette diversité trouve-t-elle des raisons fondamentales et durables telles qu'il serait vain ou naïf de vouloir en effacer la présence ?

Il est bien vrai que la diversité éthique est au premier abord un scandale, du point de vue même de la réflexion et de la vie morales. Car une morale doit constituer un ensemble cohérent et stable dans lequel et par lequel l'individu trouve les réponses nécessaires à sa conduite. Qu'une morale fournisse ainsi un tout complet permettant d'ordonner la vie individuelle et de conduire la vie du groupe s'impose d'autant plus que l'être humain ne trouve pas en lui-même, à la différence de l'animal, des programmes d'action bien établis et fiables. De cette faiblesse congénitale et insurmontable, l'humanité triomphe par l'institution des sociétés qui constituent comme autant de réponses inventées aux défis naturels posés par l'être-au-monde de l'homme. Mais elle ne triomphe que si elle institue un système plus ferme et plus complet de réponses que ce que l'individu laissé à lui-même ou à ses instincts trouverait spontanément et « naturellement ». Ainsi les sociétés diverses, en élaborant des « cultures », s'ingénient-elles à encadrer le comportement humain selon tous ses aspects, à la fois pour empêcher le vide et l'angoisse qu'il engendre chez un être « prêt à tout, mais bon à rien », selon l'admirable formule de Leroi-Gourhan, et pour proposer un code aussi complet que possible de la bonne conduire envers les dieux, autrui, soi-même et le cosmos.

Aussi complet que possible. Cette expression suggère que l'univers culturel de substitution, véritable berceau de l'éthique, laisse de toute façon place à des failles ou à des lacunes, même si pour l'essentiel il doit offrir et offre en effet un système cohérent de normes de conduite. Essentiellement parce qu'aucune culture ne peut prévoir les situations nouvelles ou les crises, guerres, famines, catastrophes naturelles qui peuvent assaillir le groupe : d'où le recours à des sages, sorciers, devins, prêtres qui complètent par des systèmes d'interprétation complexe ce qui vient à manquer à la tradition reçue. A ce titre, déjà, on doit noter qu'aucune éthique dite traditionnelle, puisqu'elle est surtout fidélité à la tradition reçue des ancêtres, n'ignore la division et l'incertitude, même si celles-ci sont soigneusement limitées et bien encadrées. Ce n'est que par des reconstructions après coup qu'on les imagine plus stables et plus cohérentes qu'elles ne furent.

Ces fractures existent pour une autre raison encore : jamais aucun membre du groupe n'est totalement identifié à son groupe et aux mœurs que celui-ci attend de lui. Pierre Clastres [1] avait noté avec quelle violence les sociétés traditionnelles remémorent à l'individu ses devoirs envers le groupe et sanctionnent durement ses manquements par toutes sortes de pratiques, dont beaucoup ont à voir avec la torture ou le marquage sur le corps. C'est qu'en effet l'individu sait bien qu'il devrait faire ce qu'on lui a inculqué, mais il ne le fait pas toujours. Une distance s'instaure alors entre ses propres tendances, désirs ou intérêts et ceux du groupe. Les normes sociales sont respectées, mais sous réserve de « trous » et de transgressions qui laissent un jeu parfois considérable dans la vie collective : ici encore il y a une large marge entre injonctions collectives et pratique individuelle.

Or cette distance peut aussi se changer en regard critique à l'égard des traditions reçues ; l'individu qui ne fait pas toujours, ou pas totalement, ce que requiert sa tradition par impuissance, faiblesse ou lâcheté, peut aussi découvrir que tradition et impératifs sociaux ne sont pas insoupçonnables, et même ne doivent pas être obéis en certaines circonstances. Non seulement parce que tel impératif blesse son intérêt, mais parce que telle coutume peut lui apparaître contraire à la juste tradition du groupe. N'est-ce pas une telle

1. Pierre Clastres, *La Société contre l'État (Recherches d'anthropologie politique)*, Paris, Éditions de Minuit, 1974, et *Recherches d'anthropologie politique*, Paris, Éditions du Seuil, 1980.

interrogation qui est au départ de la rébellion d'Antigone ? Ici encore une société traditionnelle n'a pas la belle homogénéité dont on la dote souvent. C'est pourquoi il convient de ne pas idéaliser ce type de société et d'éviter d'y voir une unanimité compacte qui ne pouvait pas être. De telles sociétés traditionnelles n'ignorent pas la division, même si elles s'ingénient à la limiter et à la réduire par toutes sortes de moyens.

Or une telle division se trouve inévitablement accrue à partir du moment où tel groupe, assuré de sa tradition et vivant dans la cohérence de son éthique, est confronté à d'autres groupes. La rencontre des cultures est toujours pour l'éthique un moment d'épreuve et souvent de désintégration, donc aussi de décadence. On le comprend sans peine : la réaction première devant la nouveauté et/ou la menace aboutit normalement à la confrontation violente et à la destruction de l'adversaire, dans une sorte de lutte à mort où la vie du groupe est en jeu. Mais si cette première épreuve est surmontée, des relations se nouent inévitablement, et même s'il a triomphé de l'ennemi, il est rare que le vainqueur ne soit pas après coup fasciné par un certain nombre de vertus, de qualités ou de valeurs du « barbare », et qu'il ne les adopte pas à son tour. Violent ou relativement pacifique, le choc des cultures ne peut pas être sans effet sur les systèmes éthiques des groupes. Admiré ou haï, l'adversaire, le « barbare » véhicule un autre code de conduite, une autre façon cohérente d'envisager la vie individuelle et collective. S'il a triomphé, n'est-ce pas à cause d'une meilleure vision des choses ? S'il a été vaincu, n'y avait-il rien d'admirable dans les dépouilles morales qu'il laisse en héritage, dont on ne puisse faire son profit ? En toute hypothèse, la rencontre ne peut pas ne pas relativiser le système de normes du groupe ou aviver les divisions internes que nous avons évoquées plus haut, donc accélérer la désintégration sociale ; la confrontation avec d'autres fait découvrir qu'il est possible de vivre autrement que conformément à l'enseignement de sa propre tradition. Du coup se pose la question : qui a raison ? tout le bien est-il de notre côté, et le mal du côté du « barbare » ? S'il y a du bien chez lui, comment et à partir de quoi faire le tri entre le mal (à repousser) et le bien (à incorporer) ? mais s'il y a du bien chez lui, le « barbare », c'est peut-être aussi,

sans doute même, que tout n'est pas assurément bien chez nous, et donc qu'une part de barbarie habite aussi nos manières de faire et nos codes ? comment opérer le discernement ?
Cette analyse schématique de la rencontre des éthiques pourrait être prolongée et affinée. On sait bien qu'une telle rencontre, brutale et violente, a marqué l'origine de nos propres sociétés, et pas seulement depuis les grandes conquêtes territoriales de la Renaissance, bien que celles-ci aient provoqué des bouleversements en Occident même, et dans le monde entier. L'anniversaire de la date symbolique de 1492 a rappelé à nos mémoires à quel point le choc fut destructeur pour nombre de civilisations amérindiennes, et l'on a pu montrer combien l'ébranlement de l'univers éthique et religieux des Indiens a entraîné désespoir et effondrement physique de peuples entiers. Mais on oublie souvent de remarquer qu'un effet boomerang n'a pas manqué non plus de se produire en Europe ; sans aboutir là à des conséquences aussi désastreuses qu'au Mexique par exemple, la retombée des conquêtes a eu des effets éthiques et religieux considérables par la remise en cause qu'elle a produite des traditions et valeurs morales européennes. Qu'on songe à des écrits emblématiques comme les *Lettres persanes* (1721) de Montesquieu, et surtout le *Supplément au voyage de Bougainville* (1772) de Diderot. Par une sorte de juste retour des choses de cette lutte intercontinentale entre maître et esclave, le maître lui-même se retrouve ébranlé dans ses propres valeurs et interrogé sur son identité : ce que nous jugeons d'abord comme un mal ou un vice chez les autres, n'est-il pas plus moral que ce que nous tenons pour le bien ? dès lors son mal n'est-il pas le bien, et notre bien un vice ? le « primitif », pour parler comme Diderot, ne serait-il pas plus près de la nature, c'est-à-dire de la vérité de l'homme, de sa jeunesse et de sa prime vigueur, et nous, Européens aux mœurs compliquées et hypocrites, ne serions-nous pas du côté de la vieillesse et de la décadence, donc près de la mort[1] ?

_____

1. « La vie sauvage est si simple, et nos sociétés sont des machines si compliquées ! Le Tahitien touche à l'origine du monde, et l'Européen touche à sa vieillesse. L'intervalle qui le sépare de nous est plus grand que la distance de l'enfant qui naît à l'homme décrépit ». *Supplément...*, dans *Œuvres*, Paris, Gallimard, « La Pléiade », 1961, p. 968.

Le relativisme ou, comme on disait à l'époque, le cosmopolitisme ne peuvent pas ne pas suivre comme une conséquence inéluctable de cette comparaison, même si les termes en sont faussés par une dépréciation assez systématique de sa propre tradition chez Diderot, et par l'exagération des vertus du « primitif », notamment du point de vue de la morale sexuelle dont la « liberté » est exaltée sans beaucoup d'esprit critique.

Même si de nos jours la confrontation entre cultures n'est plus aussi brutale, l'ébranlement affecte inéluctablement nos traditions éthiques, ne serait-ce que parce que ce passé nous demeure toujours présent. Mais aujourd'hui la multiplication des voyages aussi bien que la présence sur un même territoire de traditions éthiques et/ou religieuses diverses accélèrent le fait de la diversité. Plus profondément, l'acceptation largement partagée selon laquelle la tolérance du pluralisme est une valeur infiniment précieuse, parce qu'elle est source de cohabitation pacifique, bien plus que l'imposition par une religion ou par un État d'une unanimité idéologique et éthique, constitue la donnée de base de toute vie humaine possible dans nos sociétés. Une telle remarque permet de retrouver la racine et la raison d'être de la diversité éthique qui trouble tellement les « communautaristes ». Elle conduit à ne pas identifier cette diversité avec une décadence, ni même avec un relativisme condamnable. On ne peut ignorer, bien évidemment, que de telles conséquences existent, mais la pluralité des éthiques ne peut être ramenée sans injustice et sans erreur à ces effets préoccupants. Si l'on remonte en deçà d'une actualité troublée, on s'aperçoit que cette pluralité signe l'entrée de nos sociétés dans la modernité ou, ce qui revient au même, leur sortie de l'univers de la certitude, pour parler comme Éric Weil. A moins de rêver à d'impossibles retours, qui ne seraient de toute façon que des reconstitutions archéologiques factices, toutes nos traditions sont travaillées par la comparaison et l'émulation entre elles, donc aussi inéluctablement par l'interrogation et le doute ; aucune ne peut plus se présenter comme la seule adéquate au bien et à la vérité de l'homme, à moins de tomber elle-même sous le soupçon de manifester ainsi la pire violence, et donc de faire figure de mal. Cette affirmation vaut bien évidemment aussi pour les traditions morales religieuses. S'imaginer par exemple que l'Église catholique offrirait une morale entièrement cohérente, constituée en un « tout unitaire », où chaque vérité impliquerait logiquement toutes les autres, en sorte que la distance prise sur un point particulier entraînerait inéluctablement la remise en cause de l'ensemble, est pour le moins un fantasme qui ne résiste pas devant la réalité, au plus une remarquable ignorance des conditions actuelles de la vie morale. Cette tradition-là aussi est marquée par les ruptures et les disparités qui affectent toute tradition vivante. Elle est même vivante parce qu'elle n'offre point l'unité et la rigidité d'un système monolithique que le temps n'eût en rien affecté, mais parce qu'elle porte les traces de sa propre histoire.

Une telle interrogation du dedans même des traditions fait désormais partie d'une vie éthique saine, loin d'être une source de faiblesse, contrairement à ce que pensent les traditionalistes. Il en est ainsi sans doute, comme on vient de le suggérer, à cause de l'héritage du passé qui a fait sortir nos sociétés de l'univers de la certitude et les a organisées dans la diversité ; mais il en est ainsi également parce qu'à la différence de sociétés à évolution lente, d'innombrables problèmes nouveaux nous assaillent pour lesquels aucune tradition en tant que telle n'a la bonne réponse. Chaque tradition est alors obligée de faire retour critique sur ses propres fondements, et tenue de s'ingénier à inventer une réponse à la hauteur des défis, en fidélité avec elle-même. Ici encore s'imaginer qu'il n'y a qu'à consulter la tradition ou qu'un magistère peut se contenter de répéter ce qu'on a toujours dit risque de mettre gravement en situation de non-pertinence morale.

Or, à partir du moment où pour toutes ces raisons l'interrogation habite les traditions éthiques (et religieuses), où les normes reçues sont insuffisantes à diriger la bonne conduite, l'individu se trouve bel et bien renvoyé à lui-même. La crise de la diversité des éthiques est contemporaine de l'*appel à la conscience* de l'individu pour trouver la juste voie au milieu de données hétéroclites et de traditions en lambeaux, ou tout au moins gravement lacunaires. Là où les normes sont en défaut et n'encadrent plus totalement ou fermement la conduite, comment l'individu ne se trouverait-il

41

pas renvoyé à lui-même pour tenter de trouver le juste chemin ? Nul prométhéisme ne s'attache à cette démarche, nul oubli de l'Être ne la caractérise, nul anthropocentrisme négateur de Dieu n'en rend réellement compte ; nul refus du visage de l'autre et nul attrait pour la totalité close ne marquent le franchissement de ce pas. Le recours à la conscience s'impose parce que les traditions ne sont plus porteuses en leur ensemble et que l'individu est provoqué au retour sur soi pour savoir où est le bien, où est le mal, par où passent les décisions qui le concernent, lui, ses proches et les rapports qu'il noue avec eux. Certes, nous le savons, cet appel à la conscience ne s'opère pas mécaniquement ; il doit être désiré et voulu, et le relativisme actuel favorise en effet toutes sortes de dérives, dont la plus grave est sans aucun doute le nihilisme. Mais, redisons-le, les affaissements et les maladies de la conscience contemporaine ne peuvent cacher le caractère inéluctable du recours à cette instance. Bien mieux, seule une vue juste et mesurée de la nature de la conscience peut conduire à écarter les survalorisations ou les minimisations qui engendrent les maladies, et peut-être même peut-elle contribuer à les guérir.

Contre-épreuves

Que la sortie des morales de la certitude et l'entrée dans le régime moderne de la diversité des éthiques soient contemporaines de l'importance accordée à la conscience peut être démontré en une sorte de double contre-épreuve en évoquant brièvement les cas de Martin Luther (1483-1546) et de René Descartes (1596-1650). Cas d'autant plus intéressants que, dans des contextes différents mais proches, le moine et le philosophe sont conduits à des conclusions assez analogues.

Les confidences de Luther sur la crise religieuse profonde qui fut la sienne et qui aboutit à sa condamnation par l'autorité ecclésiastique sont tout à fait révélatrices d'une perte de confiance dans la tradition où il avait grandi et vécu [1]. Tout en avouant, dans le texte biographique que nous suivons, à quel point il est resté longtemps et profondément attaché à cette tradition, malgré les scandales qu'elle entretenait (les indulgences par exemple), il en vient à parler des doutes qu'elle soulève en lui et de la crise spirituelle dans laquelle il est engagé. Il signale comme tout particulièrement important l'obstacle que constitue pour lui ce qu'il avait appris « selon l'usage et la coutume de tous les docteurs » concernant la justice de Dieu, car la tradition l'avait persuadé qu'il s'agissait d'une « justice formelle et active par laquelle Dieu est juste et punit les pécheurs et les injustes ». Or il en vient à « haïr » cette formule au point de « nourrir secrètement sinon un blasphème, du moins un murmure » : comment un Dieu bon et miséricordieux peut-il « ajouter la souffrance à la souffrance » et faire que l'Évangile (Bonne Nouvelle) devienne colère et condamnation ? Une telle contradiction est-elle supportable ? Luther est dès lors engagé dans un débat long et douloureux ; il entre dans une période de tourments, toujours habité par la question redoutable : comment comprendre la justice divine dont parlent les Écritures, de telle sorte que, d'une part, cette justice ne fasse pas outrage à Dieu et que, de l'autre, elle n'écrase pas le pécheur ? Posée par la tradition augustinienne en particulier, cette question n'est pas résolue par elle, du moins aux yeux de Luther. Après « des jours et des nuits » de tourments, Luther éprouve soudain comme un apaisement à partir du moment où la lecture des Écritures le convainc que « le Dieu miséricordieux nous justifie par la foi », la justice étant prise alors au sens passif. « Alors, écrit-il, je me sentis un homme né de nouveau et entré, les portes grandes ouvertes, dans le paradis même. » Renvoyé à lui-même et à son investigation intellectuelle personnelle, le moine trouve alors dans une expérience intime, au contact des Écritures, la réponse gratifiante que personne d'autre ne pouvait lui donner. Ailleurs, mêlant suspicion envers la tradition et appel à sa conscience, il écrit : « Je ne crois ni à l'infaillibilité du pape ni à celles des conciles, parce qu'il est manifeste qu'ils se sont souvent trom-

1. On s'appuie surtout sur la Préface au premier volume des Œuvres latines de l'édition de Wittenberg, 1545, in Martin Luther, *Œuvres*, Genève, Labor et Fides, 1962, tome 7, p. 301-308.

pés et contredits. J'ai été vaincu par les arguments bibliques que j'ai cités, et ma conscience est liée à la Parole de Dieu[1]. » L'appel à la conscience reste certes conditionné par l'écoute de la Parole : mais la brèche est posée. « Chacun court son propre risque en choisissant sa manière de croire et chacun doit veiller lui-même à ce que sa foi soit correcte. Car tout aussi peu qu'un autre peut aller pour moi en enfer ou au ciel, aussi peu il peut croire ou ne pas croire pour moi... C'est à chacun de décider, selon sa conscience, comment croire et ne pas croire[2]. » Devant les lacunes ou les contradictions de la tradition, seule une conscience ardente peut parvenir à trouver la vérité qui apaise. Elle doit alors s'affirmer, contre des dogmes ou des pratiques du passé jugées déficientes et fausses.

L'aventure dans laquelle fut engagé René Descartes n'eut évidemment pas les mêmes conséquences dramatiques sur la chrétienté que celle de Luther. Néanmoins on sait bien que le chemin ouvert d'un si bon pas par le chevalier Descartes fait figure de début d'une ère philosophique nouvelle. Comme Luther, le philosophe ne peut plus accepter sereinement et en toute quiétude les enseignements et les doctrines inculqués par ses maîtres ; en un temps où les certitudes se brouillent, il se peut que sous le caractère hétéroclite des choses reçues soient cachées bien des erreurs ou des lieux communs éloignés de la vérité. D'où son entreprise de doute méthodique, faite non point par défi orgueilleux, mais au nom d'un désir incontestable de vérité, dans le souci de trouver un fondement sûr à ce qui jusque-là était admis parce que reçu. Bien loin de prétendre a priori tout rejeter, il se propose d'opérer un tri et de retenir ce qui lui semblera vraiment fondé et solide. On sait que, comme Luther, il s'engagea dans une lutte longue et douloureuse sur plusieurs années, et qu'au terme il comprit que seul le sujet lui-même pouvait trouver en lui-même, dans l'évidence de la pensée se pen-

1. Cité par Albert Greiner, *Martin Luther ou l'hymne à la grâce*, Paris, Plon, 1966, p. 90.
2. *De l'autorité temporelle et des limites de l'obéissance qu'on lui doit* (1523), *Œuvres*, t. IV, p. 13 *sq.*

sant elle-même, le levier d'Archimède à partir duquel opérer le tri souhaité. « Me résolvant à ne plus chercher d'autre science que celle qui se pouvait trouver en moi-même », « je me trouvais comme contraint d'entreprendre moi-même de me conduire »[1]. Loin d'aboutir à une certitude absolument certaine de soi, comme le prétend Heidegger, la démarche reste prudente en son résultat : non seulement la certitude de la pensée n'est pas une acquisition dont on peut se prévaloir, mais le *Cogito* ne donne qu'une évidence précaire, qui doit en quelque sorte toujours se regagner dans l'acte de pensée ; de plus, Descartes doit recourir à un Dieu vérace pour écarter les possibles illusions d'un malin génie trompeur ; enfin l'assurance acquise de haute lutte ne touche que le domaine de la connaissance intellectuelle, et n'aboutit nullement à une entreprise de remise en cause de la morale. Certes, la visée est bien éthique, puisqu'il s'agit « de voir clair en mes actions et de marcher avec assurance en cette vie », ou d'« acquérir une connaissance claire et assurée de tout ce qui est utile à la vie ». Mais ici encore le détour par soi-même est inévitable, aucune tradition ou savoir établi ne pouvant se substituer à une démarche personnelle : « Je pris la résolution d'étudier en moi-même. » En ces domaines en effet, personne n'est mieux placé qu'un autre, car « n'y ayant qu'une vérité de chaque chose, quiconque la trouve en sait autant qu'on peut savoir ». Certes bien des coutumes et des normes traditionnelles résisteront au crible du doute méthodique, et l'on sait que sur ce terrain Descartes s'avérera plutôt conservateur. Mais son entreprise philosophique aura montré que dans une société où la tradition est ébranlée, le renvoi au sujet, pensant et décidant par lui-même, est inéluctable, quel que soit le prix à payer pour cela. La promotion du *Cogito* marque l'entrée dans la modernité philosophique et elle indique bien que désormais une vie morale qui se contenterait de suivre les coutumes serait suspecte de servilité et même d'immoralisme.

---

1. Passages extraits du *Discours de la méthode* (1637).

Solitude de la conscience ?

Devrons-nous conclure de cette situation que, hors des morales de la certitude, la conscience personnelle se trouve renvoyée à elle-même dans un vide complet de références, ayant en somme à décider en pure spontanéité non informée ? Sartre n'a pas manqué d'imaginer une telle liberté, en s'inscrivant d'ailleurs explicitement dans la postérité cartésienne, ou plus exactement en faisant de Descartes un disciple anticipé de l'existentialisme. Il a non seulement distingué, mais bel et bien opposé la souveraine liberté du *pour soi* décidant en toute autonomie et sans autre fondement que soi, pur projet subjectivement vécu, et l'engluement dans l'*en soi* marqué par le conformisme, la routine et le suivisme moutonnier. Une telle opposition aboutit à cette oscillation dont l'expérience politique de Sartre a montré le péril et les limites, car une conscience superbement solitaire ne peut que s'enfermer dans l'opposition systématique au système (bourgeois, donc nauséabond et lâche par définition) ou s'identifier aux causes dites prolétariennes par lesquelles cette même conscience croit rejoindre les « masses en fusion » ou « l'histoire en train de se faire ».

L'échec de telles tentatives porte en lui-même sa leçon. Il renvoie à l'expérience éthique elle-même, telle que nos sociétés la vivent, non point telle qu'on l'imagine en des oppositions factices. Nulle part en effet l'individu ne se trouve devant un vide éthique total, ni devant un système complètement opaque ou homogène. La fin des sociétés de tradition n'équivaut pas à la fin des traditions, mais à leur brouillage, à leur manque de pertinence, paradoxalement à leur multiplication foisonnante, puisque groupes et classes sociales intègrent à leurs normes celles d'autres groupes, grâce à une sorte d'importation ou d'intégration par brassage. La perte de la société de tradition aboutit paradoxalement à un trop-plein de traditions. Telle est d'ailleurs la raison pour laquelle la tradition ne peut plus être porteuse : elle est comme blessée, ou contradictoire, ou confuse, ou mêlée, silencieuse parce que surchargée d'éléments hétéroclites. Mais elle n'est pas inexistante. En un mot, l'individu moderne se trouve informé, sans qu'il le sache et avant même qu'il le sache, par une multiplicité de références pour sa conduite et son comportement : et c'est ce que nous appelons *l'éthique*. Ce niveau est transmis et reçu notamment à travers l'éducation, mais aussi tout bonnement dans l'exercice de la vie commune, marquée par des habitudes, des coutumes, des façons de vivre, tout autant que dans les liens tissés par le droit que personne n'a intérêt à ignorer, quelles que soient ses options philosophiques ou religieuses...

Il doit être clair qu'une vie morale droite ne peut se situer entièrement à ce niveau-là, pour la raison que, dans des sociétés comme les nôtres, mœurs et habitudes ne livrent plus des manières de se comporter incontestables, mais aussi pour une raison essentielle entrevue précédemment : la certitude morale doit se gagner dans et par l'investissement personnel sur sa décision, puisque s'abriter derrière la loi du milieu ou les habitudes du groupe ne constitue plus, à beaucoup près, une justification morale recevable. Ici encore la référence à la conscience, au moins sous l'angle où l'individu s'engage dans ce qu'il fait, est devenue centrale, quoique non unique. Non unique en effet puisque, sauf illusion majeure de sa part, elle ne se donne pas les comportements qu'elle suit, mais elle les trouve, et les passant au crible de son jugement, les rejette ou les adopte comme siens. Le niveau éthique est donc celui où l'individu est informé par des mœurs qu'il se doit de juger pour leur conférer une moralité qu'elles n'ont pas forcément. Et nous appellerons *moral* le niveau où s'opère un tel jugement : que dois-je faire pour bien faire ? Qu'est-il juste ou injuste de faire, même si mon comportement doit trancher par rapport à la routine ou aux habitudes du groupe ?

Cette distinction entre éthique et morale n'est ni factice ni arbitraire ; elle constitue les conditions de l'expérience morale dans une société sortie de la certitude. Éthique et morale sont bien les deux segments intrinsèquement liés à toute décision droite, et c'est pourquoi l'éthique n'est nullement l'étape provisoire ou déficiente par rapport à la morale. De même la morale englobe en soi et le niveau éthique et le niveau moral (que nous appellerons à la suite de Kant le niveau de référence à l'universel), et c'est pourquoi le terme

« morale » peut et doit retenir en lui les deux éléments qui le constituent. Comme on le voit, le lieu de passage entre éthique et morale est constitué par la conscience personnelle même ; c'est elle qui engage un sujet dans son acte, après que celui-ci a reçu la maxime de son action, ou son contenu, de la société où il vit (éthique), et qu'il en a éprouvé et reconnu la moralité (morale).

Une telle distinction a été systématisée par Paul Ricœur dans *Soi-même comme un autre*[1], mais, tout en nous accordant pour l'essentiel avec sa définition, il nous semble qu'elle fait trop crédit au niveau éthique, ou qu'elle reste exagérément marquée par les perspectives aristotéliciennes et le monde de la certitude. Ricœur appelle en effet « visée éthique » « la visée de la ''vie bonne'' avec et pour autrui dans des institutions justes », et il situe la morale comme la tâche de « soumettre la visée éthique à l'épreuve de la norme[2] ». La difficulté provient du fait que nous ne vivons pas dans des institutions justes, mais dans des institutions soumises à critique de la part des citoyens, et marquées plus souvent par l'injustice ou l'incohérence que par la justice : qu'on songe en particulier aux institutions économiques, mais aussi bien aux structures politiques démocratiques dans lesquelles il n'est point sûr, par exemple, que l'agencement des institutions permette à tous les citoyens de participer vraiment à la vie politique du pays. L'instauration d'institutions justes est une tâche, non une réalité au sein de laquelle s'organise la vie morale, et par là nous différons assurément des perspectives grecques selon lesquelles le citoyen vérifie sa moralité dans la conformité aux lois justes et bonnes de la cité.

De plus, le niveau proprement éthique n'est pas encore celui de la « vie bonne », mais celui où l'individu reçoit de sa société les propositions les plus diverses, et souvent les plus contradictoires, pour conduire sa vie professionnelle, ses relations affectives, ses engagements politiques, ses aspirations religieuses. Or ces propositions ne sont pas nécessairement porteuses de valeurs éthiques positives : le relativisme culturel dans lequel chacun baigne porte

1. *Op. cit.*, p. 202.
2. *Ibid.*, p. 237.

à l'ouverture d'esprit, mais il incline aussi à l'indifférence religieuse ; la facilité des rapports entre sexes crée plus de franchise entre hommes et femmes, mais il fragilise ces mêmes relations. La vie morale prise en sa totalité consiste à assumer ces données ambiguës, puisqu'elles sont l'héritage commun de la socialité actuelle, mais pour les ordonner selon un bien désirable et un projet de vie que ces données n'incluent nullement en elles-mêmes. La vie bonne ne se trouve pas à beaucoup près à ce niveau-là. Et c'est pourquoi il est insuffisant de conférer à la morale proprement dite la tâche de « soumettre la visée éthique à l'épreuve de la norme ». Car si la visée éthique est déjà le niveau de la vie bonne, on comprend mal la nécessité de la soumettre à l'épreuve de la norme : ne contient-elle pas déjà l'essentiel ? On est dans le cas de figure du sage de l'*Éthique à Nicomaque*, qui peut et doit se satisfaire d'avoir suivi les règles reconnues dans la cité. Mais surtout le niveau moral porte le poids de l'engagement personnel dans la décision, ce qui suppose un travail de discernement des valeurs et contre-valeurs rencontrées au niveau éthique, et assomption d'une décision précise en fonction d'un projet de vie. La mise à l'épreuve n'est donc pas seulement celle d'une confrontation avec une norme, mais celle de l'investissement personnel sur une maxime apte à être universalisée.

Et surtout, c'est au niveau moral, et non pas éthique, que va se prendre la résolution de vivre droitement « avec et pour autrui », car le « pour autrui » implique déjà l'universalisation de la maxime, nullement requise par l'éthique, laquelle suppose seulement qu'on suive les règles des relations établies (dans le commerce, la socialité quotidienne...). Certes Ricœur parle de « visée », et ce terme ouvre une perspective dynamique qui peut englober et l'éthique et la morale ; mais il est à noter qu'il veut « établir la primauté de l'éthique sur la morale, c'est-à-dire de la visée sur la norme » (p. 202), donc qu'il accorde davantage, voire l'essentiel, à Aristote plutôt qu'à Kant. Or le statut de la vie morale dans une société sortie de la certitude ne peut plus s'appuyer sur une perspective pensée dans une société de tradition : non point, répétons-le une fois encore, sous le prétexte que les traditions auraient disparu, mais parce qu'elles ne peuvent plus constituer un appui ferme et indiscuté à la décision. Elles ne sont plus le lieu de la « vie bonne », mais celle-ci se cherche à travers une articulation difficile entre éthique et morale, accueil des comportements sociaux et jugement critique desdits comportements au nom de l'engagement personnel. C'est pourquoi la décision personnelle, ou la conscience, est nécessairement centrale dans une philosophie qui prend au sérieux la situation culturelle qui est la nôtre, parce qu'elle est le lieu à partir duquel peut être forgée une vie sensée, ici et maintenant.

Ainsi, malgré les critiques dont elle est l'objet, la référence à la conscience semble inéluctable ; non par l'effet d'une subjectivité coupée de son rapport à l'Être ou par une suspicion systématique et adolescente à l'égard des traditions reçues et des valeurs léguées, mais pour honorer réellement les conditions de possibilité d'une vie droite en une situation culturelle donnée, dans laquelle le rapport aux autres cultures et la coexistence de systèmes moraux est notre héritage. En quoi consiste cette référence même, quelle est son exact contenu, tout cela reste à voir, tout autant qu'on peut légitimement se demander si cette référence inéluctable ne constitue pas en même temps, et paradoxalement, un moment faible et incertain dans la moralité moderne. Il n'en reste pas moins qu'on ne voit pas qu'aucun régime sensé de vie morale puisse se dispenser aujourd'hui d'une telle référence.

CHAPITRE 2

La conscience niée

Une objection vient à l'esprit à propos de ce qui précède. Si la conscience surgit comme instance d'appel dans un moment d'ébranlement des certitudes, quel appui réel constitue-t-elle pour la décision ? N'est-elle pas marquée par la fragilité, produit qu'elle est d'un monde divisé ? Plus profondément, de quelles ressources propres dispose-t-elle pour dicter ses verdicts et tracer des voies sûres pour la conduite ? Parce que de telles interrogations ne sont pas gratuites, on a vu apparaître de très profondes remises en cause de cette référence, à peu près au moment même où les développements intellectuels évoqués au chapitre précédent se produisaient. L'appel à la conscience paraît aventureux et conduire au laxisme moral ; il est considéré comme une rébellion pélagienne contre Dieu ; il convient donc, devant les risques et les tentations, de rappeler que l'obéissance à la Loi reste encore l'issue la plus sûre en morale. Tel est, en toute première approximation, le sens de la polémique qui, au XVIIe siècle, va opposer Pascal et les jansénistes à un grand nombre de moralistes catholiques. Il convient d'évoquer les enjeux de cette polémique, car aujourd'hui encore où l'appel à la conscience semble entraîner toutes sortes d'affaissements moraux, beaucoup tiennent que seul le rappel de la Loi, et dans l'Église catholique la Loi telle qu'elle est infailliblement enseignée par le magistère ecclésiastique, trace les chemins assurés d'une vie morale authentique. En outre, aux yeux d'une « opinion éclairée », Pascal reste le chevalier de la vraie morale chrétienne contre les faiblesses mondaines de ses adversaires ; films aussi bien que livres récents montrent le prestige dont jouissent les jansénistes pour une frange non négligeable de l'intelligentsia française [1].

De plus à travers le cas emblématique de Pascal, c'est une objection fondamentale que nous devons affronter. On peut toujours prétendre, comme on l'a fait dans le chapitre précédent, que le régime d'une société d'après la tradition suscite l'appel à la conscience et oblige à recourir à cette instance pour la vie morale droite. Mais dans les perspectives du christianisme, et très précisément du catholicisme, le recours à la Révélation avec ce qu'elle suppose d'appui indiscutable et divinement sanctionné ne devrait-il pas dispenser d'un appel à la conscience, reconnue comme précaire, hésitante, incertaine ? Autrement dit, le chrétien n'a-t-il pas dans les ressources de sa foi tous les éléments nécessaires pour échapper aux fluctuations de décisions affectées de relativisme ? Ne trouve-t-il pas dans sa foi un roc inébranlable qui le maintient dans la certitude morale, alors même que la société ambiante vacille sous les incertitudes ? Parce qu'à l'orée des temps modernes Pascal est un témoin privilégié de ce débat, la discussion de son œuvre est une entrée possible dans cette question, et une façon de se situer par rapport à l'interrogation qu'on vient d'énoncer.

Pascal contre les « jésuites »

Faut-il confesser d'emblée que Pascal est assurément un génie par l'ampleur de ses talents en sciences, en philosophie comme en

1. En 1991, les Éditions du Cerf publiaient une biographie qui reproduisait les préjugés habituels sur le laxisme des jésuites et qui parlait de « la soidisant hérésie janséniste » (p. 213), de Perle Bugnion-Secrétan, *Mère Angélique Arnauld, 1591-1661. Abbesse et réformatrice de Port-Royal*. Le livre présente par exemple avec admiration la pédagogie de retrait radical du monde proposée aux jeunes filles de Port-Royal sans apparemment mesurer les conséquences d'une telle éducation... Mais le jansénisme est admirable, surtout vu de loin. On retrouvait une semblable admiration chez Sainte-Beuve qui, au siècle dernier, a beaucoup marqué l'intelligentsia sur ce point aussi.

théologie, génie doué d'un talent littéraire indiscutable ? Faut-il ajouter qu'on n'assimile nullement Pascal au jansénisme : d'abord parce que le jansénisme lui-même n'est sans doute pas une école aussi unifiée qu'on croit[1] ; ensuite parce que le génie pascalien transcende quelque école que ce soit ? Il n'en reste pas moins que le dossier essentiel de la polémique se situe sur le terrain de la morale et que le débat a lieu précisément à un tournant de la pensée, à ce moment difficile où les anciennes manières de faire ne semblent plus répondre aux nécessités de l'action. Ce dossier se trouve dans les *Lettres provinciales*, écrites par Pascal sur une documentation fournie par Arnauld et Nicole ; publiées entre janvier 1656 et mars 1657, d'abord anonymement et pour la défense du « parti jansé-niste » attaqué en Sorbonne, elles ont bel et bien été une véritable arme de guerre entre deux camps ; elles ont effectivement consa-cré la défaite intellectuelle des adversaires des jansénistes, et ceci durablement. Il serait étrange que ce texte ne porte pas la trace, et plus que la trace, de l'influence de la théologie janséniste, même si Pascal garde quelque distance par rapport aux thèses les plus radicales. Sans prétendre que *Les Provinciales* constituent un *apax* dans l'œuvre, encore que la gêne des commentateurs les plus récents pour l'intégrer à leur interprétation lève quelque doute, on éclai-rera par le reste de l'œuvre les propositions qui y sont défendues, mais il est impossible de ne pas s'apercevoir qu'une lecture de Pascal dans son ensemble à partir des *Provinciales* jette une lumière trou-blante sur sa pensée et montre que, contre les apologistes, la théo-logie pascalienne est très nettement marquée par une théologie d'inspiration janséniste, et incompréhensible sans elle.

C'est un fait : les grands débats en matière morale sont rare-ment pacifiques et courtois ; ils semblent échapper aux règles de la raison argumentative et déraper très tôt dans la polémique, voire dans l'irrationnel. Celui qui oppose Pascal à ses adversaires n'échappe pas à la règle, d'autant moins que le talent littéraire de l'auteur des *Lettres* a quelque chose de foudroyant, alors qu'aucun

1. Ce que montre très bien la présentation de François Hildesheimer, *Le Jansénisme. L'histoire et l'héritage*, Paris, Desclée de Brouwer, 1992.

théologien mis en cause n'avait autant de dons de polémiste, et, les eût-il eus, n'aurait sans doute pu les exercer avec cette absence de scrupule qu'on dénote dans les *Lettres*. Car la charité, si exaltée par ailleurs dans les « trois ordres », n'est pas la qualité dominante du polémiste des *Provinciales*, et l'on a même pu affirmer que dans la théologie pascalienne « l'ordre de la charité brille par son absence [1] ». Très vite par conséquent, les insinuations et les accusations de mauvaise foi prennent le dessus, sans parler du fait que la complexité des débats sur la grâce ne contribue guère à la limpidité de la discussion et donc que le lecteur actuel a le sentiment de polémiques sans fondements et *ad hominem*. Il n'en est rien, on va le voir ; mais l'importance de ce ton polémique est tel qu'on ne peut l'ignorer et passer outre, sans chercher sa signification. Partie intrinsèque du débat, il l'éclaire plus qu'on ne croit.

Une stratégie bien élaborée

Que la polémique soit une arme pour Pascal, voilà une évidence pour tout lecteur des *Provinciales*. La polémique se déploie sur plusieurs niveaux, avec une finalité précise qu'on pressent peu à peu. D'abord Pascal expose le débat sous la forme d'un dialogue sinon dans toutes les *Lettres*, du moins dans la plupart ; et il se présente même comme celui qui fait la démarche d'aller à la rencontre de ses interlocuteurs pour les entendre et débattre avec eux ; il les met en scène, mais à l'intérieur de sa propre présentation ; ainsi à un premier niveau, celui de la présentation obvie du texte, on entend l'adversaire, ce qui semble témoigner d'une garantie d'objectivité et d'un souci d'information ; mais dès qu'on tente de détailler les positions de l'adversaire, on s'aperçoit qu'elles sont ou bien tournées en ridicule, ou bien poussées à l'extrême de leur logique. La conséquence en est que Pascal parvient à faire prononcer par l'adversaire même les stupidités qui n'ont même plus besoin de lui être reprochées, tant les inconséquences ou les absurdités sautent

1. Vincent Carraud. *Pascal et la Théologie*, Paris, PUF, 1992, p. 457.

aux yeux. Ainsi dans la *Lettre 4*, le jésuite défend l'idée que pour pécher il faut avoir connaissance de la gravité de la faute ; mais Pascal transforme cette thèse, tout à fait traditionnelle dans le catholicisme, en la traduisant de la façon suivante : ainsi donc, quand on ignore, on est sans péché ; par conséquent plus on est ignorant et plus on peut faire ce qu'on veut, et cela sans conséquences morales ni religieuses. Pascal développe un peu plus loin une autre version de la même thèse : celui qui ignore Dieu (l'athée ou le libertin) peut donc faire ce que bon lui semble. Il suffit de laisser courir cette idée, sans même avoir besoin de la critiquer ; n'importe quel lecteur de bon sens prend parti contre une telle morale et s'étonne qu'on puisse soutenir pareille perversité. Ce travestissement, dont nous aurons à dégager les raisons profondes, a un but immédiatement atteint : identifier l'adversaire, non à une thèse éventuellement défendable, à une morale dont on reconnaîtrait les limites, mais à l'incohérence intellectuelle et à l'immoralisme. D'où la multiplication des jugements qui, au long des *Lettres*, disqualifient les adversaires ; ils sont « laxistes », « mondains », animés « par un désir immodéré de flatter les passions des hommes [1] », ambitieux, prêts à justifier n'importe quoi pour se faire bien voir, opportunistes adaptant leurs arguments « selon les besoins que vous en avez [2] », marqués de « duplicité dans leur cœur [3] », etc. Comment viendrait-il à l'esprit d'un lecteur de bonne foi de partager, si peu que ce soit, des positions aussi répréhensibles ? Voilà un premier effet de la polémique, obtenu sans en avoir l'air... Les adversaires sont identifiés au mauvais parti, celui auquel aucun lecteur de sens moral averti n'adhérera.

Cela conduit à un second niveau de la polémique : conjointement à la disqualification liée au passage à l'extrême des positions puisqu'il s'agit de suggérer « les dangereuses suites de vos maxi-

---

1. *Cinquième Écrit des curés de Paris*, Paris, Éditions du Seuil, p. 481, I (toutes les citations sont extraites de cette édition, sauf notification contraire ; on indique la page, puis la colonne). Cet Écrit fait partie du débat autour du jansénisme.
2. *Lettre 17*, p. 460, I.
3. *Lettre 13*, p. 435, II.

mes », l'identification des adversaires aux ennemis de la foi coule de source. La dévalorisation morale conduit à l'exclusion religieuse, et même à la diabolisation. Et Pascal ici ne fait pas dans la nuance. Leurs « attentats contre la vérité » conduit les « jésuites » à « combattre la religion », « à renverser la Loi de Dieu », « sans aucune crainte, sans réserve et sans distinction », montrant qu'ils ont « mieux aimé les ténèbres que la lumière [1] ». On voit mal comment il serait possible d'être plus radical pour transformer l'adversaire en ennemi de la foi, donc pour provoquer rejet et dégoût de la part de « ceux qui ont un véritable amour de l'Église » (les amis de Pascal évidemment).

L'une des finalités de la polémique apparaît alors : Pascal *construit* deux camps irréductiblement opposés et que rien ne rapproche. Pour cela il lui faut ramener à un seul bloc la grande diversité des positions et des théologies adverses, donc créer une entité sur laquelle cibler l'infamie. Le nom de « jésuites » va faire l'affaire, alors même que le probabilisme tant attaqué a trouvé ses premières expressions dans l'ordre des prêcheurs, que beaucoup de religieux d'appartenances diverses appuyaient les thèses critiquées par Pascal, et qu'inversement nombre de jésuites ne se reconnaissaient pas en lui. Peu importe ces « nuances ». Jouant déjà sur une opinion publique et surtout universitaire peu favorable aux jésuites, Pascal trouve là un point d'appui qu'il saura habilement exploiter [2]. La Compagnie en son entier est identifiée à quelques théologiens, et pas toujours les meilleurs, ou à certains contestés à l'intérieur de l'ordre ; en outre, feignant de s'adresser au provincial, Pascal identifie tout un groupe à un seul, le provincial, provoquant directement l'autorité pour qu'elle sanctionne, selon un réflexe malheureusement bien ancré dans certaines couches du catholicisme et qui survivra à Pascal. Une autre tactique eût consisté

---

1. *Ibid.*, p. 432-433.
2. Sur la difficulté des jésuites à s'installer à Paris et y prospérer, voir Jean Lacouture, *Les Jésuites. Une multibiographie.* T. 1 : *Les Conquérants*, ch. VIII, Paris, Éditions du Seuil, 1991. Lacouture consacre un chapitre à la polémique avec Pascal ; il est un des très rares intellectuels français à ne pas prendre systématiquement le parti de Pascal...

à dialoguer directement avec les théologiens mis en cause et à traiter avec eux comme dans une controverse normale ; mais rien de
tel ici, les théologiens concrets sont court-circuités au profit d'un
appel direct à l'autorité, donc à la sanction disciplinaire. De plus,
parmi les positions des « jésuites », Pascal sélectionne les thèses
les plus discutables, arrachées à leur contexte, ce qui a pour effet
de provoquer leur identification quasiment évidente avec le mal ;
de ce point de vue, il est extrêmement rare que Pascal attribue
à ses adversaires une idée réellement défendable, car alors la pleine
identification recherchée ne jouerait pas, ou serait compromise.
La stratégie polémique pascalienne conduit donc à créer un être
fictif, plus vrai que les adversaires réels [1], et par contrecoup à
assimiler le « parti janséniste » à la position fidèle et incontestable : celle de la vraie foi traditionnelle. Puisque, ainsi, Pascal et
ses amis se sont identifiés à la Vérité, il devient impossible de les
soupçonner, car quiconque prétendrait objecter s'assimilerait de
lui-même au camp des ténèbres et des adversaires de Dieu. On
sait que cette redoutable logique dualiste et totalitaire manifes-
tera son efficacité imparable en d'autres siècles et pour d'autres
causes.

S'identifier au Vrai et au Bien

Mais une telle identification permet surtout d'obtenir un résultat plus intéressant. Parce que Pascal confond ses adversaires avec
l'erreur et le mal, il peut se dispenser de développer positivement
ses propres thèses. Il va de soi, aux yeux du lecteur, qu'elles repré-
sentent la Vérité, par rapport aux stupidités, aux inconséquences

---

1. Roger Duchêne, *L'Imposture littéraire dans les* Provinciales *de Blaise
Pascal*, Aix-en-Provence, 1985. L'auteur a fait un patient travail d'archives,
qui montre bien le peu de scrupule de Pascal dans le choix de ses citations.
Et ceci contrairement aux proclamations d'honnêteté et de bonne foi qui s'éta-
lent dans la *Lettre 11*. Comme les adversaires sont une fiction, nous mettons
toujours « jésuites » entre guillemets pour bien indiquer toute la distance entre
la réalité des jésuites historiques et la construction pascalienne.

et aux complaisances des « jésuites ». Et c'est un fait que Pascal ne développe pas ou rarement ses positions morales et théologiques. C'est bien dommage. Car on aurait pu faire jouer aussi à cette occasion le jeu du passage à l'extrême et montrer « les dangereuses conséquences de ses maximes ». Ainsi, pour reprendre l'exemple abordé plus haut, si la thèse selon laquelle on peut pécher sans même connaître qu'on fait le mal est vraie, cela signifie que Dieu châtie même là où l'individu ignore totalement sa faute, en dehors de toute responsabilité morale de l'homme. Belle morale et belle théologie, dont on a quelque peine à voir en quoi elle respecte les Écritures si souvent évoquées par Pascal, mais dont on voit bien (on y reviendra) le peu de cas qu'elle fait de la conscience. De même encore la thèse selon laquelle seul peut être pardonné celui qui a la contrition parfaite, est tout à fait héroïque, d'une grande construction logique, bien plus séduisante sur le plan des concepts que la position minimaliste et « complaisante » des « jésuites » qui se contentent de demander au pénitent l'attrition (la peur du châtiment) ; mais qui peut se prévaloir d'avoir la charité parfaite, l'amour sans ombre de Dieu que suppose la contrition parfaite ? Et faudra-t-il donc repousser de toute démarche pénitentielle celui qui s'avoue... pécheur et donc imparfait, pour ne donner la communion qu'aux parfaits, assurés de vivre de la Charité ? Belle morale en vérité qui ne vaut apparemment que pour une élite sûre de sa perfection[1] et qui semble dangereusement marquée par la tentation pharisienne.

Dernier exemple : Pascal ridiculise la théologie « jésuite » sur l'universalisme du salut, en feignant d'y voir un laxisme qui permet à tout pécheur d'être assuré du salut. Que le risque existe d'un universalisme vague et sans exigences, assurément. Mais que propose Pascal dans la *Lettre 4*, sinon, sans le dire explicitement, que

---

1. Jean Delumeau, dans *L'Aveu et le Pardon. Les difficultés de la confession (XIIIᵉ-XVIIIᵉ siècles)*, Paris, Fayard, 1990, a montré à quelles impasses d'inhumanité conduisait la position janséniste et combien la position opposée n'était nullement commandée par le laxisme, mais par les nécessités de la pastorale, tout autant que par une juste théologie de la miséricorde de Dieu.

le salut n'est pas universel, donc que Dieu limite sa Grâce à quelques-uns, que la Rédemption du Christ reste partielle et surtout partiale ? Quelle idée de Dieu est ainsi défendue, sinon celle d'un Dieu arbitraire qui choisit ceux-ci et exclut ceux-là, avaricieux de ses dons qu'il mesure chichement à certains, plus « occamien » que réellement chrétien, à ce qu'il semble ? Cette théologie a été soutenue dans la tradition chrétienne, mais il ne faut pas faire comme si l'on pouvait ignorer « le caractère dangereux de ses maximes », et ceci sans même les pousser dans leur extrême logique...

Mais la polémique a l'immense avantage de faire passer la position pascalienne, largement janséniste sur tous ces points, pour indiscutable. Et c'est un fait dramatique qu'aujourd'hui encore beaucoup de gens éloignés du christianisme tiennent les positions de Pascal pour les seules authentiquement catholiques, et soupçonnent ses adversaires de complaisance mondaine et d'abandon par rapport à une prétendue foi pure et dure, alors qu'il s'agit, pour le moins, d'une théologie très particulière et étroite, peut-être même d'une franche hérésie. Nous découvrons aussi à propos de cette polémique une tendance très forte chez les rigoristes en morale : la dévalorisation de leurs adversaires et leur disqualification, paravent qui évite d'avoir à préciser les conséquences dramatiques et souvent immorales, fort peu évangéliques en toute hypothèse, de l'inflexibilité héroïque et de l'intransigeance doctrinaire, ou de ce qu'ils veulent faire passer pour tel.

Enjeux de la polémique

Enjeux moraux du débat

La polémique laisse soupçonner, par sa violence même, que l'enjeu n'est pas quelconque. En effet, dans le débat fort technique sur la grâce, il y va fondamentalement du rapport de la liberté humaine à Dieu, de l'intelligence qu'on prend des possibilités de cette liberté par rapport à la Volonté divine, de l'articulation que l'on pose entre l'une et l'autre, donc de la relation même de l'homme à Dieu, ou du Créateur à sa créature. Y a-t-il question plus radicale ? La tradition augustinienne, très largement dominante au Moyen Age, situait cette question dans une problématique précise, et très élaborée. Or au moment de la Renaissance, cette tradition est mise à l'épreuve, non point que ses présupposés de base soient contestés, mais parce que des données nouvelles rendent caduques les solutions antérieures ; cette situation est particulièrement sensible à ceux qui ont une expérience pastorale et qui jouent le rôle de conseillers spirituels. Ces données sont pour une part des comportements nouveaux par rapport auxquels la tradition morale restait courte ou sans voix : rapports à l'argent et aux prêts à intérêt au moment du développement sans précédent d'un capitalisme commercial ; modification du code de l'honneur liée à une nouvelle structuration sociale, qu'atteste la pratique du duel ; développement d'un État centralisé posant la légitimité de l'obéissance des magistrats ou des simples citoyens, notamment quand le Prince a adopté l'hérésie, etc. Ces ébranlements sociaux sont les symptômes d'évolutions plus profondes des mentalités et des manières d'être : l'humanisme s'empare des esprits, qui défait les anciennes relations de l'individu à lui-même et à l'ensemble social comme à Dieu ; il met en avant des exigences de liberté et d'autonomie, d'esprit critique, comme on le voit clairement avec le développement des Réformes protestantes. Quelle place donner à cette conception de la liberté par rapport à l'ancien système moral ? Lui donner une place, n'est-ce pas en fait céder à « une entière liberté de conscience [1] », comme le reproche Pascal aux bons pères ? Donc réduire le rôle de la grâce divine, voire s'en passer (pélagianisme) ? Faire comme si de rien n'était, est-ce répondre aux attentes des âmes, ou les plier à des règles dont elles ne voient plus le sens ? Ne faut-il pas trouver les voies d'une fidélité renouvelée à Dieu ? On le pressent : le débat est autant moral que théologique.

1. *Lettre 13*, p. 434, II.

• La certitude en morale

Il faut donc brosser la position pascalienne d'abord sur le plan moral pour mieux comprendre la portée de l'enjeu théologique ensuite, bien que les deux plans soient intimement liés. Si Pascal réagit si vigoureusement contre le laxisme de ses adversaires et leurs fluctuations pratiques, ou ce qu'il prend pour tel, c'est parce qu'il a la conviction qu'ils trahissent la vérité en morale. A ses yeux, il ne peut être question dans le domaine pratique d'accepter le probable et de repousser la certitude. « Je ne me contente pas du probable, lit-on dans la *Lettre 5*, je veux le sûr » ; car au milieu de l'incertitude des choses humaines, comment pourrait-on s'orienter sans la référence à un point fixe ? « Le langage est pareil de tous côtés. Il faut avoir un point fixe pour en juger. Le port juge ceux qui sont dans un vaisseau, mais où prendrons-nous un port dans la morale [1] ? » La certitude s'impose pour des raisons psychologiques autant qu'épistémologiques. Personne ne peut se passer d'assurance dans la conduite, et donc le simple probable ne satisfait pas le besoin de certitude lié à l'action : « Mais est-il *probable* que la *probabilité* assure ? Différence entre repos et sûreté de conscience. Rien ne donne l'assurance que la vérité ; rien ne donne le repos que la recherche sincère de la vérité [2]. »

Or la référence à la vérité conduit à la justification épistémologique : dans la *Préface sur le traité du vide*, Pascal distinguait entre savoirs reposant sur le raisonnement et savoirs reposant sur l'autorité ; dans les premiers pouvaient être classés les savoirs scientifiques qui ont «pour objet de chercher et de découvrir les vérités cachées » ; dans les seconds, «où l'on recherche seulement de savoir ce que les auteurs ont écrit, comme dans l'histoire, dans la géographie, dans la jurisprudence, dans les langues et surtout dans la théologie, et enfin dans toutes celles qui ont pour principe, ou le fait simple, ou l'institution divine ou humaine, il faut nécessai-

1. *Pensées*, Fragment 697.
2. *Pensées*, Fragment 599.

rement recourir à leurs livres, puisque tout ce que l'on peut savoir y est contenu : d'où il est évident que l'on peut en avoir la connaissance entière, et qu'il n'est pas possible d'y rien ajouter[1] ». Quoique non citée, la morale prend place assurément dans la théologie ; il faut donc et il suffit « pour donner la certitude entière des matières les plus incompréhensibles à la raison de faire voir dans les livres sacrés » ce qui est commandé au fidèle, et ainsi trouver les règles de la conduite droite. Et ceci à la différence des autres savoirs, tâtonnants, hasardeux, soumis à des progrès, car ici, en théologie comme en morale, aucune « invention » ne peut venir être ajoutée. La vérité telle quelle en est visible et lisible dans les Écritures.

On pourrait s'étonner d'une telle position : Pascal n'a-t-il pas été un génial initiateur en calcul des probabilités ? Ne développe-t-il pas toute une conception de la réalité comme jeu indéfini d'oppositions et de renversements permanents de perspectives, sans qu'aucun point fixe puisse arrêter ce mouvement indéfini ? Le théoricien des figures et l'apologiste du pari se contredirait-il et renoncerait-il à sa philosophie quand il aborde la théologie, et singulièrement le terrain de la morale ? Défendrait-il une double vérité, l'une valable et relative dans les sciences, l'autre assurée d'elle-même et immuable en théologie ? Il est incontestable que Pascal envisage toute l'existence humaine comme une structure de jeu, où les renversements et les retournements sont sans cesse possibles, où l'instabilité des choses est la règle, où le divertissement constitue la fuite illusoire loin de ce chaos permanent. Telle est bien en effet la vie mondaine. Mais c'est justement de ces tempêtes que délivre la vie chrétienne, car l'enjeu alors n'est plus l'intérêt passager, mais les biens éternels. Or, « toutes nos actions et nos pensées doivent prendre des routes si différentes, selon qu'il y aura des biens éternels à espérer ou non, qu'il est impossible de faire une démarche avec sens et jugement, qu'en les réglant par la vue de ce point, qui doit être notre dernier objet[2] ». Ce point fixe parce qu'éternel permet d'échapper à l'universelle contradiction des pour et des contre. Ainsi

1. *Préface sur le traité du vide*, p. 230, I.
2. *Pensées*, Fragment 427, p. 552, II.

la vie chrétienne répond-elle à d'autres canons de la vérité que la vie mondaine.

D'ailleurs si partout règne la perspective, ce ne peut être le cas en morale [1], pour une autre raison essentielle : la morale connaît les principes *par le cœur* [2]. « C'est de cette dernière sorte que nous connaissons les premiers principes, et c'est en vain que le raisonnement, qui n'y a point de part, essaie de les combattre » ; ce que le cœur atteint ainsi « il serait ridicule » de demander à la raison « un sentiment de toutes les propositions qu'elle démontre pour vouloir les recevoir ». Impuissance qui humilie heureusement la raison, mais qui ne peut servir « à combattre notre certitude » : « et c'est pourquoi ceux à qui Dieu a donné la religion par sentiment sont bienheureux et bien légitimement persuadés ». La vie de foi arrache donc aux flottements concupiscents en fixant le cœur sur Dieu et les biens éternels. Elle découle d'un pari sur la vérité et introduit à une vie antinomique de la vie mondaine marquée par le jeu et le divertissement. On comprend alors que seul soit légitime le jugement « il est certain que le probable... », et non celui des « jésuites », « il est probable que le probable », dont la formulation à elle seule montre leur complicité et leur engluement dans le mondain. Entre ces deux jugements passe l'invisible mais infranchissable frontière qui sépare la vie chrétienne de la vie athée ou libertine : « On ne peut être que d'un parti ou de l'autre, il n'y a point de milieu. Qui n'est point avec Jésus-Christ est contre lui [3]. » Un critère de jugement s'impose alors : « Comme leur morale est toute païenne, la nature suffit pour l'observer [4] », et réciproquement une morale vraiment chrétienne s'opposera à la nature et trouvera même dans cette opposition et dans la résistance de la nature un critère de vérité. En quoi Pascal rejoint un postulat janséniste très ferme selon lequel le plus rigoureux et le plus strict est assurément le plus proche de la volonté divine, parce que le plus contraire à la nature.

1. *Pensées*, Fragment 21.
2. *Pensées*, Fragment 110.
3. *Lettre 14*, p. 439, II.
4. *Lettre 5*, p. 388, II.

• Morale et Loi de Dieu

Ces perspectives morales conduisent déjà à la théologie, dont, redisons-le, elles sont en effet inséparables. Si la morale chrétienne rassure et met dans la certitude, c'est qu'elle s'appuie sur la Loi éternelle de Dieu et que celle-ci ne varie pas. « La véritable morale ne doit avoir pour principe que l'autorité divine et pour fin que la charité, une morale toute humaine n'a pour principe que la raison et pour fin que la concupiscence et les passions de la nature [1]. » Proposition qui met à nouveau en opposition frontale deux morales nettement découpées l'une de l'autre ainsi que leur incompatibilité de principe. S'appuyant donc sur cette « véritable morale », on comprend que Pascal prétende parler au nom de la « vérité éternelle [2] », « et c'est pourquoi nous annonçons à tous ceux sur qui Dieu nous a donné de l'autorité, que ce sont des faussetés diaboliques, et que tous ceux qui suivront ces maximes (des casuistes) sur la foi de ces faux docteurs périront avec eux ». Comme il avait été énoncé dans la *Préface sur le traité du vide*, il suffit de « voir » les vérités morales inscrites dans les Écritures et livrées inchangées par la tradition. Il ne s'agit nullement de chercher dans l'expérience ou de se laisser informer par elle comme on le fait dans les autres savoirs ; il ne s'agit pas non plus d'entreprendre un travail d'interprétation ou d'intelligence de la foi (en quoi tient, semble-t-il, la théologie, à moins de supposer qu'elle ne soit en effet que répétition du même). Non, car ce serait faire « comme si la foi, et la tradition qui la maintient, n'était pas toujours une et invariable dans tous les temps et dans tous les lieux ; comme si c'était à la règle à se fléchir pour convenir au sujet qui doit lui être conforme [3] ». Car à la différence des autres religions qui ont pour guide « la raison naturelle », « les seuls chrétiens ont été astreints à prendre leurs règles hors d'eux-mêmes et à s'informer de celles

---

1. *Factum pour les curés de Paris*, p. 472, I.
2. *Projet de mandement contre « l'apologie des casuistes »*, p. 486, I.
3. *Lettre 5*, p. 388, II.

que Jésus-Christ a laissées aux anciens pour nous et transmises aux fidèles [1] ». Extériorité (hétéronomie) des principes chrétiens de la conduite, règles antinomiques par rapport à la « raison naturelle », Jésus-Christ parfait législateur donnant la Loi éternelle de Dieu, transmission intégrale assurée par la tradition de la « pureté de la morale chrétienne », non-gradualité de la loi, autant de « contraintes » qui lassent « ces bons pères », comme les juifs d'autrefois qui, niant leur identité propre et leur séparation d'avec les païens, criaient aux prophètes : « nous serons comme les autres peuples [2] ». Et comme les juifs, les bons pères n'entendent pas la voix des prophètes et les calomnient, faisant jouer ainsi une logique sacrificielle dont Pascal est l'évidente victime...

• Inconséquences pascaliennes

Si l'on ne se laisse pas intimider par la logique totalitaire qui range tout soupçon du côté du « mauvais », on peut s'étonner de telles positions. Faut-il préciser encore que discuter des thèses aussi tranchées ne revient pas à avaliser globalement les excès éventuels de l'autre « parti », mais qu'il faut assurément casser cette logique duelle qui, croyant parler au nom de la Vérité, déploie une assez effrayante violence ?

Bien que Pascal passe légitimement à la postérité pour avoir posé une admirable distinction entre les « ordres », et qu'il ait, non moins légitimement, demandé de ne pas confondre les rationalités diverses, en quoi il est d'ailleurs tout à fait moderne, il ne semble pas avoir pleinement respecté cette règle pour lui-même. Il est frappant de constater en effet à quel point le modèle de la rationalité mathématique demeure pour lui la référence en théologie, et très particulièrement en morale. On est surpris par exemple à la lecture des deux premières *Provinciales* de constater que s'affirme, derrière la polémique sur la vacuité du langage des théologiens, un idéal d'univocité des termes qui convient peu à la rationalité

1. *Pensées*, Fragment 769.
2. *Ibid.*

théologique ; certes le théologien doit éviter l'équivoque, mais l'intelligence des réalités de la foi impose plus un langage analogique qu'un langage d'où toute polysémie serait écartée, comme il sied par contre en mathématique, ou dans ce que nous appellerions aujourd'hui les sciences exactes. La même ambiguïté se retrouve en morale où Pascal transpose un idéal de certitude qui n'a pas cours en ce domaine. Bien qu'évoqué en termes tout à fait exacts à propos des limites de l'involontaire, « le prince des philosophes [1] » ne semble pas avoir été très intégré dans son enseignement central en matière de morale ; Aristote en effet explique dans l'*Éthique à Nicomaque* qu'il ne faut pas confondre la vérité dans l'ordre théorétique et les conclusions auxquelles on peut atteindre dans la *praxis* ; il prend grand soin d'indiquer en somme que la vérité se conjugue au pluriel, et qu'on ne doit pas aspirer sur le terrain de la pratique à ce type de certitude recherchée légitimement dans les connaissances spéculatives. Or Pascal vise très exactement en morale l'idéal qu'Aristote nous a appris à ne pas chercher en ce domaine sous peine des inconséquences et des déboires les plus graves. La tradition que Pascal se plaît à évoquer contre « ces bons pères » avait retenu la leçon mieux que lui, mais c'est surtout la tradition thomiste qu'en vérité Pascal ne semble pas très bien connaître. Or il ne s'agit pas d'un débat académique, mais justement de savoir à quelle vérité on peut prétendre dans la pratique où la connaissance des principes est aveugle si elle ne conduit pas à voir ce qui est exigé dans l'acte même. Et à ce niveau il est plus avisé, plus sérieux et plus juste de mettre de son côté toutes les probabilités de l'action droite que de croire agir au nom d'une Vérité éternelle sans prendre en compte les conditions d'accueil à cette Vérité.

Cette volonté de certitude en morale va de pair avec les affirmations exorbitantes selon lesquelles le chrétien trouverait dans les Écritures ou dans la Loi éternelle toutes les règles de sa conduite. L'allusion à la Loi éternelle est éclairante ; ici encore une meilleure connaissance de la théologie thomiste eût épargné à Pascal de croire que la foi donne en quelque sorte un accès sans médiation à la Loi

1. *Lettre 4*, p. 386, II.

éternelle, alors que Thomas d'Aquin parle beaucoup plus justement d'une *participation* à cette Loi par et dans l'exercice de la raison [1]. Mais la position de principe selon laquelle tout le comportement du croyant est fixé dès le début et livré sans changement est une grave inconséquence théologique : non seulement il s'agit là d'une version fixiste de la tradition dont le caractère idéologique fait échapper à toute vérification sur un quelconque point particulier, mais surtout cette immédiateté est une méconnaissance de la place de l'Esprit saint dans la vie chrétienne. Une religion de fidélité littérale se substitue ici à la religion de la liberté, où il s'agit de répondre aux sollicitations de l'Esprit ici et maintenant, dans la juste conscience qu'une répétition de l'«éternel hier» peut être une trahison de Dieu et du respect dû à autrui. Ce fixisme marque bien la distance qui sépare une géométrie de la tradition d'une pratique pastorale, avertie des problèmes nouveaux devant lesquels se trouvent les «âmes», et l'impossibilité de les renvoyer à une tradition prétendument immuable, en vérité silencieuse sur nombre de problèmes brûlants... Ce traditionalisme ne manque pas d'actualité : il est intéressant de constater qu'il repose sur une théologie déficiente et gravement unilatérale par rapport aux données de la Révélation chrétienne (en particulier ici l'absence de référence à l'Esprit Saint).

Enjeu théologique du débat

Les positions morales de Pascal, on le pressent, font donc corps avec une théologie précise et discutable. Il importe donc de montrer comment la morale présuppose une théologie assez jansénisante qui en radicalise les thèmes.

• Raison corrompue et loi naturelle

Se plaçant explicitement sur le terrain de la théologie, Pascal assume la thèse selon laquelle la raison corrompue par le péché

---

1. *Somme théologique*, Ia IIae, art. 91.

originel ne peut fournir des règles de conduite assurées. Non seulement la volonté, le voudrait-elle, ne peut pas atteindre ce qu'elle veut, mais la raison elle-même est insuffisante à éclairer droitement le comportement. La raison corrompue en effet ne peut que prendre pour « naturelles » ou allant de soi, justes et donc bonnes, des pratiques tout à fait conventionnelles, fixées par les traditions et les habitudes sociales. Aveugle, la raison prend ces conventions de fait pour des règles indiscutables et fondées, ignorant que les coutumes voilent leur arbitraire et leur relativisme sous l'accoutumance et l'habitude : « Qu'est-ce que nos principes naturels sinon nos principes accoutumés... Une différente coutume en donnera d'autres principes naturels [1]... » Ainsi est-il vain de chercher à s'appuyer sur une *loi naturelle* qui fournirait une norme indiscutable de moralité pour tenter de discriminer entre convention et justice, entre habitude et ce qui vaut en soi et pour soi, entre mœurs et ce qu'on pourrait tenir pour universel. L'expérience historique ne fournit rien d'autre que des façons de faire, variables selon les époques et les sociétés. « Trois degrés d'élévation du pôle renversent toute la jurisprudence, un méridien décide de la vérité. » Ou s'il y a éventuellement des lois naturelles, en fait « cette belle raison corrompue a tout corrompu », et nous ne connaissons plus que des lois légitimant ici le larcin, là l'inceste, ailleurs le meurtre des enfants, puisque « tout a eu sa place entre les actions vertueuses ». Même si à l'origine une législation droite a pu être posée, les temps l'ont recouverte de sédimentations qui la rendent méconnaissable. Il importe par-dessus tout de ne pas dévoiler cette mascarade sociale ; car tel est « le fondement mystique de l'autorité » de la coutume, et de l'ensemble des institutions. « Qui les ramènera à son principe l'anéantit. Rien n'est si fautif que ces lois qui redressent les fautes. Qui leur obéit parce qu'elles sont justes obéit à la justice qu'il imagine, mais non pas à l'essence de la loi... Elle est loi et rien davantage [2]. » La sagesse recommande de ne pas dévoiler ce commencement impur de toute coutume : car tel est

1. *Pensées*, Fragment 125.
2. *Pensées*, Fragment 60.

le fondement de l'obéissance des citoyens ; révéler cette relativité des lois reviendrait à ébranler l'ensemble du système social.

Ainsi les mœurs ne sont pas morales, mais elles constituent autant de contraintes dorées, de prescriptions arbitraires. Par conséquent « il est dangereux de dire au peuple que les lois ne sont pas justes, car il n'y obéit qu'à cause qu'il les croit justes. C'est pourquoi il faut lui dire en même temps qu'il y faut obéir parce qu'elles sont lois, comme il faut obéir aux supérieurs non pas parce qu'ils sont justes, mais parce qu'ils sont supérieurs [1] ». Il est vain par conséquent de chercher une justification des lois dans la visée d'un bien commun ou d'un *souverain bien*. « Pour les philosophes, deux cent quatre-vingts souverains biens [2] » ; l'incohérence théorique double ici le relativisme des mœurs, puisque chaque philosophe apporte à une justification de sa position toutes les ressources de l'esprit. D'où la « vanité » de l'entreprise philosophique, qui élève au rang d'universel, donc de faux universel, une singularité parfaitement arbitraire, mais socialement utile. Ainsi la morale se trouve-t-elle disqualifiée puisque la raison, liée au fait particulier des mœurs, ne peut s'élever à l'universel.

Est-il besoin de souligner à quel point en ce domaine la position pascalienne diverge de la tradition thomiste, et très largement de la tradition catholique dans son ensemble ? L'insistance mise dans le catholicisme sur l'importance de la loi naturelle, ainsi que le rôle accordé à l'idée de bien commun ou à celle de souverain bien (identifiées dans le discours pascalien) font corps toutes deux avec le refus de tenir la raison pour radicalement corrompue par le péché originel ; cette dernière affirmation a été repoussée solennellement par l'Église catholique au Concile de Trente [3], entérinant là un refus très antérieur. Blessée, certes, la raison n'est pas pour autant intrinsèquement dégradée ; par conséquent il reste possible de discerner le bien et le mal, même après « la chute », et c'est justement

---

1. *Pensées*, Fragment 66.
2. *Pensées*, Fragment 479.
3. Session VI, Décret sur la justification (janvier 1547), Denzinger, par. 792 *sq.*

en quoi tient la loi naturelle dans sa première expression selon Thomas d'Aquin ; possible aussi d'apprécier la légitimité d'une loi selon son accord avec le bien commun.

• La Révélation au secours de la raison corrompue

Mais le thème de la raison corrompue n'est pour Pascal qu'une séquence dans un ensemble théologique très cohérent. Il constitue la base de son apologétique, et donc le chemin pour conduire à la foi ou le présupposé d'une conception très précise de la Révélation. En effet, fondamentalement, l'homme est incompréhensible à lui-même, bien que, grâce à toutes sortes de stratagèmes sociaux (les valeurs d'établissement) et intellectuels (la philosophie), il croie pouvoir s'orienter dans l'univers et comprendre son état. Il est donc essentiel de le débusquer de ses illusions, de son « divertissement », pour lui dévoiler son véritable état misérable. C'est pourquoi, dit Pascal, « je le contredis toujours. Jusqu'à ce qu'il comprenne qu'il est un monstre incompréhensible [1] ». La méthode du « renversement continuel du pour et du contre » obtient cette déstabilisation nécessaire pour conduire à l'idée que l'homme, incompréhensible en lui-même et par lui-même, ne devient compréhensible que dans et par la foi, c'est-à-dire en accueillant une Vérité révélée et reçue. La foi seule, et nous rejoignons ici ce que nous avons déjà entrevu, donne la clé de l'existence en apportant la certitude : « il n'y a pas de certitude hors de la foi », et « personne n'a d'assurance hors de la foi [2] ». L'universel toujours manqué par la raison est trouvé grâce à la conversion : « La conversion véritable consiste à s'anéantir devant cet être universel qu'on a irrité tant de fois et qui peut vous perdre légitimement à toute heure, à reconnaître qu'on ne peut rien sans lui et qu'on n'a rien mérité de lui que sa disgrâce [3] ». Il ne s'agit nullement de penser cet universel, qui est Dieu, mais de « s'anéantir » devant lui.

1. *Pensées*, Fragment 130.
2. *Pensées*, Fragment 131.
3. *Pensées*, Fragment 378.

La foi donne donc, et elle seule, les justes maximes de la conduite : nous retrouvons les propos antérieurs, mais avec un accent supplémentaire. Seule la foi apporte certitude et compréhension à l'incertitude et à l'incompréhensibilité de l'existence humaine. Elle répond sans équivoque et elle donne cette vérité simple, permanente et inaltérable qui fournit les règles de la conduite juste. La Révélation seule donne la clé de l'énigme humaine, hors de laquelle l'homme perd le sens. Il n'y a donc aussi toujours et partout qu'une seule action possible selon Dieu, car la foi donne son contenu à l'agir, et ceux qui tergiversent et discutent, montrent par là même à quel point ils trahissent les vraies perspectives de la Révélation, ou s'en sont écartés, propos qui confirme d'ailleurs notre soupçon que le modèle mathématique déteint sur le modèle moral. Le chrétien « ne doit prendre pour règle que l'Écriture et la tradition de l'Église [1] » ; il s'appuie sur cette vérité qui « subsiste éternellement » et qui « triomphe de ses ennemis parce qu'elle est éternelle et puissante comme Dieu [2] ». Mais cette vérité, comme chez Occam, est entièrement hors de nos prises et doit être acceptée en s'anéantissant devant elle, car « Dieu étant la justice et la sagesse mêmes, il peut faire mourir sur-le-champ qui lui plaît, quand il lui plaît, et en la manière qu'il lui plaît. Car, outre qu'il est le maître souverain de la vie des hommes, il ne peut la leur ôter ni sans cause, ni sans connaissance, puisqu'il est aussi incapable d'injustice que d'erreur [3] ». C'est ici que la théologie pascalienne de la grâce doit entrer en scène, puisque seule la grâce permet d'accomplir une Volonté divine dont l'homme est incapable et dont on soupçonne que, mesurée par la libre Souveraineté divine, elle pourrait être autre qu'elle n'est. C'est bien pourquoi la raison ne peut atteindre à la Loi posée par cette volonté, et que seule la grâce, en tant que grâce actuelle suffisante, donne au fidèle d'adhérer au bon vouloir divin ; selon la juste formule de Morot-Sir, la fonction de la grâce est de « faire vraie l'affirmation de la vérité [4] ».

1. *Lettre 14*, p. 435, I.
2. *Lettre 12*, p. 429, II.
3. *Lettre 14*, p. 436, II.
4. Édouard Morot-Sir, *La Métaphysique de Pascal*, Paris, PUF, 1973, p. 124.

Il n'est guère besoin de pousser les maximes pascaliennes en leurs dernières conséquences pour pressentir les limites de cette conception de la Révélation. La souveraineté de Dieu se gagne par l'annihilation de l'homme ; Dieu est d'autant plus grand et tout-puissant qu'il triomphe d'une créature entièrement enfermée dans la ténèbre de sa condition. Or le « coût » de ces positions est considérable : le rapport de l'homme à Dieu est pensé en terme de rivalité et d'opposition, puisque Dieu ne triomphe que par l'anéantissement de l'homme ; ce qui est pour le moins inquiétant chez un penseur qui devrait se situer dans la logique de l'Incarnation et du dogme catholique, lequel postule une totale « communication des idiomes » (de Dieu et de l'humanité) en Jésus-Christ. La libre souveraineté de Dieu n'est ici compatible ni avec une raison s'exerçant selon son régime propre, ni avec une liberté morale capable de discernement ; la Révélation est pensée dans une totale extériorité, et la discontinuité est telle qu'un critère de la vraie morale chrétienne, ainsi du moins que Pascal l'entend, tient dans son opposition à la nature. Ainsi donc, plus une règle morale est coercitive et contraire à la nature, plus Pascal pense y trouver une confirmation de son caractère authentiquement chrétien.

De manière tout à fait radicale, Pascal dénie même à l'homme la liberté, ou pense que la concupiscence est pratiquement irrésistible. « Il est impossible qu'on ne pèche pas quand on ne connaît pas la justice », lit-on dans la *Lettre 4*. Mais comme il serait téméraire de se prétendre « juste », à moins d'adopter les thèses calvinistes de la prédestination, tout homme ne peut pas ne pas pécher. Outre une thèse théologiquement discutable en économie chrétienne, s'annonce ici toute une conception du sujet, tout à fait problématique. « Il est remarquable, écrit Vincent Carraud [1], que le modèle qui illustre le fonctionnement de ma volonté me fasse l'objet de la volonté d'autrui. Dans la figuration pascalienne, le moi n'est pas le sujet de la liberté, mais l'objet d'autres volontés... L'*ego* est désapproprié de sa volonté... Et même quand la chaîne de concupiscence se rompt, sous l'effet d'une force supérieure de la

---

1. *Op. cit.*, p. 171-172.

grâce, le mouvement qui résulte de cette rupture, et qui m'affecte, me reste extérieur. La grâce ne m'illumine pas de sorte que je veuille plus ou mieux ; elle m'attire plus violemment — mais n'en reste pas moins pensée comme extérieure à moi-même. » Comment en effet la grâce ne resterait pas comme une violence extérieure, puisque l'*ego* n'a pas de consistance en lui-même ?

Le caractère implacable de ces thèses rejette du côté du pélagianisme toute tentative de penser autrement la relation entre Dieu et l'homme, entre création et révélation, entre grâce et liberté, comme si l'économie chrétienne n'ouvrait pas d'autres perspectives que celle d'une dissociation aussi poussée de l'ordre de la création et de celui de la Rédemption. Il faut ajouter que la position pascalienne jette une singulière lumière sur sa conception de Dieu : comment échapper à la conclusion que Dieu prend quelque (malin ?) plaisir à confondre et à égarer l'homme, pour mieux se révéler dans sa transcendance ? « Dieu, lit-on dans le fragment 131, voulant nous rendre la difficulté de notre être inintelligible à nous-mêmes en a caché le nœud si haut ou pour mieux dire si bas que nous étions bien incapables d'y arriver. De sorte que ce n'est pas par les superbes agitations de notre raison mais par la simple soumission de la raison que nous pouvons véritablement nous connaître. » Quelle compatibilité y a-t-il entre le Père de toutes lumières dont parle saint Jean, et ce Dieu qui joue à confondre sa créature et à mesurer chichement la participation à ses biens ? Dieu est-il un Sphinx semeur d'énigmes pour mieux voiler sa grandeur, ou cet amant à la recherche de la bien-aimée sur toutes les routes, dont parlent les Écritures, bref un Dieu dont toute la transcendance est de s'abaisser jusqu'à l'homme en Christ pour que sa créature reçoive l'aptitude à être divinisée par les voies de son humanité ? Un Dieu qui cherche si peu à cacher à l'homme sa vraie nature qu'il en expose le destin dans le Bien-aimé !

• Une morale tutioriste

Tous ces éléments convergent pour étayer une morale rigoriste et fonder une position tutioriste. Le tutiorisme consiste en effet à rechercher le plus sûr et le plus incontestable en matière de conduite ; et nous avons bien vu en effet que Pascal exècre le seulement probable en morale ; où donc trouver le plus sûr, sinon dans le rigoureux respect de la Loi et dans son observance stricte ? Certes, considérée globalement, la position médiévale des moralistes épouse les thèses tutioristes, avec des nuances et des accents divers selon les écoles. Mais, et nous rejoignons ici nos réflexions antérieures, dans un univers religieux et culturel où les références de la conduite sont relativement stables et peu contestées, une fidélité aux règles en place et à la Loi constitue en quelque sorte la manière normale et indiscutable de se comporter : les règles sont là, et pourquoi chercher ailleurs ce qui se donne ici et maintenant comme le plus viable et le plus sûr ? Bien des choses changent cependant avec l'ébranlement de cet univers éthique : là où les manières de faire sont remises en cause pour les raisons évoquées plus haut (et comment contester que ce fut le cas au moment de la Renaissance, et même bien avant ?), l'appui sur la Loi ne peut plus aller de soi. A quoi faire appel, sinon précisément à un jugement réfléchi, celui qu'une conscience informée pourra légitimement poser ? Dès lors, dans ce contexte le tutiorisme change de sens ; la fidélité stricte à la Loi glisse vers le volontarisme arbitraire ; et il est en effet impossible de lire *Les Provinciales* sans ressentir l'angoisse fiévreuse de l'auteur de ces pages devant un monde qui change et qui le déconcerte. Cette angoisse explique pour une part la vivacité de sa polémique, mais, à la différence des grands théologiens médiévaux (on l'a dit à propos de saint Thomas d'Aquin), il donne une interprétation raidie de la loi, notamment de la Loi éternelle ; il postule que la vie morale chrétienne est en quelque sorte toute tracée dans les Écritures, mais son incapacité même à donner le moindre exemple positif de cette morale trouvée telle quelle suggère assez qu'il s'agit là d'une construction intellectuelle, d'une fiction construite, d'un schéma imaginaire qui ne peut s'imposer que par un appel direct à l'autorité divine, faute de pouvoir exhiber ses preuves. Surtout, à enfermer la morale chrétienne dans un texte où il suffirait de la « lire », Pascal la stérilise : serait-il vrai que par avance Jésus ait déjà répondu à toutes les questions que les chrétiens de la Renaissance se posent au sujet du prêt à intérêt, du code de l'honneur, de l'obéissance aux pouvoirs établis ? Adopter une telle position revient à dire que la morale chrétienne est enfermée dans une lettre inchangée et inchangeable, et donc que la fidélité est répétition stricte. Mais s'agit-il encore de morale, et tout particulièrement de morale chrétienne, laquelle passe par le discernement des appels de l'Esprit du Christ ici et maintenant, à partir de ce que le fidèle déchiffre dans la vie, la mort et la résurrection du Messie de Dieu?

Actualité du probabilisme

Fondement du probabilisme

La mentalité tutioriste ne peut considérer que comme laxiste toute attitude qui ne professe pas sa conception rigoriste de la loi et de la morale, car elle n'admet par principe aucune distance et exclut toute interprétation au profit d'une lecture littérale; c'est pourquoi, sans grand souci des nuances et des positions réellement prises, Pascal confond ses adversaires sous le titre infamant de laxistes [1]. Or, ceux qui sont ainsi calomniés étaient essentiellement des pasteurs, on l'a dit : ils étaient confrontés à des situations difficiles ou inédites que les appels solennels à une prétendue morale de toujours n'éclairaient nullement, quand son application n'aboutissait pas tout simplement au découragement des âmes et à leur éloignement de la pratique chrétienne. Ils étaient donc par nécessité pastorale, et non pas complaisance mondaine comme Pascal le soutient, confrontés à *des cas de conscience* complexes et compliqués que l'intellectuel méconnaît ou méprise à cause de la hauteur de ses principes. Le développement de la casuistique, d'ail-

---

1. Ce jugement perdure et grève lourdement le débat moral. Entre autres exemples, Philippe Delhaye assimile purement et simplement les jésuites au laxisme en opposant «jansénisme et laxisme» dans son livre *La Conscience morale du chrétien*, Tournai, Desclée, 1964, p. 196.

leurs nullement nouveau puisque lié à la pratique de la confession auriculaire, développée depuis le haut Moyen Age, s'explique par là [1]; il trouve un contexte particulièrement favorable au XVIe siècle, justement parce que la nouveauté des situations met les croyants devant des problèmes qu'il faut traiter dans toute leur densité et éclairer au nom de la foi, sans doute, mais non sans avoir mesuré d'abord leur complexité intrinsèque. Sans être les seuls, puisque les dominicains entre autres n'ont pas peu contribué au développement de cette discipline nouvelle qu'on commence à appeler la théologie morale, les jésuites, instruits par la spiritualité ignatienne, sont particulièrement attentifs à aider des libertés concrètes pour les ouvrir au discernement de la Volonté de Dieu sur elles. Ils estiment devoir sans doute respecter la Loi, mais en prenant au sérieux cette liberté que Dieu, en Jésus-Christ, n'a nullement violentée, encore moins méprisée. Dès lors, il leur est difficile d'entrer dans les perspectives d'une opposition tranchée entre une nature corrompue et une Loi éternelle lisible à même les Écritures, applicable comme une règle géométrique, ou de supposer un sujet totalement corrompu, incapable de libre discernement, mais seulement en attente de l'irruption de la grâce sur lui. Ils cherchent à analyser les cas dans lesquels sont engagées ces libertés ; ils tentent de discerner les voies par lesquelles les croyants sont fidèles à leur vocation chrétienne. Dès lors qu'on tente de débrouiller des situations complexes, on se trouve rarement, sinon à peu près jamais, devant des problèmes de géométrie ou en face d'épures abstraites conduisant par elles-mêmes vers la certitude ; on fait plutôt front à des possibilités ou à des virtualités d'action dont il faut peser les conséquences. Il apparaît dès lors cohérent avec cet état de choses que la casuistique soit liée à ce qu'on va appeler d'un terme ambigu, le *probabilisme*.

---

1. Une excellente histoire de la casuistique se trouve dans Albert R. Jonsen et Stephen Toulmin, *The Abuse of Casuistry. A History of Moral Reasoning*, Berkeley, University of California Press, 1988. Sur le sens toujours actuel de la casuistique, voir par exemple Philipp Schmitz, « Kasuistik. Ein wiederentdecktes Kapitel der Jesuitenmoral », *Theologie und Philosophie*, n° 67, 1992, p. 29-59.

A moins de supposer en effet que la foi donne la réponse assurée à toutes les questions, ce qui est un grave déni de l'expérience chrétienne, surtout en un contexte de transformations sociales rapides, il faut bien chercher à tester les arguments avancés de part et d'autre pour discerner l'issue morale la plus viable. Viser la certitude reviendrait à faire fausse route, et déjà à chercher autre chose qu'une authentique décision morale. Parce que l'issue n'est pas claire, il faut tester les opinions les plus sérieuses, analyser les raisons données de part et d'autre, se référer à ceux qui, en tel domaine, font autorité en vertu de leur expérience, de leur compétence, de leur savoir. L'appel à la probabilité ne consiste certes pas à adopter la première opinion venue, mais à rechercher pourquoi telle position est tenue pour raisonnable plutôt que telle autre. Si le terme « probable » semble affecté d'un coefficient relativiste, c'est sans doute parce qu'on oublie l'origine grecque des *endoxai*, très présente à l'esprit des théologiens qui utilisaient le mot. Les « opinions » ne sont pas à leurs yeux des caprices ou des concessions au goût du temps : elles sont la base de l'argumentation et de la discussion publique, à partir desquelles on tente d'atteindre à ce type de vérité qui peut être atteint dans la pratique (il faut se souvenir ici d'Aristote déjà évoqué plus haut). Particulièrement dans les cas difficiles ou sans précédents, sur quoi faire fonds sinon sur l'avis motivé des compétences reconnues ? Donc sur des opinions passées au crible de la confrontation avec d'autres ?

Dans la troisième partie de son *Discours de la méthode*, Descartes fixe comme l'une des maximes de sa morale « par provision » de suivre « l'opinion la plus probable ». Il fonde sa position à partir d'une comparaison éclairante sur le contexte qui pèse désormais pour toute décision morale : il en va, dit-il, comme d'un voyageur perdu dans la forêt qui tourne indéfiniment en rond s'il change sans cesse de direction, à moins qu'il ne se décide à persévérer une fois pour toutes dans la direction choisie. Car le voyageur égaré ne connaît pas avec certitude le vrai chemin qui conduit à bon port et il lui est même impossible de se baser sur aucune certitude. Il faut donc se décider, puis s'en tenir à une ligne de conduite ferme. Certes, Descartes laisse entendre que cette décision « au commencement » s'est peut-être faite au hasard ; mais si par cette remarque il ne cache pas en effet la part d'arbitraire qu'implique toute décision morale, il corrige aussitôt en avançant que « c'est une *vérité très certaine* (je souligne) que, lorsqu'il n'est pas en notre pouvoir de discerner les plus vraies opinions, nous devons suivre les plus probables » ; la raison donnée est intéressante : les actions de la vie ne souffrent souvent aucun délai. Il faut donc décider dans l'urgence. Comme, en ce cas, aucune certitude ne s'impose, et qu'on ne veut pas non plus se livrer au caprice ou errer indéfiniment, il importe de se rallier à l'opinion la plus probable, c'est-à-dire à celle qui est la mieux fondée. Tel est bien le type de « certitude » à laquelle on peut prétendre dans la praxis — et telle n'est certes pas la certitude valable en géométrie.

Il n'est guère étonnant que la casuistique, appuyée sur le probabilisme, fasse retour actuellement, tout particulièrement dans les champs d'action pour lesquels la tradition laisse relativement sans chemins tout tracés. L'exemple de la bioéthique est tout à fait symptomatique à cet égard. De nos jours, que font d'autre les comités d'éthique, sinon d'analyser des cas de conscience et de tenter de pondérer les diverses opinions afin de parvenir à une proposition raisonnable d'action, non pas dans la certitude triomphante d'avoir trouvé la Vérité, mais dans la recherche des « probabilités » considérées « comme très vraies et très certaines en tant qu'elles se rapportent à la pratique », pour parler comme Descartes. Il n'est point étrange dans ce contexte que Jean-Paul Thomas fasse un « éloge de la casuistique » dans son livre *Misère de la bioéthique*[1], et qu'une part non négligeable de la réflexion éthique s'oriente aujourd'hui sur les bases ouvertes jadis par les casuistes probabilistes.

La morale probabiliste

Les confusions et les préjugés sont si ancrés contre cette morale qu'il convient d'en préciser les contours, ou du moins de tenter

1. Paris, Albin Michel, 1990.

d'en restituer la logique, telle du moins qu'il nous est possible de l'entendre et de la réinterpréter aujourd'hui. Une telle morale d'abord ne peut pas procéder *more geometrico*, en raison même de son point de départ : les cas concrets et souvent sans précédents qui se posent aux consciences. Pour autant, une telle morale ne néglige pas la référence aux principes éthiques ; tout au contraire, elle est préoccupée de leur application ; elle en voit bien la force exigeante, mais elle constate aussi qu'elle est en peine de trouver les chemins concrets par lesquels on peut les rejoindre. Si cette morale abandonnait cette référence aux principes, il n'y aurait même plus de cas de conscience à rigoureusement parler ; c'est parce qu'on pressent les enjeux fondamentaux d'un cas précis et particulier (risque d'homicide, de mensonge, de violation de sa parole, d'infidélité au conjoint), mais qu'on ne les voit pas non plus en toute clarté, que la conscience s'interroge et se demande si c'est bien tel principe qui est en jeu et non tel autre, et comment on peut réellement l'honorer. On doit d'autant plus insister sur ce point que les tutioristes feignent de croire que les probabilistes sont sans principes et agissent à l'aveuglette, ou en suivant la pente la plus facile, tant il est vrai que pour eux hors des certitudes objectivistes ou géométriques, il n'y a plus que dérèglement et relativisme [1]. Il faut le répéter : il n'y a de cas de conscience que pour une conscience qui s'interroge sur le bien-fondé de son action et qui n'est pas sûre de connaître la bonne solution, donc pour une conscience assez avertie des exigences des principes pour s'inquiéter de leur respect dans la situation concrète qu'elle affronte.

On est donc conduit à un autre trait de cette morale. Puisqu'elle ne peut se contenter de rappeler la loi de haut pour les raisons indiquées, il lui faut accompagner la personne au plus près et jusqu'au

---

1. On en trouve un exemple affligeant dans les écrits de Servais Pinckaers, soit dans *Ce qu'on ne peut jamais faire. La question des actes intrinsèquement mauvais. Histoire et discussion* (Paris, Éditions du Cerf, 1986), soit dans *La Morale catholique* (Paris, Éditions du Cerf, 1991) à propos des « proportionnalistes », p. 62-63. Même contresens dans l'article érudit, et fort émouvant dans sa volonté de compréhension, de Th. Deman consacré au « probabilisme » dans le *Dictionnaire de théologie catholique* (XIII, 1, p. 417-619).

plus concret. A ce titre, elle se fait souvent minutieuse, voire tatillonne. Mais il convient de ne pas oublier le contexte interpersonnel dans lequel la démarche prend sens. Cette morale suppose toujours une relation personnelle, par exemple entre pénitent et confesseur, car elle ne peut trancher comme le mathématicien dans la solitude ou dans un face-à-face avec la vérité. Par là même le sujet ne se fie pas totalement à lui-même, et il échappe ainsi au subjectivisme ; il recherche un appui fraternel et humain dans une autre conscience ; celle-ci n'est d'ailleurs pas détentrice de la vérité sur sa vie : qu'on pense aux « annotations » pleines de prudence et d'appels à la discrétion, données par saint Ignace à celui qui guide dans les *Exercices spirituels* et qui peuvent être valables pour tout confesseur ; mais sa présence ouvre un espace de dialogue et de discernement où chacun tente de mieux découvrir le chemin vers Dieu. On pressent en même temps une des limites de la casuistique ; quand, voulant descendre au plus concret de la décision, elle substitue au dialogue original et personnel l'imposition d'un corset d'obligations et ne cherche plus qu'à faire entrer le cas précis dans une catégorie prédéfinie. Mais cette dérive, qui a effectivement ruiné la casuistique, ne peut faire oublier l'intention génuine qui postule dialogue, échange et entraide fraternelle. Les manuels de casuistique où toute situation semble avoir trouvé sa place préalablement à toute démarche, où les distinctions minutieuses paraissent attendre d'être remplies par la vie, travestissent une démarche qui ne trouve sa vérité que dans un jeu relationnel ouvert.

Puisqu'il faut chercher l'issue un peu comme le voyageur perdu dans la forêt, selon Descartes, tout un travail de découverte des raisons de choisir s'impose. S'appuyer sur le probable semble au premier abord tout à fait équivoque et périlleux. Mais le terme ne doit pas tromper : dans une situation sans précédents, où trouver les raisons de la conduite droite sinon en consultant les personnes autorisées et compétentes, en pesant leurs arguments, en écoutant le pour et le contre, et, au total, en acquiesçant à l'opinion qui paraît la mieux fondée ? Telle est l'intuition juste du probabilisme, et l'on voit mal comment on pourrait procéder autrement, à moins d'adhérer au fantasme pascalien selon lequel il suffit de « lire » dans les Écritures la bonne solution à des questions que les Écritures n'ont point envisagées... De telles perspectives sont-elles si éloignées de ce qu'on tente de nos jours à travers l'argumentation et l'éthique communicationnelle, à condition, ici encore, de ne pas la caricaturer en la réduisant à un vain bavardage et à l'asservissement à la mode ? Il faut en effet discuter, entendre les objections, convoquer les diverses parties, amener les uns et les autres à expliciter leurs arguments, bref opérer tout un travail d'élaboration et de construction de la raison (et de la raison dans la foi). La vérité se cherche à travers un jeu subtil d'interrogations et de confrontations, et par là on se dispose à prendre toute la mesure du réel, à en peser les contraintes, à en envisager les enjeux. Tâche qui n'est rien d'autre que la tâche toujours à faire de devenir raisonnable, puisque la raison est moins une faculté toute donnée qu'un travail d'intelligence sur soi-même et sur le réel selon des procédures rigoureuses et exigeantes.

C'est dire enfin que la décision se fera rarement dans l'illumination de l'évidence. Il s'agira d'opter pour le plus probablement certain, et vraisemblablement dans la perspective humiliante que le dernier mot n'a sans doute pas été trouvé, mais qu'à cause de l'urgence il faut trancher. En admettant aussi qu'ultérieurement des données ou des raisons nouvelles pourront apparaître qui modifieront les conclusions maintenant atteintes. Tel est aussi le tragique de la décision morale qui peut rarement se parer des certitudes scientifiques, mais qui doit œuvrer dans l'urgence et le risque. Parvenue à ce point, la conscience n'est point douteuse, c'est-à-dire inquiète sur elle-même et divisée d'avec soi ; elle n'est pas traversée de scrupules et d'hésitations paralysantes. Simplement elle sait qu'il lui revient de prendre sa responsabilité et de faire son deuil des fausses assurances trompeuses, donc d'assumer le risque de s'être trompée. C'est d'ailleurs ce risque éventuel qui impose un examen d'autant plus attentif, scrupuleux et complet des raisons en présence, afin d'éviter le plus possible les à-peu-près et les erreurs d'appréciation.

Ces traits rapidement évoqués d'une morale soucieuse de la situation personnelle, conduite dans le dialogue avec autrui, portée à l'examen attentif des raisons en présence, décidant dans le risque responsable, se retrouvent assez bien chez le théologien qui, par la pondération de ses positions, mit un terme aux débats violents et aux condamnations réciproques entre probabilistes et tutioristes. Saint Alphonse de Ligori résume la position orthodoxe, dans un texte où le lecteur de Pascal n'est pas sans saisir les allusions critiques[1]. « Il est difficile d'interpréter les lois, puisque, en raison des circonstances qui rendent les cas dissemblables, les solutions sont elles-mêmes variées. Certains, qui se targuent d'être des érudits et des théologiens, dédaignent de lire, sinon à la hâte, les moralistes qu'ils appellent des *casuistes* (selon un terme péjoratif pour eux). Ils disent qu'il leur suffit, pour recevoir rituellement les confessions, de connaître les principes généraux de la morale ; grâce à eux, ils prétendent résoudre tous les cas particuliers. Qui peut nier que tous les cas particuliers doivent être résolus à partir des principes ? Mais toute la difficulté et toute la tâche consistent à appliquer à des cas particuliers, mêlés à tant de circonstances diverses, les principes de cette sorte, pour discerner lequel de ces principes convient aux circonstances rencontrées. Et on ne peut pas y parvenir sans une longue discussion des raisons qui sont en présence de chaque côté. Et c'est justement ce que font les moralistes quand ils élaborent en les expliquant selon quels principes les nombreux cas particuliers doivent être résolus. »

La présentation précédente a délibérément évité les méandres des polémiques qui durèrent plus d'un siècle et qui furent émaillées de condamnations romaines, assez équitablement réparties entre probabilistes, dits laxistes, et tutioristes, avec toutefois une complaisance marquée pour le tutiorisme. Polémiques et condamnations ont conduit à nuancer à l'infini la notion de probabilité et à affiner les concepts par des subtilités qui nous restent partiellement étrangères aujourd'hui. C'est Alphonse de Ligori qui va tracer la position orthodoxe, un peu par épuisement des combattants, il faut

---

1. Alphonse de Ligori. *Theologia moralis, Praxis confessori*, t. IV, p. 536, Rome, Leonardi Gaude, 1912. Cette œuvre a été écrite entre 1753 et 1755, donc plus d'un siècle après les *Provinciales*.

bien le dire. Si, indépendamment des débats de l'époque qu'il n'est pas à propos de rappeler, on devait formuler une *critique* à la morale probabiliste, ce ne serait pas celle, tellement répandue et tellement injuste, de relativisme ou de laxisme. Droitement appliquée, cette morale ne laisse pas la conscience individuelle à son caprice, mais, comme on l'a pressenti, elle la confronte à une élaboration complexe de la décision, en ouvrant à la pertinence des rationalités qui ont cours sur le cas concerné (les « opinions »). On pourrait plutôt reprocher à cette attitude sa tendance à glisser vers l'extrinsécisme ; la version molle de cette morale consiste à dire qu'il suffit de suivre une opinion, du moment qu'elle est tenue par un expert ou une autorité. On s'en remet alors à cette autorité sans examen sérieux de la position adoptée, de même qu'en contexte tutioriste on s'en remet inconditionnellement à la loi. Telle serait la version « laxiste » qui, frisant alors l'arbitraire, vide la décision morale de tout contenu raisonnable. Paradoxalement, cette version rejoint le tutiorisme en le retournant : du moment qu'une autorité s'est prononcée en un sens, il serait moral de suivre son avis. Une telle dérive est assez dans la ligne de la première forme du probabilisme, introduite par Bartholomé Medina (dominicain) pour qui « si une opinion est probable, il est licite de la suivre, même si l'opinion opposée est plus probable ». Ses excès ont conduit à des précisions subtiles, et l'on en est venu à parler alors d'opinion intrinsèquement probable, pour indiquer une opinion fondée sur d'excellents arguments, donc respectable non pas seulement parce qu'elle est tenue par une autorité (opinion extrinsèquement probable), mais parce qu'il y a de bonnes raisons de la tenir. Qui ne voit l'actualité de ces distinctions ? Dans le domaine médical par exemple, suffit-il qu'une sommité se soit exprimée pour qu'on se croie tenu de suivre son avis, ou ne doit-on pas aussi apprécier ses arguments et ne suivre son « opinion » qu'après discussion et confrontation à l'« opinion » d'autres autorités ? Dans le premier cas, la conscience s'abrite derrière une autorité quelconque et se dispense ainsi de la tâche difficile du discernement. Dans le second, elle tente de discerner le raisonnable dans l'opinion proposée.

On connaît la critique développée par Hegel [1] à l'encontre du probabilisme : cette doctrine rassure sans doute la conscience en lui offrant une règle à suivre, mais elle est ambiguë puisque n'importe quelle raison fonde la décision ou qu'il suffit de s'appuyer sur l'opinion d'un théologien ; et donc, selon Hegel, si le probabilisme ouvre la voie vers la prise en compte de la subjectivité, il ne va pas encore assez loin sur le chemin d'une subjectivité éthique authentique. « Hypocrite » en ce qu'il fait appel à la conscience d'un côté, mais aussi en ce que, de l'autre, il la neutralise par recours à n'importe quelle raison trouvée du côté d'une autorité. La conscience n'ose donc point encore s'affirmer comme telle en mettant en œuvre les procédures rigoureuses de l'authentique décision morale, où la subjectivité se sait et se veut principe de ses actes. Injustement sévère sur le probabilisme dont il ne connaît sans doute que la forme extrême (il cite la quatrième *Provinciale*), Hegel met le doigt sur l'ambiguïté de la position : on en est encore au moment où la subjectivité prend le dessus sur la référence à la loi ou à l'autorité, mais où, ne pouvant encore s'affirmer en tant que telle, elle doit en quelque sorte feindre une obéissance stricte qui n'est plus de mise.

Il est amusant de remarquer que ce reproche d'hypocrisie s'appliquerait plus justement à la morale pascalienne qui feint d'ignorer que c'est bien toujours une conscience qui s'ouvre à la Loi ou à la Volonté divine, et non point celle-ci qui s'impose sans médiation. Le vice du tutiorisme consiste à faire croire à l'absence de relation humaine à la loi, comme si celle-ci parlait dans une objectivité non appropriée par une démarche subjective. La violence des attaques tutioristes oblige en effet les « jésuites » à faire comme s'ils ne parlaient pas de la conscience et cherchaient seulement à l'encadrer sous une multitude de prescriptions minutieuses, plus écrasante en un sens que l'objectivité de la Loi ou la visée thomiste de la béatitude ; mais, sous la pression des rigoristes, ils ne peuvent avancer la référence qui triomphe effectivement que masquée sous les dehors (hypocrites) de corsets d'obligations...

1. Hegel, *Principes de philosophie du droit*, par. 140, remarque c.

Critique barthienne

Or, c'est précisément cette insistance sur la subjectivité qui tombe sous le coup d'une violente critique, formulée par le théologien Karl Barth [1]. Il vaut la peine de s'arrêter à cette position, car, réactualisant des thèses déjà rencontrées, elle les radicalise en faisant porter la contestation sur la subjectivité même. Ici, l'objection vient du côté de la théologie et elle se développe selon un triple argument.

Une éthique casuistique, selon l'expression de Barth, suppose d'abord, mais sans le dire ouvertement, que le commandement de Dieu est inapplicable (ce qui rejoint une des critiques pascaliennes). « L'éthique casuistique (...) part du principe objectivement inapplicable que le commandement de Dieu est (...) une forme sans contenu. Le commandement de Dieu aurait donc besoin, pour être valable, d'un contenu spécial et concret, déterminé par son application, exactement comme n'importe quelle loi humaine... ». Or « le commandement de Dieu se présente à nous dans l'Écriture sainte non pas sous l'aspect de règles, de vérités ou de principes moraux de caractère général, mais bien sous la forme d'ordonnances, de défenses et de directives tout à fait concrètes, liées à l'histoire, *singulières, uniques* ». D'autre part la casuistique s'engage sur cette voie parce qu'elle refuse en fin de compte l'obéissance due à Dieu, travestissant ainsi la nature de l'éthique : « La question éthique ne saurait consister à demander si telle ou telle action constitue le bien exigé de l'homme ; elle consiste bien plutôt à demander si et dans quelle mesure l'homme agira, intérieurement et extérieurement, d'une manière conforme au commandement qui s'adresse à lui du dehors sous son aspect le plus concret — si, en un mot, l'homme fera preuve d'obéissance ou de désobéissance en face de son exigence. » Ainsi « la casuistique est une mainmise sur le commande-

---

1. Karl Barth, *Dogmatique*, vol. III : *La Doctrine de la Création*, t. 4, Genève, Labor et Fides, 1964, vol. 15, p. 10 *sq.*

ment de Dieu et, par conséquent, sur Dieu lui-même... La casuistique porte atteinte au mystère de Dieu dans l'événement éthique».

Ce faisant, et c'est la troisième objection, cette éthique porte préjudice à l'action de l'homme en détruisant sa liberté, laquelle est suscitée par le commandement concret de Dieu : «Elle introduit un élément étranger entre le Dieu qui commande et l'homme appelé à lui obéir; elle substitue au commandement concret et particulier de la libre grâce de Dieu, c'est-à-dire à la volonté divine authentique que l'homme devrait choisir, approuver et saisir en toute liberté, l'interprétation et l'application tout humaines d'une vérité morale universelle, fixée et proclamée elle-même d'une manière tout à fait arbitraire.»

On n'a guère de peine à retrouver dans cette argumentation bien des traits de la théologie pascalienne, puisés sans doute à la même source calviniste, même si la frappe barthienne est sensible dans une certaine radicalité et intransigeance. Mais elle exprime aussi, de manière presque caricaturale, les impasses d'une théologie et d'une morale. La première objection suppose que ce que Barth appelle «le commandement du Dieu vivant» «implique toujours, dans tel cas particulier, l'obligation de choisir une possibilité précise (...). Il prescrit ce qui doit se passer en son for intérieur, dans ses intentions et réflexions, et, extérieurement, par ses faits et gestes. Il ne laisse rien qui puisse donner lieu à une appréciation ou à une préférence de l'homme. Il n'a donc besoin d'aucune interprétation pour entrer en vigueur. Il est lui-même, jusqu'en ses moindres détails, sa propre interprétation, et c'est ainsi qu'il se présente à l'homme dans toute sa validité [1]». A la Loi pascalienne, supposée envelopper toute la conduite chrétienne, Barth substitue le commandement du Dieu vivant, mais dans l'un et l'autre cas l'aspiration à une exigence littérale, censée être donnée concrètement et exclure toute marge d'interprétation, n'ouvre le choix qu'entre obéissance et désobéissance. Et l'on voit bien, à lire Barth, que la suprême rébellion consisterait à mettre en doute une telle interprétation du

1. Ce passage reprend des formules de Dietrich Bonhoeffer dans son *Éthique*, auxquelles souscrit Barth (p. 13).

commandement de Dieu (car c'en est une!), en se demandant par exemple si le chrétien se trouve jamais devant de telles évidences, ou si elles ne sont pas suprêmes illusions [1]. Car cette première objection s'appuie sur une conception du rapport de l'homme à Dieu pensée essentiellement en termes de rivalité (ou de péché) : tout ce que l'homme prétendrait affirmer par lui-même, par exemple en prenant en compte sa propre situation et en cherchant à l'analyser, paraît déjà aversion de Dieu et recherche d'un appui autre que celui qu'est censée donner la Parole de Dieu ; présente chez Pascal, une telle théologie, nous l'avons dit, porte en elle la base de l'athéisme, ce qui est déjà grave, mais en outre, comme on l'a vu, elle paraît peu conforme aux perspectives de l'Incarnation. Du coup, et puisque l'homme ne tient que dans sa dépendance de Dieu ou dans l'obéissance à un commandement épousant toute situation concrète, cet « actualisme » débouche sur ce que Barth appelle « une éthique de l'événement » et en laquelle il se reconnaît. L'« actualisme » rend vaines l'assomption par l'homme de sa liberté, l'analyse des composantes d'une situation, la découverte des possibilités ou des impasses qu'elle recèle ; vidée de contenu au profit de l'actualité immédiate d'une volonté divine qui s'exprime dans l'acte même, ou qui crée la volonté dans la relation immédiate au commandement (selon la troisième objection), la liberté fait déjà preuve de désobéissance dès lors qu'elle cherche les voies d'une décision raisonnable par la mise en œuvre de ses potentialités.

Que les pages consacrées par Barth à l'« éthique casuistique » se situent à l'intérieur des développements au sujet d'une « doctrine de la création » n'étonne pas : ici la création perd consistance, rapportée qu'elle est, de manière très immédiate, à une volonté divine qui commande « en excluant toute ambiguïté » et qui crée ainsi la liberté dans l'acte même [2]. Faut-il dire à quel point ces

1. « L'obscurité qui subsiste dans chaque cas particulier sur ce qu'est la volonté de Dieu se trouve toujours du côté de l'homme, et non pas du côté de Dieu » (p. 10-11).
2. L'ampleur, la complexité et l'évolution même de la pensée de Barth exigeraient plus de discussions qu'on ne le peut ici. Pour une analyse critique très fine de ses positions en éthique, on lira Henri Bouillard, *Karl Barth*, t. 3, *Parole de Dieu et existence humaine* (2ᵉ partie), Paris, Aubier-Montaigne, 1957, p. 219-283.

perspectives s'écartent de celles d'un Ignace de Loyola et de ceux qui ne pensent pas qu'on honore le Dieu de Jésus-Christ en rabaissant une liberté humaine qu'il a créée et sauvée, ou encore qu'on méconnaît la transcendance de Dieu en la pensant comme opposée à l'homme, puisqu'on continue à la penser dans un rapport limitatif, dans une relation où les deux termes jouent l'un par rapport à l'autre en vis-à-vis ou en rivalité ? Le passage par Barth permet de mieux comprendre la nocivité de ces oppositions par lesquelles on croit honorer la transcendance de Dieu en rabaissant la créature ; il permet aussi de montrer qu'une éthique respectant les processus par lesquels l'homme cherche les chemins d'une décision sensée n'est pas contraire à une saine théologie chrétienne, mais qu'elle prend au sérieux la condition créée. Plus la liberté devient consciente de sa finitude, des voies laborieuses par lesquelles elle s'ouvre à elle-même, plus elle peut aussi découvrir le Mystère qui l'habite, mystère d'un Dieu qui ne lui dicte pas immédiatement le bon comportement, mais qui la pousse à découvrir par la mise en œuvre de ses possibilités sa condition filiale, voulue par un Père qui ne se substitue pas à ses fils, mais désire en faire ses égaux. Perspectives qui sont loin des mauvaises rivalités des théologies dualistes qui, croyant sauver la transcendance de Dieu, la pensent encore dans un redoutable vis-à-vis jaloux.

Portée de la discussion

Il y va, à travers le débat très situé historiquement entre tutioristes et probabilistes, de l'émergence de la subjectivité moderne, ou de la conscience telle que nous l'entendons désormais. La référence à Barth montre les prolongements actuels de ce débat. L'« actualisme » barthien interprète comme rébellion la tentative de la liberté finie de déchiffrer les voies de sa juste conduite, postulant un Dieu dictant sans ambiguïté le bon comportement[1]. De

1. Mais ce commandement semble si peu dépourvu d'ambiguïtés qu'il faut de longues pages à Barth, comme il en faut d'aussi abondantes à son disciple Ellul, pour expliquer en quoi il consiste. Le magistère du théologien apporte heureusement la lumière là où le commandement divin est discret...

son côté, le tutiorisme pascalien se cabre de toutes ses forces contre la montée en puissance de la subjectivité, qu'il taxe de laxisme et de relativisme. Il reste solidaire d'un univers éthique dans lequel la référence à la Loi et aux lois fonctionnait encore sans trop de heurts ; mais, comme l'expérience pastorale ou les interrogations des fidèles le montrent, ce temps est révolu. Devant l'éclatement des références, qui d'autre que la conscience peut en définitive juger ? Et comment y parviendra-t-elle, sinon par le patient travail de l'examen des « opinions probables », qui offrent sur un sujet donné l'avis raisonné et l'analyse motivée des hommes compétents ?

Or, si le passage au premier plan de la conscience n'élimine pas la référence à la loi ou aux principes, mais les présuppose comme éléments essentiels de la juste décision, il n'en reste pas moins qu'un déplacement significatif a lieu ; ou qu'un changement de priorités prend place. La loi n'est plus première, comme censée donner la ligne de conduite indiscutable ; c'est la conscience qui est mise en demeure de rechercher par la mobilisation de tous ses moyens les chemins de la décision moralement droite [1]. Tel est bien l'enjeu fondamental qui sépare en réalité les « jésuites » et les rigoristes ; tel est l'enjeu toujours actuel quand le magistère ecclésiastique inscrit, au moins partiellement, son discours moral sous le patronage du tutiorisme et considère la conscience comme un supposé rival de la Loi ou de la vérité ; d'où l'étrange connivence entre ce tutiorisme magistériel et les postulats de la théologie barthienne, malgré toutes les différences. L'hypersensibilité tutioriste est si chatouilleuse qu'elle interprète l'appel à la conscience comme une rébellion, une insubordination, ou un orgueil prométhéen. Ici encore on n'est pas loin de Pascal et de ses erreurs d'appréciation.

---

1. H. Bouillard (*op. cit.*, p. 235-236) voit bien que Barth aboutit à une exténuation du sujet quand il explicite ainsi la position barthienne : « La question et la réponse éthiques ne sont soustraites au péché *que là où le sujet humain n'existe plus en lui-même*, là où il est prédicat du Christ » (je souligne) ; précisant sa propre pensée, il écrit : « La conscience morale est la condition transcendantale de l'éthique chrétienne comme de toute éthique concrète. Aucune ne peut se fonder en tant qu'*éthique*, sinon au sein d'une conscience morale, originaire et autonome. »

En ce sens, la confrontation entre Pascal et les « jésuites » garde toujours une vive et douloureuse actualité. Car l'appel, devenu essentiel, à la conscience, ne suppose nullement le mépris de la loi ou sa dépréciation systématique (c'est pourtant cela que la surdité tutioriste entend quand on parle de conscience) ; il suppose simplement que la conscience examine les raisons qu'elle a de suivre la loi et d'y obéir, parce qu'à ses yeux une obéissance inconditionnelle à une loi devenue douteuse serait immorale et contraire à une juste fidélité à Dieu. Or, effectivement, c'est avec Suarez que commence à se poser explicitement le problème de la loi douteuse, et nous avons pu en voir les raisons profondes autant culturelles que sociales. Mais son propos est-il si révolutionnaire ? Ne reprenait-il pas en le radicalisant à cause d'un contexte nouveau un thème de la théologie la plus classique ? Saint Thomas écrit en effet dans le *De Veritate* : «*Nullus ligatur per praeceptum aliquod nisi mediante scientia illius praecepti* [1].» Contre Pascal, Thomas tient donc qu'il n'y a pas culpabilité ni de péché dans l'ignorance de la loi ; mais on peut estimer aussi qu'il ouvre la voie à une interprétation moderne selon laquelle seule une appropriation consciente et réfléchie de la loi oblige. Entrer dans une telle perspective suppose bien référence à la loi, mais selon une hiérarchie qui ne la place plus en position première et sans médiation.

Avec l'avènement de la conscience se pose encore la question du fondement du jugement moral : doit-il viser la certitude, ou sinon à quel type d'obligation interne renvoie-t-il ? La réponse thomiste consiste à se référer au bien, et effectivement les thomistes peuvent estimer que l'avènement ou la promotion de la conscience font disparaître à la fois un appui dynamisant vers le bien en morale et l'appel aux vertus ; ils déplorent volontiers cet état de choses en notant que cette disparition a lieu au profit de l'obligation et de la multiplication des prescriptions. Il est exact qu'un volontarisme moral, lié à l'occamisme, va caractériser de larges secteurs de la réflexion morale et que l'appel calviniste-janséniste à la loi n'a plei-

1. *De Veritate*, Q. XVII, art. 3 : «Nul n'est lié par un précepte quelconque sinon par le moyen d'une connaissance de ce précepte.»

nement sens que sur la base d'un effondrement de l'ontologie classique. Qu'un tel contexte pèse sur l'avènement de la conscience ne signifie pas pourtant que toute philosophie de la conscience soit liée par un tel destin volontariste, nous aurons à le montrer ultérieurement. D'un mot, il y va de l'interprétation à donner au formalisme kantien, qui, après la critique hégélienne, peut être repris selon une lecture échappant au rigorisme et au formalisme[1].

On doit encore signaler que la prise au sérieux de la subjectivité entraîne un développement original de la théologie morale à partir de la Renaissance. Impossible en effet de se borner à déclarer que le comportement chrétien est « lisible » en clair dans les Écritures ; il faut aider la conscience dans les décisions concrètes ; et cette aide entraîne inévitablement le développement d'une réflexion spécifique et spécialisée. D'où l'apparition de ces traités de casuistique innombrables qui vont donner à la théologie morale catholique un style si particulier. D'où aussi la distance prise par cette théologie à l'égard des Écritures ou de la théologie dogmatique. On ne manquera pas de déplorer une telle évolution et le dessèchement qu'elle provoque, puisqu'une telle théologie semble coupée des sources scripturaires et ne plus s'articuler aux dogmes ; devenue buissonnante et prolixe, cette théologie ne peut que se flétrir ou s'abîmer dans la casuistique au pire sens du mot. Conscients de ces dérives, qui aboutissent à une stérilisation de la théologie morale, les pères du second Concile du Vatican ont demandé que les Écritures (et le dogme) redeviennent la référence principale. Ce programme peu contestable dans ses attendus ne semble pas avoir abouti, et peut-être est-il comme tel inapplicable : à partir du moment où la subjectivité est honorée comme telle, comment penser l'articulation entre la décision concrète et les sources de la foi sans retomber dans le tutiorisme pascalien ou l'actualisme barthien ? Ou sans développer ces théologies bibliques prolifiques dans lesquelles l'analyse exégétique dispense de la prise au sérieux des situa-

1. Telle est l'interprétation magistrale d'Éric Weil, entre autres, dans *Problèmes kantiens*, Paris, Vrin, 2e éd., 1970.

tions concrètes, et qui donc reproduisent à leur façon un dualisme mortel pour la vigueur morale chrétienne ?

On le voit : l'avènement de la subjectivité et surtout le souci de l'honorer véritablement ne sont pas un point d'arrivée, mais plutôt un point de départ, non point une base assurée et tranquille, mais une requête difficile à honorer, non point une affirmation humaniste prométhéenne, mais un beau risque à courir. Même à l'intérieur de l'univers de la foi ou par rapport à la Révélation, cette référence est inéluctable : comment découvrir la volonté divine sur soi sans passer par la médiation de la réflexion raisonnable et la pondération des positions expertes ? Il convient maintenant de montrer que cette référence engage plutôt à la modestie qu'à un orgueil condamnable.

CHAPITRE 3

La conscience jouée

L'avènement de la subjectivité libre est contemporaine de la primauté accordée à la conscience, et ce bouleversement intellectuel entraîne des conséquences considérables dans la réflexion morale, aussi bien en philosophie qu'en théologie. On parle généralement de triomphe de l'humanisme pour caractériser cet avènement. Et il est indéniable qu'un ensemble cohérent de concepts apparaît dans un tel contexte. Mais on sait aussi à quels coups de boutoir a été exposé cet humanisme, on l'a déjà aperçu à propos de Pascal. Est-il donc lié à une conception anthropocentrique, qui ferait fi de la dimension religieuse ? Est-il le signe de la démesure humaine qui, selon beaucoup, caractériserait l'époque moderne ? Et si oui, faut-il s'étonner que l'acclimatation de cet humanisme, et donc de la conscience morale qui lui est liée, soulève tant de réticences chez beaucoup de philosophes, non moins que dans des courants importants du christianisme, catholiques comme protestants ?

Il nous faut donc y regarder de plus près : est-il vrai d'abord que l'humanisme de la conscience soit lié à un anthropocentrisme ? Est-il vrai ensuite que l'affirmation de la conscience conduise à une conception close et souveraine de celle-ci ? Ces deux vastes questions structurent notre enquête. Nous chercherons d'abord à défendre la thèse selon laquelle, contrairement aux préjugés couramment répandus, l'humanisme moderne, berceau de la conscience, adopte en quelque sorte un profil bas et se développe à partir d'une « déconsidération » de l'homme ou de son détrônement par rapport aux approches plus « idéalistes », si l'on veut, du christianisme. Nous montrerons ensuite, en nous appuyant sur Nietzsche, que l'appel à la conscience ne va pas sans la vive aperception de son débordement par l'inconscient, et donc que loin de signifier l'installation d'un sujet souverain, la référence à la conscience pourrait être comprise comme une approche particulièrement modeste de la réalité humaine et de ses pouvoirs en matière morale.

Humanisme et anthropocentrisme

Lieux communs

Les termes du procès sont connus ; ils constituent même à l'intérieur du catholicisme la vulgate du soupçon porté sur tout ce qui, intellectuellement, s'est développé depuis la fin du Moyen Age. Selon la ligne la plus dure, on explique que l'histoire occidentale se partage entre une ère théocentrique qui domine jusqu'à la Renaissance, et une ère humaniste dont la date de naissance est généralement marquée par l'entreprise philosophique cartésienne. Alors que jusque-là toute réalité était située et comprise par rapport à Dieu, désormais se produirait un déplacement de ce centre vers la conscience subjective. La philosophie devient, dit-on, une théorie de la connaissance avec comme conséquence que l'homme s'est trouvé au centre de la réalité comme sujet cognitif, mais qu'il y est resté seul. Le développement des sciences naturelles a habitué parallèlement les esprits à considérer le monde en lui-même « comme si Dieu n'existait pas ». Sur le terrain moral, cette mise entre parenthèses de Dieu aboutit à penser l'action humaine dans cette perspective : l'homme devient source de la loi et seule cette loi que l'homme se donne de lui-même constitue la mesure de sa conscience et de son comportement. D'où le lien rigoureusement posé, toujours selon les termes du procès, entre subjectivisme (gnoséologique et moral), immanentisme, sécularisme (le monde pensé sans l'hypothèse « Dieu »), et même athéisme.

Ces lieux communs constituent pour beaucoup une clé d'interprétation particulièrement efficace des réalités culturelles et politiques de ce temps : à partir de l'effacement de Dieu et de la valorisation concomitante de l'homme, on ne croit pas seulement rendre compte de l'athéisme en reproduisant d'ailleurs dangereusement son propre présupposé d'une incompatibilité et d'une opposition de principe entre Dieu et l'homme, mais on pense dénoncer à leurs racines les dérives contemporaines qui ont nom sécularisme et totalitarisme. Que la référence à une époque théocentrique où toute réalité était comprise à partir de Dieu relève de l'imagerie importe peu ici, puisque cette référence permet d'asseoir la thèse d'un reniement de la foi chrétienne (assimilée au théocentrisme) au départ de la modernité, et que c'est son essentielle justification. Que cette imagerie entraîne de graves contresens concernant les enjeux de la naissance de la conscience est infiniment plus grave : d'abord parce que cette imagerie inscrit presque inéluctablement le christianisme en position antimoderne, antihumaniste et en adversaire de la conscience quoi qu'on dise par ailleurs, ensuite tout simplement parce que cette analyse qui se croit plus lucide que bien d'autres et conforme à la vérité méconnaît le contexte philosophique d'où est né l'appel à la conscience dans les termes que nous connaissons désormais.

• Moments d'un détrônement

Notre propos n'étant pas celui d'un historien de la philosophie, nous devons nous dispenser des analyses techniques et détaillées qu'imposerait la discussion des termes de cet injuste procès. Mais on peut évoquer quelques grands moments d'une philosophie postmédiévale qui vont très exactement en sens inverse des procureurs.

Absoluité divine et impuissance de la raison

Il ne faut jamais oublier l'importance du nominalisme à la fois dans le démantèlement de l'univers théologique médiéval et dans la mise en place des conditions d'une pensée nouvelle. Le contexte intellectuel ouvert au XIVᵉ siècle par Guillaume d'Occam, quoi qu'il en soit des influences directes, est bien l'horizon sur lequel vivent et pensent Luther ou Descartes, mais aussi, nous allons le voir, Machiavel et surtout Hobbes. Le geste révolutionnaire d'Occam ne consiste nullement à repousser la réalité de Dieu, ni même à vouloir penser le réel « comme si Dieu n'existait pas » ; sa réaction contre la scolastique est au contraire tout entière provoquée par sa conviction qu'un rationalisme intempérant a fini par rabaisser Dieu et lui faire perdre son Absolue Souveraineté ; les théologiens scolastiques parlent de Dieu comme s'Il n'avait plus de mystère. Il faut donc redonner à Dieu cette Transcendance qu'Il n'aurait jamais dû perdre et qui déconcerte la raison devant Celui qui est plus haut que tout, et notamment plus haut que toute appréhension et compréhension humaines. Même la volonté divine n'est pas liée à la raison ou à sa propre Raison, car Dieu peut tout ce qu'il veut, et il veut tout ce qu'il peut souverainement. Dé-lié, absolu, il peut faire que ce qui est ne soit pas, et que telle vérité arithmétique devienne autre qu'elle n'est. A cela la raison humaine n'a rien à objecter, car elle doit se tenir à sa place, et s'abîmer plutôt devant le Mystère divin. Ce n'est donc pas elle qui doit prétendre mesurer Dieu, elle doit apprendre tout au contraire à se laisser mesurer par Lui et par sa Souveraine Liberté, ou Volonté, qui est première en Dieu.

Voilà bien un contexte théologique qui ne va guère dans le sens de l'exaltation débridée de la raison et de la volonté de l'homme. Certes, une telle dissociation entre compréhension humaine de Dieu et Souveraineté divine est sous un premier aspect une haute idée théologique concernant le caractère non assignable de Dieu, mais, sous un autre aspect, elle prépare un régime intellectuel dans lequel la raison est tout entière renvoyée à elle-même, dans son « immanence » et sa puissance propre ; telle est en termes techniques ce qu'on pourrait appeler la fin de l'idée d'analogie, ou de « participation » de la raison humaine à la raison divine, perspective intellectuelle qui sous-tend la majeure partie de la théologie médiévale.

Absoluité politique et menace de mort

Mais cette puissance propre de la raison ne s'affirme pas nécessairement par une prétention à détenir la clé de tout ; bien au contraire, sur l'horizon de la théologie occamienne, l'exemple du philosophe anglais Thomas Hobbes (1588-1679) montre que la raison, délestée de ses ambitions théologiques à prononcer sur Dieu, se trouve fragilisée, et non point exaltée. La position de Hobbes est essentielle, car, comme on sait, ce philosophe a posé certaines des justifications intellectuelles des États modernes souverains et il a largement ouvert une pensée du droit encore dominante. Son regard sur l'homme n'est nullement triomphaliste, puisque la « condition naturelle » de l'homme est marquée par la menace toujours présente de la mort, incarnée par la possibilité qu'a tout homme de tuer autrui. A ses yeux les hommes sont même « égaux » en ceci que chacun a la possibilité de tuer l'autre[1], ce qui, avouons-le, est une égalité peu réjouissante et peu flatteuse ! Cette « condition » oblige chacun par « droit de nature » à défendre et à conserver sa propre vie, car on ne peut pas supposer que règne la bienveillance dans les rapports sociaux (d'où la distance prise avec les thèmes de la charité, présupposé de la vie relationnelle pour la théologie chrétienne).

Ce « droit de nature » s'explicite en « lois naturelles » que chacun peut découvrir par une réflexion élémentaire ; elles obligent à choisir le bien plutôt que le mal, la paix plutôt que la guerre, sur la base de la recherche de son intérêt propre ; sous cet angle, derechef, l'anthropologie de Hobbes n'est nullement exaltante, elle affiche plutôt ce qu'on pourrait appeler un profil bas : non, on ne peut pas supposer l'homme généreux, oui, il faut le penser à partir de ses passions et donc de ses intérêts vitaux[2]. Non, on ne peut pas attendre des uns et des autres d'adopter le point de vue

---

1. Hobbes, *Du citoyen ou les fondements de la politique*, 1ʳᵉ section, ch. 1, par. III, Paris, Flammarion, 1982, p. 95.
2. *Épître dédicatoire au traité de la Nature humaine* ; ou *Léviathan*, Introduction.

d'autrui, oui, il faut admettre que chacun reste enfermé dans son propre cercle et n'en sorte pas, selon les perspectives d'un individualisme en effet radical. Et c'est pourquoi si chacun voit bien qu'il faut choisir le bien plutôt que le mal, si les « lois naturelles » équivalent aux « lois morales », il n'en demeure pas moins que la conscience reste indéterminée : pour elle « bien » et « mal » ne sont que des noms, des étiquettes sous lesquelles chacun inscrit la défense de son intérêt propre[1]. D'où cette contradiction, liée à la « condition naturelle » : chacun sait qu'il doit vouloir le bien, mais le bien, c'est surtout son bien individuel ; or le bien de chacun, c'est de conserver sa vie et d'aboutir à une paix exempte autant que faire se peut de la menace de mort venant d'autrui. Tous veulent le bien, mais c'est le leur qu'ils veulent ; il leur est donc impossible de parvenir à un accord par le jeu d'une raison s'accordant sur un bien commun, puisque tout au contraire l'écoute des lois morales redouble la guerre de chacun contre chacun. Sous les mêmes mots s'entendent des réalités opposées. La raison de chacun veut s'accorder sur le bien et en même temps elle ne peut pas en décider.

Cette impuissance de la raison conduit à envisager de s'en remettre à une souveraineté politique qui fixe dans la loi civile ce que les lois morales ou les lois naturelles laissent dans l'indétermination ; non point que le souverain soit doté d'une raison supérieure et en sache plus que les particuliers sur le Bien en soi ; mais il reçoit mandat de fixer les règles nécessaires à la concorde et à la survie de chacun, donc en sauvegardant le « droit de nature[2] ». Il « ordonne » ainsi la vie publique, sortant la conscience de ses embarras. Du coup, le régime d'une raison faible et impuissante se paie d'une valorisation étonnante de la volonté politique, qui doit être obéie du fait qu'elle a « ordonné » les règles de la vie commune. Impossible ici de ne pas entendre un écho de la théologie occamienne et de sa conception de la Souveraineté divine fondée sur une Volonté toute-puissante, dont la décision fait raison, et sur le présupposé

1. *Du citoyen ou les fondements de la politique, op. cit.,* 3e section, ch. 3, par. XXXI, p. 126-127.
2. *Ibid.,* 2e section, ch. 6, par. VIII et IX, p. 152-153.

d'une raison humaine seulement liée à des mots dont les références sont contradictoires. La conscience individuelle comprend que son juste intérêt vital est alors d'obéir aux lois de la République, parce que celles-ci assurent mieux la survie individuelle que la « condition naturelle ». Loin d'être ainsi posée en juge et en norme de toute réalité, cette conscience est appelée à obéir.

Elle doit comprendre que la source de cette obligation est la « loi divine » elle-même, et non des considérations de simple police ou de tranquillité d'ordre public : car Dieu parle à l'homme par les « lois naturelles » et par les « lois morales », qui sont donc autant d'expressions de la « loi divine » ; la fidélité à ces lois conduit donc à vouloir un Souverain qui oblige en conscience dans la mesure où il maintient la paix civile en fixant le bien et le mal. Les Écritures ne disent-elles pas que nul ne doit obéir à deux maîtres et que tout Royaume divisé contre lui-même va à sa perte[1] ? La paix civile exige donc que la Souveraineté ne soit pas divisée et que le citoyen ne soit pas écartelé entre une obéissance politique à l'État et une obéissance religieuse à l'Église ou à Dieu. Aussi la théologie hobbesienne insiste-t-elle sur l'idée que la foi chrétienne elle-même impose l'obéissance inconditionnelle au Souverain politique, puisque les lois morales voulues par Dieu obligent à vouloir la paix entre les hommes, donc à choisir raisonnablement une organisation politique fixant par la loi les déterminations concrètes du bien et du mal. Ce qui entraîne bien évidemment une subordination de l'Église à l'État, ou du moins le refus d'un double pouvoir ; point par où se manifeste l'anticatholicisme du philosophe.

On ne voit guère en quoi ce système de pensée extrêmement logique et cohérent peut justifier un jugement d'anthropocentrisme orgueilleux ; on est plutôt frappé, à la fréquentation patiente des textes, par la récurrence du thème de la faiblesse de l'homme, et tout particulièrement de sa conscience morale. Et puisqu'on prétend souvent que la liberté est surévaluée à l'aurore de la philosophie politique moderne, peut-on rappeler qu'aux yeux de Hobbes l'entrée dans la « condition politique » se paie par une limitation

1. *Ibid.*, 3ᵉ section, ch. 15, par. VII, p. 264-265, et ch. 18, par. IV, p. 341.

de la « liberté naturelle » ? Manifestant presque une sorte d'insolence déconcertante, il prend ses distances par rapport à la pensée d'Aristote en expliquant dans le *Léviathan* que la liberté
politique ne va pas sans des chaînes qui viennent brider et limiter la « liberté naturelle [1] » ; c'est pourquoi la « condition politique » n'est pas « naturelle », mais implique le choix délibéré de
la contrainte des lois civiles, préférée à la menace mutuelle de
mort. Ou la contrainte par la loi lucidement acceptée, ou le risque
perpétuel de mort mutuelle, ici encore l'alternative n'est pas
particulièrement exaltante ni flatteuse pour l'orgueil humain.
Hobbes va même jusqu'à comparer le citoyen entré dans la
« condition politique » à un esclave, à ceci près que le citoyen
obéit au public tandis que l'esclave obéit au particulier [2]. Mais
de tels liens sont la rançon à payer pour la sauvegarde du « droit
de nature », c'est-à-dire pour la conservation de la vie dans la
concorde publique.

Si la philosophie de Hobbes mérite attention, c'est parce qu'elle
fournit, aussi surprenante que soit cette thèse, les bases intellectuelles des États libéraux, ou des États de droit dans lesquels nous
vivons. Léo Strauss a très justement noté cette filiation. De nos
jours où l'on se tourne volontiers vers l'État pour fixer des règles
de comportement éthique dans les domaines les plus divers, on aperçoit bien les désarrois du législateur pour trouver sur quels fondements s'appuyer, et il serait aisé de démontrer qu'une tendance
profonde consiste à mettre en œuvre les principes philosophiques
posés par Hobbes. Pour notre propos, il suffit de retenir à quel
point la conception de la liberté qu'implique le *Léviathan* n'a rien
de prométhéen, à quel point aussi cette conception repose sur une
anthropologie pessimiste concernant les possibilités morales de
l'homme. Le même Strauss n'a pas tort non plus quand il explique que les philosophies politiques modernes proposent un retour
et un maintien au fond de la caverne platonicienne et qu'elles ne

---

1. *Léviathan*, ch. 21, Londres, Penguin Books, 1968, p. 263.
2. *Du citoyen...*, *op. cit.*, 2ᵉ section, ch. 9, par. IX, p. 190-191. Voir aussi
même section, ch. 13, par. XV, p. 238-239.

rêvent plus d'en sortir l'humanité[1]. Où se trouve, dans ce programme, l'exaltation illimitée d'un homme émancipé?

Contre l'optimiste chrétien, l'homme tel quel

Il faut même soutenir qu'une telle philosophie s'affirme contre une anthropologie chrétienne optimiste qui tient l'homme capable de Dieu en Christ, ou contre une morale évangélique qui appelle l'homme à la bienveillance réciproque et à la charité. Hobbes ne cherche plus à comprendre l'homme à partir de son idéal, de ce qui le dépasse ou le transcende; il renonce, c'est une évidence, à situer la vie pratique sous la dynamique de la Béatitude, comme le fait saint Thomas d'Aquin, dans la seconde partie de sa *Somme théologique*; il tente tout à l'inverse de le comprendre à partir de ses passions, ou comme dit Strauss à partir de la bête en lui. A cet homme, on ne propose plus la vertu de charité, mais le calcul de son juste intérêt, fondé sur la volonté de conserver la vie, et il est vrai que pour Hobbes la raison est essentiellement calculatrice, appréciatrice individuelle des intérêts de chacun, mesure précaire et certainement pas capable de déterminer le bien et le vrai avec certitude[2]. Il n'est plus question de s'élever au Bien, car on sait la raison rivée à un individu en quête de survie physique, non à un être appelé à une vocation divine...

Il serait aisé de vérifier que la position de Hobbes ne lui est pas propre à cet égard. On pourrait évoquer la philosophie politique de Machiavel, il est vrai largement antérieure à celle de l'Anglais. On montrerait sans peine que l'anthropologie machiavélienne est marquée par le pessimisme, qu'elle ne suppose pas, elle non plus, l'homme bon et capable de vertus, mais qu'elle le tient pour « méchant » et obsédé par la gloire. De même la lecture des *Discours sur la première Décade de Tite-Live* convainc que Machiavel a rompu

---

1. Léo Strauss, *Pensées sur Machiavel*, Paris, Payot, 1982, p. 318.
2. Sur la raison calculatrice, l'importante note du ch. II (1re section) du *Citoyen* (*op. cit.*, p. 102-103).

avec une conception chrétienne providentialiste de l'histoire et qu'il sait que l'horizon de toute histoire, individuelle et collective, est la mort, que la possibilité la plus sûre tient dans le règne du chaos, et non dans celui d'une nature ou d'une histoire généreuses, soutenues par un Dieu bon. C'est dans ce contexte dramatique et désabusé qu'il faut comprendre sa position politique ; rien n'importe plus contre le règne toujours menaçant du chaos que l'institution de la Loi par le Prince, et donc rien n'importe plus que de maintenir la République contre les forces de désagrégation toujours latentes, dedans ou dehors. Il n'existe pas une nature ou une essence du politique, qui, respectée ou atteinte en tel régime, lui assurerait la permanence et la prospérité ; il n'y a pas une bonne République qui, fixée selon la vérité immuable ou respectant la morale chrétienne, pourrait se croire délivrée de ce travail permanent à mener par le Prince pour exercer la *virtu* contre les coups fantasques de la *fortuna* (aléas politiques, événements imprévisibles, tensions intestines ou menaces extérieures...). Ainsi, on ne trouve pas dans *Le Prince* des recettes pour se maintenir coûte que coûte au pouvoir, comme le veut une lecture commune et banale ; ce livret tente d'inculquer à tout prince l'idée que rien n'importe plus que le maintien de l'État contre le chaos, ou, ce qui revient au même, la défense de la liberté, entendue comme indépendance de la cité par rapport aux autres cités [1]. Machiavel estime surtout que le christianisme, fixant à l'homme des buts transcendants, le détournant des choses de ce monde, l'appelant à comprendre l'histoire à partir de l'au-delà de l'histoire, pervertit l'ordre politique et prépare la tyrannie. Pour reprendre les distinctions faites au début de ce chapitre, on pourrait dire que le théocentrisme est à ses yeux destructeur de la substance politique et démobilisateur des libertés ; s'en détourner ne revient nullement à poser un acte d'insubordination, à mettre l'homme à la place de Dieu, mais à reconnaître avec plus de réalisme

---

1. Les *Discours* soulignent l'importance de la sauvegarde de la liberté publique, plus que *Le Prince* qui insiste davantage sur les devoirs du Prince dans ce but. Il n'y a nulle contradiction, ni deux Machiavel, mais deux aspects d'une même requête qu'il faut avoir garde de ne pas séparer, sous peine de tomber dans les contresens habituels.

et de rigueur les lois et règles de la sphère politique, donc à admettre les conditions rigoureuses et peu enthousiasmantes par lesquelles passe une liberté politique effective, laquelle suppose règne de la Loi et obéissance des citoyens. Machiavel accuse plutôt le christianisme de tourner la tête à l'homme en lui promettant trop, ou en l'ensorcelant par un imaginaire qui l'éloigne de « la vérité effective de la chose [1] », alors que la liberté implique la mise en œuvre de vertus plus rudes et plus élémentaires, et éventuellement sa défense par des moyens cruels...

Cette traversée rapide de la pensée politique de deux grands ténors de la Renaissance fait justice aux accusations selon lesquelles l'anthropocentrisme instituant l'homme en souverain prétentieux serait l'horizon à partir duquel naît la conscience morale actuelle. Il faut même aller jusqu'à dire que la pensée médiévale, telle qu'on la trouve par exemple chez saint Thomas d'Aquin, donnait à l'homme une place beaucoup plus centrale, en tout cas le comprenait à partir d'une vocation surnaturelle qui ordonnait sa vocation temporelle à l'attente des espérances eschatologiques. Comprenant l'homme à partir d'au-delà de lui-même, si l'on peut dire, elle lui conférait une exceptionnelle importance et pouvait attendre de lui des vertus morales proportionnées. Avec le soupçon porté sur cette vaste et exaltante perspective, l'homme est par contre pensé à partir de sa réalité nue, et singulièrement en fonction de ses propres passions. Surtout, ce qui s'impose à l'attention des philosophes, aussi bien dans le cas de Machiavel que dans celui de Hobbes, c'est que mal ou violence prennent une place de premier plan. Loin d'espérer en un Dieu (ou en une morale) qui aurait « vaincu la mort », ces philosophes tiennent que la conscience morale, individuelle et collective, ne peut pas faire beaucoup plus que limiter les effets de la violence naturelle à l'homme ou de celle qu'il subit. Surtout dans le cas de Machiavel, considérer que les hommes sont « méchants » ne consiste certes pas à professer une anthropologie particulièrement flatteuse, mais revient essentiellement à prendre au sérieux ce fait très réel d'un décalage toujours latent entre ce

1. *Le Prince, op. cit.*, ch. xv.

que les hommes désirent (obéissance aux lois) et ce qu'ils font, entre la nécessité de se conserver et les aléas de la *fortuna*. Non seulement il ne s'agit pas pour eux de triompher de la violence ni de rêver d'un régime politique ou d'une vie morale qui s'établiraient dans un succès assuré à cet égard, mais il s'agit de « faire avec », d'instituer des systèmes politiques limitant cette violence, autant que faire se peut, ou cherchant à en réduire les effets.

Morale et violence

Les conséquences morales de cette perspective sont énormes : la vie morale cherche moins à suivre un idéal, platonicien ou chrétien, qu'à aménager un espace écartant les risques majeurs de violence ; et bien insensé quiconque penserait avoir exorcisé à jamais la menace. Il s'agit d'apprendre à vivre en présence de cette violence en cherchant à la moraliser, pour ainsi dire, c'est-à-dire en posant les conditions individuelles et collectives pour qu'elle ne submerge pas la vie sociale. Un peu comme ces digues que Machiavel demande d'ériger pour canaliser la *fortuna*, qui laissée à elle-même ressemble à ces crues subites et dévastatrices que le Florentin avait expérimentées si souvent avec l'Arno [1]...

Morale peu glorieuse, dira-t-on, terriblement « réaliste » et à ras de terre, rampant au fond de la caverne, selon Strauss. Assurément, et c'est bien ce qui justifie notre thèse : le contexte de naissance de la conscience morale moderne n'est nullement celui de la griserie naïve sur les infinies possibilités humaines quant à la mise à l'écart de la violence et quant au rêve de l'instauration d'une Cité juste. La conscience doit faire avec son autre, la violence et la mort, sachant qu'elle n'en viendra pas à bout, mais qu'il est de sa dignité d'en contrecarrer les effets. Autant que se peut... Et, paradoxe suprême, en instituant des systèmes où le Léviathan politique, dieu mortel selon Hobbes, est infiniment plus présent, proche et sourcilleux que le Dieu transcendant de la foi chrétienne.

1. *Le Prince, op. cit.*, ch. XXV.

La conscience est appelée à la liberté, mais sous la surveillance tutélaire d'un État souverain qui limite les débordements et exige obéissance.

La conscience jouée

Comme nous n'avons pas l'ambition de développer une histoire de la conscience, il n'est pas non plus dans nos perspectives de viser à l'exhaustivité. Notre but, rappelons-le, est de montrer que cette référence, si essentielle pour la vie morale et politique, naît non point sous la poussée d'une insubordination religieuse et d'un prométhéisme halluciné, mais tout à l'inverse dans le contexte d'une anthropologie pessimiste et d'une morale désenchantée. La conscience morale peut et doit vouloir le bien plutôt que le mal, mais elle le peut dans des limites strictes, notamment en celles que lui impose la présence de la violence. Vouloir outrepasser ces limites, rêver d'une disparition ou tenter une éradication de cette violence, aussi bien en soi-même que dans la vie sociale, aboutirait à un déchaînement de plus de violence encore. D'où la méfiance envers les idéaux illusoires ou imaginaires, pour parler comme Machiavel. D'où la sobriété de l'espérance mise dans le triomphe de la morale et de la conscience.

Avouons-le : une telle sobriété est saine ; elle ne surévalue pas les puissances humaines ; elle renvoie à la rigueur et à la « vérité effective de la chose » ; elle est donc éducatrice de la conscience, en ce qu'elle lui montre qu'elle peut certes beaucoup pour vouloir la paix plutôt que la guerre, mais qu'elle peut *sous certaines conditions*, et non point arbitrairement ou témérairement. La conscience devient morale quand elle ne prend plus ses rêves pour la réalité, mais quand elle sait ce qu'elle peut et fait ce qu'elle sait pouvoir faire. Elle découvre aussi qu'elle a partie liée avec le mal et que tout son effort tend à en limiter les effets, à faire pour le mieux dans le monde tel qu'il va, non à poursuivre des idéaux nocifs et destructeurs, ou sources de plus de maux que de biens. Mais cette conscience limitée dans ses pouvoirs est-elle si sûre d'elle-même : pas seulement des effets de ses décisions dans l'histoire, mais de son aptitude à régner en elle-même et sur elle-même ? Est-elle une sorte de souverain dans le sujet, délié de toute allégeance à quelque pression secrète que ce soit, ou un souverain de façade : un prince-esclave ? On reconnaît ici le thème de la conscience jouée, lieu d'illusions d'autant plus redoutables que celles-ci sont méconnues ou travesties en lucidité supérieure. Or un tel thème est intimement lié à la promotion de la conscience dans la philosophie récente. Y attacher quelque attention ajoute encore à notre argumentation selon laquelle il est déplacé et faux d'identifier conscience et superbe humaine.

Le dossier qu'il faudrait ouvrir ici est vaste. Il est hors de question d'en faire le tour. Aussi bien s'arrêtera-t-on à l'un des philosophes qui passe pour avoir exalté l'homme (le surhomme) jusqu'à la folie et qu'on crédite d'avoir annoncé le règne exclusif de l'homme après avoir proclamé « la mort de Dieu ». Nietzsche, dont le texte tourmenté et labyrinthique prête le flanc, sauf « rumination » longue et patiente, aux contresens et aux clichés (ainsi de ceux qu'on vient de rappeler à l'instant), est un des grands dénonciateurs des prétentions de la conscience, l'un de ceux qui ont le plus profondément pénétré les abîmes de la « mauvaise conscience » et de la culpabilité. Avec lui, nous nous situons sur une ligne philosophique très ferme qui de Schopenhauer va en direction de Freud et de la psychanalyse ; avec lui nous pouvons évoquer nombre d'analyses éclairantes que Freud retrouvera et poussera plus avant avec une grande technicité, sachant, sans vouloir savoir, qu'un autre l'avait génialement précédé dans ses investigations sur la seule base d'une expérience personnelle exceptionnelle. Adoptant cette ligne de pensée, nous n'ignorons pas d'autres relativisations de la conscience, notamment celle qu'opéra brillamment Karl Marx, autre soupçonneur très radical de cette puissance d'illusion qui donne à croire à l'individu qu'il maîtrise son histoire alors même qu'il en est le jouet ou qu'il ne saisit de la réalité sociale qu'un reflet inversé. Qu'il suffise de citer le nom de ce philosophe, un peu hâtivement enterré de nos jours, pour ajouter à notre dossier : des pans entiers de la philosophie moderne honorent la conscience tout en la rabaissant, donc en la relativisant...

Critique de la conscience

Il faut rappeler tout de suite que la langue allemande use de deux termes là où le français n'en connaît qu'un ; elle parle de *Bewusstsein*, et il s'agit alors de ce que nous entendons généralement par conscience psychologique, et de *Gewissen*, et c'est alors la conscience morale qui est visée. Comme pour nous, et en soi, il est difficile de dissocier entièrement les deux acceptions, car la conscience morale ne peut aller sans lucidité psychologique, bien que la lucidité psychologique n'équivaille pas à beaucoup près à la conscience morale, il convient de situer les critiques développées par Nietzsche à l'égard de la *Bewusstsein*, avant d'évoquer les développements qu'il consacre à la *Gewissen*.

Sa critique prend place dans une vaste mise en question de certaines tendances ou pentes des sociétés actuelles. La fièvre incessante qui de nos jours agite les hommes, une instabilité permanente, les incertitudes sociales créées par l'émulation et les déracinements culturels sont autant de traits à rapporter, selon Nietzsche, à une « surévaluation insensée » de la conscience [1] ou à une « méconnaissance ridicule » de sa nature. Elle est comme une plante trop vite poussée qui donne toutes sortes de fruits vénéneux. Car elle n'est qu'un produit tardif et frêle sur l'échelle de l'humanité — en quoi nous retrouvons certains thèmes abordés dans notre chapitre premier. Elle a donc la fragilité des pousses délicates ; trop lui demander aboutit à cette surexcitation déréglée qui bouleverse et déstabilise les comportements. De plus, la lucidité sur soi a des effets pervers : trop de conscience complexifie tellement les données d'une situation que désarroi, trouble, paralysie et impuissance à décider s'en suivent. Nietzsche voit même en elle une puissance de mort : la

---

1. *Œuvres philosophiques complètes. Fragments posthumes (1888-1889)*, t. XIV, 14 (146), Paris, Gallimard, 1977.

suivre inconditionnellement serait mortel, et en ce sens elle s'oppose à la vie toujours complexe, bouillonnante, charriant le meilleur et le pire ; ne vouloir avancer qu'en toute connaissance de cause va contre la vie et à la limite équivaut à en ruiner les conditions, donc aboutit à la mort. Cette conscience est d'ailleurs un signe de détresse ; l'homme n'est pas instinctivement programmé comme l'animal ; il ne peut donc pas se confier à ses pulsions, mais il est renvoyé à une conscience qui n'est nullement dotée de capacités fermes et infaillibles. La conscience résulte donc d'une évolution biologique problématique, en quelque sorte inachevée, laissant l'homme comme des animaux marins monstrueux abandonnés à eux-mêmes sur une plage : vivants et incapables de vivre parce que sortis de leur milieu de vie. Elle ne met donc pas l'être humain en position assurément supérieure à celle de l'animal, mais tout au contraire le fragilise. Plutôt que d'évolution, il conviendrait de parler à son sujet d'«involution» !

Puisque l'être humain ne peut plus se fier spontanément à la vie, à la différence de l'animal, il a besoin de conscience, et en un sens celle-ci est nécessaire également à la vie dans les conditions qui sont nôtres. Mais la conscience n'est qu'un substitut à la vie, son remplacement par une représentation très aléatoire des choses. C'est pourquoi, figurant la vie sans être expression de la vie, elle est superficielle et trompeuse. Elle tient lieu d'instinct, mais n'en est pas un ; elle tient lieu de vie, mais risque de devenir puissance de mort. Posant la vie à distance et suspectant les pulsions qui l'expriment, elle se tient dans un rapport de contrariété à leur égard. Mais, croyant se jouer des pulsions ou les réprimer, elle risque bien de se laisser jouer par elles, et de n'en être que l'expression déguisée. En effet, où trouverait-elle la force de s'y opposer vraiment ? La représentation consciente n'est-elle dès lors que le simulacre sous lequel apparaissent les pulsions, en se civilisant en quelque sorte ou en prenant ainsi un tour familier et acceptable ? La conscience constitue effectivement la face policée et socialisée de l'homme : nous ne communiquons pas par sympathie spontanée, mais nous sommes obligés d'en passer par une expression de soi banalisée et commune, qui laisse échapper par le fait même la réalité la plus individuelle et la plus indicible propre à chacun. La conscience banalise et uniformise ; elle a partie liée au langage qui par nature manque le plus singulier [1]. Par là encore la conscience trahit l'expérience individuelle en la traduisant dans le langage admis ; il faut l'entendre comme un « langage chiffré [2] ». Il ne s'agit pas là d'une faiblesse accidentelle, mais d'un défaut de structure, d'une limite essentielle. La conscience s'instaure donc sur des abîmes, instinctuels et existentiels, qu'elle est faite en somme pour voiler et tenir à distance. Liée à la connaissance, elle vit dans et de l'apparence, et à ce titre elle entretient une sorte de rêve éveillé, rêve bénéfique en ce qu'il permet de ne pas voir l'abîme mortel [3]. Elle renvoie à un univers caché sans lequel elle ne serait pas et qu'elle méconnaît sans cesse, qu'elle ne peut faire autrement que de méconnaître.

On voit bien le présupposé de cette analyse : la conscience est le signe d'une spontanéité perdue ; elle est le symptôme d'une vie fléchissante, de ce que Nietzsche appelle la décadence [4], c'est-à-dire une désagrégation et une désarticulation d'un tout. Il est clair pour lui que l'existence de « moralistes » est mauvais signe [5] : la multiplication des doctes ou des ratiocineurs en ce domaine ne trompe pas ; elle indique que la vertu pratique portée au bien selon un mouvement propre a disparu ; de ce point de vue, la spontanéité des « petites gens », qui font plus qu'ils ne disent, vaut certes mieux que la spéculation de ceux qui compliquent des questions déjà complexes... Mais la théorisation de la vie morale est là, et la belle harmonie des vertus proposée par les Grecs n'est plus pour nous qu'un rêve, ne serait-ce que parce que le christianisme a introduit le « scepticisme moral » : « il a fait disparaître à tout jamais

1. *Le Gai Savoir*, par. 354, consacré à la conscience, significativement et ironiquement intitulé « Du "génie de l'espèce" ».
2. Schlechta, Munich, Carl Hauser Verlag, 1966, t. III, p. 901 (textes posthumes).
3. *Le Gai Savoir*, par. 54, intitulé « La conscience de l'apparence ».
4. *Œuvres, op. cit.* 14 (142). Sur le concept de décadence, voir surtout *Le Cas Wagner*, par. 7 ; le Second Post-scriptum et l'Épilogue, dans *Œuvres*, t. VIII, p. 50 *sq.*
5. *Œuvres, op. cit.*, 14 (129).

(...) ces hommes populaires imbus de leur perfection, qui se promenaient avec des allures de toreros » ; à lire Sénèque ou Épictète, nous avons « le sentiment d'entendre parler une jeune et belle enthousiaste devant La Rochefoucauld[1] »... C'est pourquoi, contrairement à des thèses parfois soutenues, Nietzsche n'envisage aucunement un retour aux Grecs, lequel, à ses yeux, serait parfaitement irréel, parce que oublieux de la trace indélébile de l'histoire, et en particulier de l'histoire et de l'éducation chrétiennes. Mais la question se pose alors : cette décadence peut-elle être remise au service de la vie, ou engendre-t-elle toujours plus de confusion et de mort ? Est-il possible de retrouver la spontanéité disparue sans revenir à un état à jamais englouti ?

La conscience naît dans le sang

On a souvent interprété le thème de la spontanéité instinctive perdue comme la trace d'un biologisme chez Nietzsche ; ne propose-t-il pas au fond de retrouver une impétuosité instinctive et animale, contre les atermoiements et les falsifications de la conscience ? Nul doute que maints textes, surtout dans les écrits posthumes où Nietzsche se laisse « tenter » comme il le dit lui-même par ses propres pensées en les poussant à bout, n'aillent dans ce sens. Toutefois on rend davantage justice au philosophe et à la cohérence de sa position globale, perceptible dans les œuvres publiées, quand on aperçoit que ce thème prend sens à l'intérieur de la très vive critique contre la philosophie rationaliste, à qui il est reproché d'avoir oublié le corps et ses misères[2]. Réagissant avec force à ce dramatique oubli, Nietzsche insiste d'autant plus sur la corporéité, et, non sans provocation tout à fait délibérée, sur l'animalité de l'homme. Non point que, à ses yeux, l'homme soit purement et simplement animalité ; ou plutôt l'homme se comporte en animal justement quand, par superbe rationaliste, il méconnaît cette animalité, qui se rap-

1. *Le Gai Savoir*, par. 122 : « Le scepticisme moral dans le christianisme ».
2. Notamment dans la Préface à la 2ᵉ édition (1886) du *Gai Savoir*.

pelle alors à lui quand elle se révolte sous la férule d'un excessif rigorisme. Mettre l'homme devant son animalité, c'est lui rappeler qu'il est issu d'une longue histoire non accomplie, sanglante et brutale, qu'il est lui-même un être inachevé, et en particulier que sa *conscience morale (Gewissen)* est le produit d'un long travail de l'homme sur lui-même qui a à voir justement avec cette animalité, brimée et toujours présente, quoi qu'on en ait.

C'est la Deuxième Dissertation de *La Généalogie de la morale* qui retrace cette sanglante aventure, mêlant hypothèses aventureuses sur la préhistoire humaine et traits de génie qui anticipent les approches de la psychanalyse freudienne. L'enseignement en est clair dans ses grandes lignes : la conscience morale est le résultat hasardeux d'une contrainte sociale brutale ; en tant que telle, elle a partie liée à la mauvaise conscience, véritable maladie due à l'aventure historique du devenir homme de l'animal humain. Inscrivant son approche dans les perspectives d'un devenir, Nietzsche se demande comment il est possible de faire d'un animal un être qui promette ; rien de plus contradictoire en réalité : comment tirer vers l'avenir un être investi totalement dans le présent et submergé par ses pulsions ? Comment le désinvestir de l'immédiateté pour le conduire à anticiper ce qui n'est pas encore et ne sera peut-être pas ? (Et n'est-ce pas, par parenthèses, la même équation que des parents ont à résoudre devant ce petit animal humain qu'est un bébé noyé dans ses besoins et submergé dans l'immédiat ?). Rien ne peut s'opérer sans l'imposition de règles sociales contraignantes, drastiquement imposées. Ce n'est donc pas de lui-même, par développement immanent et selon une belle spontanéité naturelle, que l'animal humain accède à son humanité, c'est-à-dire échappe à l'engluement du passé-présent pour *promettre*. Il faut qu'il soit contraint de l'extérieur à tenir ses promesses : donc qu'il rencontre l'interdit à travers les règles sociales et les principes du droit. La rencontre de l'interdit provoque un refoulement de certaines pulsions, oblige à les enfouir, donc crée l'oubli, un oubli bénéfique dans la mesure où, désencombrant par rapport aux sollicitations multiples, il opère déjà un tri parmi elles et rend possible l'ouverture à l'avenir, donc à la promesse. « Fermer temporairement les portes et les fenêtres de la conscience *(Bewusstsein)*; nous mettre à l'écart du bruit et du combat que mène le monde souterrain de nos organes (...); faire un peu de silence, de *tabula rasa* dans notre conscience pour laisser la place à du nouveau, surtout aux fonctions et aux fonctionnaires plus nobles, pour gouverner, prévoir, décider à l'avance (...), voilà l'utilité de l'oubli actif, sorte d'huissier, gardien de l'ordre psychique, de la tranquillité, de l'étiquette : on voit aussitôt pourquoi sans oubli il ne pourrait y avoir ni bonheur, ni sérénité, ni espoir, ni fierté, ni *présent*» (§ 1).

Or le passage de cette conscience comme *Bewusstsein* à la conscience morale (le terme *Gewissen* apparaît au § 3) suppose la création dans l'individu d'un «appareil d'inhibition» capable de créer «une mémoire de la volonté», et cette création implique une intériorisation douloureuse des contraintes sociales. «Comment imprimer quelque chose d'ineffaçable à cet entendement de l'instant à la fois étourdi et obtus, à cet oubli incarné, pour qu'il reste présent?» La réponse est sans concession : «"On grave quelque chose au fer rouge pour le fixer dans la mémoire : seul ce qui ne cesse de *faire mal* reste dans la mémoire" — Voilà un principe fondamental de la plus antique psychologie sur terre (et de la plus durable aussi, malheureusement).» Se situant au niveau d'une sorte de préhistoire humaine, Nietzsche postule que «se faire une mémoire ne va jamais sans martyres, sang et sacrifices», et d'énumérer les brutalités sanguinaires imaginées par les sociétés pour créer une telle mémoire.

Il y a quelque complaisance sadique dans le musée des horreurs qu'exposent ces pages; elles sont écrites avec une volonté, clairement indiquée au début de la Première Dissertation, de réagir aux présentations aimables et lénifiantes des utilitaristes anglo-saxons, et donc dans le but explicite de choquer. Comme toujours avec Nietzsche, les oreilles «faibles» n'entendront pas ce qu'on leur donne pourtant à entendre, et qu'on leur crie avec une intensité qui les détournera d'une troublante vérité. Ces pages nous instruisent à un triple titre au moins sur les conditions de surgissement de la conscience.

D'abord elles posent une sorte d'identité entre conscience *(Gewis-*

sen) et mémoire, la première trace de la conscience consistant bien en effet à se délivrer des sollicitations présentes pour se souvenir d'engagements en vue du futur ; d'où le paradoxe plein d'enseignement d'une mémoire qui n'a pas tant pour but de conserver le passé que de préparer l'avenir en engageant l'individu à tenir ses promesses, essentiellement à se montrer à la hauteur des règles sociales à lui imposées. L'éducation morale ne consiste-t-elle pas en effet moins à inculquer à l'enfant des règles pour elles-mêmes qu'à l'aider, à travers elles, à acquérir une aptitude pour s'engager dans un comportement sur lequel on puisse compter à l'avenir ?

Ces pages nous instruisent *aussi* en mettant en lumière, non sans provocation délibérée, que la rencontre des règles sociales (le terme d'interdit vient sous la plume, comme plus haut, mais ce vocabulaire n'est pas celui de Nietzsche) ne s'opère pas dans l'éblouissement et l'amour pour la loi, mais dans une contrainte qui blesse (nous dirions, qui blesse le « narcissisme ») ; la primitive confrontation à l'univers de la « moralité des mœurs » s'opère tragiquement, et donc toute psychologie reste marquée de ce souvenir plus ou moins sanglant quand elle aborde ou qu'on lui remémore la loi morale. Nous sommes loin des méditations rousseauistes sur la perfectibilité humaine, et nous découvrons combien la ligne philosophique que nous examinons a garde d'oublier à quel point l'accès de l'homme à son humanité est une tâche difficile et auréolée de sang. Car le souvenir de cette rencontre sanglante avec la loi et les lois ne s'effacera plus de la mémoire, et en ce sens la fidélité à la loi morale ravivera toujours plus ou moins la blessure : on n'obéit pas à l'impératif moral comme on obéit à une loi physique ! Rien là de très exaltant ni de particulièrement flatteur, contrairement aux thèses sur le prétendu anthropocentrisme de l'homme européen... Et ce que Nietzsche reporte à une préhistoire collective peut être rapporté à la préhistoire et à l'histoire de chacun.

On peut *enfin* retenir que la conscience individuelle ne surgit pas spontanément selon une sorte de processus naturel et immanent, comme le déploiement d'un organe latent qui trouverait peu à peu son adéquat fonctionnement, mais dans la confrontation brutale à une société réglée ; l'individu ne se forge une conscience morale que dans la rencontre avec des règles socialement instituées et imposées catégoriquement ; il n'en vient à promettre que parce qu'il a intériorisé les comportements traditionnels ; c'est pourquoi Nietzsche reconnaît que cette éducation passe par un nivellement et une uniformisation : il faut « rendre l'homme égal parmi les égaux, régulier, et par conséquent comptable » (§ 2) de ses actes. Cette sorte d'écho anticipé du surmoi freudien est un passage obligé pour que l'individu en vienne à promettre à la première personne, mais sa présence n'est sans doute jamais effacée, et cela encore ne doit pas être minimisé quand on parle de conscience morale... Car cette intériorisation est liée à l'idée que l'individu, recevant ainsi conduites et comportements corrects, est *en dette* vis-à-vis de la société, et Nietzsche situe en effet le rapport primitif de l'homme à l'homme, de l'homme en devenir d'humanité à l'humanité socialisée, comme un rapport de débiteur à créancier. La subordination originelle est structurée, non par une domination de type maître-esclave, mais par une relation de dette. L'individu, loin d'être une belle totalité autosuffisante, est donc redevable à la société et à autrui de ce qu'il deviendra humain à part entière. A jamais l'individu se souviendra qu'il a reçu sa moralité de la société ; à jamais celle-ci s'institue comme antérieure à lui, comme pourvoyeuse des règles sans lesquelles il n'aurait jamais émergé à son humanité. Voilà un beau coup donné aux thèses d'un radical individualisme nietzschéen !

Cette camisole de force imposée par la tâche de forger une mémoire capable de promettre est si blessante qu'elle aboutit à toutes sortes de lésions psychologiques inévitables. C'est pourquoi sur le chemin de l'avènement de la conscience, Nietzsche croise la *culpabilité* et la *mauvaise conscience* ; celles-ci sont en un sens le fruit vénéneux du sentiment de dette sociale (§ 8), laquelle aboutit à ce que l'individu reconnaisse le droit qu'a la société de le châtier s'il a contrevenu aux règles établies. Mais du point de vue de l'intériorité psychologique, cette reconnaissance de dette ne va pas sans un sentiment d'être toujours coupable ou, justement, en dette. Ainsi les conditions sociales et psychologiques d'émergence de la conscience *(Gewissen)* entraînent avec elles les conditions de développement d'une « mauvaise conscience » ou du sentiment de culpabilité. Par là, la mauvaise conscience peut être définie comme « la souffrance de l'homme *pour l'homme, pour soi* » (§ 16) ; elle est la toute première expression de la « volonté de puissance », d'abord tournée contre soi (§ 17), et non point contre autrui, et encore moins contre l'étant pour le maîtriser techniquement en sa totalité... Imaginer que la rencontre avec la règle se passerait donc dans la courtoisie et le « dialogue » éducatif relève de la naïveté. Croire que la mauvaise conscience ne serait pas en somme structurelle, ou serait seulement liée à des actes, et donc qu'on pourrait parler d'elle comme réalité ontologique en oubliant qu'elle surgit dans un rapport social conflictuel, selon les thèses de Heidegger [1], aboutirait à déshistoriciser l'aventure humaine. Nietzsche voit bien au contraire que toute éducation laisse des traces négatives, et donc que la mauvaise conscience est l'autre face de la conscience morale, parce que celle-ci, née dans l'histoire, surgit dans un rapport structuré à autrui. Autre face d'autant plus obsédante en vertu de l'historicité de l'animal-humain qu'elle offre un point d'appui aux « améliorateurs de l'humanité », et que cette structure peut servir de base pour enfermer l'homme sur lui-même. Certes, déjà par son mouvement propre, l'individu « en dette » est porté à se torturer et à s'infliger toutes sortes de tourments ; mais au long de l'histoire, l'État (§ 17), les moralistes et l'« hypothèse religieuse » (§ 22) s'emparent de cette mauvaise conscience pour la redoubler et la replier en quelque sorte sur elle-même. Et si, comme on l'a vu, la mauvaise conscience est une « maladie », au point même qu'on puisse définir l'homme comme « un animal malade » (définition dont le caractère « prométhéen » n'échappe à personne...), elle est une maladie que l'animal-humain s'inflige à lui-même et qu'il redouble par toutes sortes de potions vénéneuses.

Cependant cette maladie est aussi « une grossesse » (§ 19) ; elle constitue un passage nécessaire entre l'animal-homme, pas encore humain parce que incapable de promettre, et l'« individu souverain » (§ 2). Car « le fruit le plus mûr », terme du processus historique, ne peut s'identifier à l'enfermement dans la mauvaise conscience,

---

1. Heidegger, *Sein und Zeit*, Halle, Niemeyer, 1935, par. 59.

mais bien plutôt à l'avènement de « cet homme devenu libre qui *peut* promettre, ce maître de la volonté *libre*, ce souverain ». Ces expressions, arrachées à tout le contexte, donnent à croire que, selon Nietzsche, l'individu est comme spontanément souverain quand il s'affirme lui-même avec insolence. Remises à leur juste place, dans la logique déployée tout au long de la Seconde Dissertation, elles désignent ce vers quoi tend l'éducation morale, collective et individuelle, le but qu'elle poursuit sans être jamais assurée de l'avoir atteint pour toutes les raisons préalablement énoncées. Mais, aux yeux de Nietzsche, il s'agit bien de constituer l'animal-devenu-humain en « individu souverain », retrouvant par la médiation d'une volonté capable de s'engager une spontanéité morale réfléchie. Chez cet homme idéalement « achevé », « le fier savoir du privilège extraordinaire de la *responsabilité*, la conscience *(Bewusstsein)* de cette rare liberté, cette puissance sur soi et sur le destin s'est ancrée dans sa profondeur la plus intérieure et est devenue instinct, et même instinct dominant ». Et « comment l'appellera-t-il, cet instinct dominant, à supposer qu'il ait besoin d'un mot pour cela ? Mais point de doute : cet homme souverain l'appelle sa *conscience (Gewissen)* » (§ 2 *in fine*). Le vocabulaire ne peut plus tromper : cette conscience est un instinct, nullement l'instinct animal primitif, bestial et biologique, mais une spontanéité conquise de haute lutte, un sens de la responsabilité qui s'exerce dans une liberté acquise et capable de jouir de cette maîtrise même.

Ainsi, au terme, la conscience *(Gewissen)* se trouve réhabilitée ; elle est bien une « souveraineté » exercée par l'individu sur lui-même et sur son destin, mais elle porte la trace indélébile de ce qui l'a rendue souveraine, et en un sens cette souveraineté est tout à fait « déconcertante » comme dit Nietzsche. De la camisole de force et du creuset de la contrainte naît la liberté. « Pouvoir se porter garant de soi et avec fierté, donc *pouvoir dire oui* à soi-même — c'est, comme on l'a dit, un fruit mûr, mais aussi un fruit *tardif* — combien longtemps ce fruit a dû rester suspendu à l'arbre, âpre et acide ! Et pendant un temps beaucoup plus long encore, on ne pouvait rien voir d'un tel fruit — personne n'aurait pu le promettre, quoique tout était assurément préparé dans l'arbre et était justement en croissance vers lui ! » (§ 3). N'est-ce pas aussi vrai de l'émergence de l'enfant à la conscience morale : hautement improbable, nullement assurée et cependant fruit inespéré ou grâce inattendue... à condition que les conditions rigoureuses de son avènement en aient été posées !

Fragile liberté souveraine

Il va de soi qu'une telle liberté souveraine a mémoire de sa fragilité et de sa relativité. Nul individu n'est installé dans une parfaite souveraineté ; et le croire témoignerait de la présence de ces illusions rationalistes que l'on a évoquées plus haut. Nietzsche ne cesse de souligner d'ailleurs que la conscience trouve la force de sa décision responsable à prendre appui sur le désir de vivre, donc sur les pulsions, et qu'inversement elle s'abîme ou s'avilit quand elle prétend exercer sa souveraineté dans le refus du désir vivant. Nous retrouvons ici la critique adressée aux « contempteurs du corps » dans *Ainsi parlait Zarathoustra*, et à l'ascétisme qui, selon Nietzsche, est l'ombre du rationalisme philosophique. Est-il besoin de rappeler aussi que la Première Dissertation de *La Généalogie de la morale* cherche à démontrer l'ambiguïté de tout jugement moral, l'oscillation permanente de toute conscience entre noblesse et vilenie, entre grandeur d'âme et méchanceté, entre affirmation de soi et avilissement de soi ? C'est d'ailleurs pourquoi tout acte, même posé par un individu qui se croit libre, appelle son déchiffrement : de quelle volonté profonde provient-il ? Au service de quelles pulsions de vie ou de mort se déploie-t-il ? Qu'est-ce qui est vraiment voulu dans ce qui est explicitement voulu ? La culpabilité ou le ressentiment ne sont-ils pas les inspirateurs de telle décision ? En quoi celle-ci provient-elle de la force et du plaisir de vivre ? Tout acte peut devenir alors un « symptôme » d'autre chose, ou d'une volonté forte, ou d'une volonté fatiguée qui ne veut des valeurs que pour ne pas se vouloir soi. Parler ainsi de symptôme laisse bien entendre qu'aucun acte moral ne peut échapper de soi au soupçon de n'être pas à la hauteur de ses prétentions ; par conséquent même la prétendue souveraineté doit être interrogée, parce qu'il n'est jamais sûr qu'elle soit aussi souveraine qu'elle le prétend. « Toute notre prétendue conscience ne serait-elle pas un commentaire plus ou moins fantaisiste sur un texte inconnu, peut-être inconnaissable, mais pressenti ? » demande Nietzsche, dans un texte antérieur à ceux que nous étudions ici [1], sans effacer le doute en une certitude.

Cette déstabilisation de la conscience est de grande portée : elle n'aboutit pas, sauf chez ceux que Nietzsche appelle les « faibles », au découragement et à l'inaction ; elle ouvre au contraire au régime authentique de la vie morale et ruine par principe les « volontés de croyance » qui prétendent être adéquates à l'idéal ou aux valeurs qu'elles poursuivent. Une saine distance est à maintenir qui montre que l'individu fait toujours plus ou moins autre chose que ce qu'il croit faire, et qu'il ne peut sortir de sa finitude pour s'identifier à l'idéal. Prétendre savoir « comment s'effectue l'action humaine dans chaque cas singulier » est un « préjugé néfaste », dont Socrate et Platon n'ont pas été indemnes ; or « avec ce principe ils étaient toujours encore les héritiers d'une illusion et d'une obscurité générales, à savoir qu'il y a une connaissance de l'essence d'une action [2] ». Admettre cette non-connaissance atténue pour le moins les prétentions à une souveraineté totale sur soi et sur son destin...

Il devient alors possible de situer d'un mot la référence au « surhomme », source de tant de commentaires délirants. Le surhomme n'est rien d'autre que l'individu souverain qui vient d'être évoqué, celui qui s'affirme dans son aptitude à se maîtriser soi, et non celui qui cherche à imposer aux autres un joug dominateur ; c'est donc l'homme de la responsabilité et de la promesse, celui qui tient ce qu'il dit et qui paie le prix de son engagement. C'est l'homme de la liberté, sorte d'idéal visé et jamais atteint puisque la mauvaise conscience n'est jamais éliminable, bien qu'on puisse et doive apprendre à « vivre avec », c'est-à-dire à jouer davantage

1. *Aurore*, par. 119 (1881).
2. *Aurore*, par. 116 : « Le monde inconnu du ''sujet'' ».

sur les pulsions positives, favorables à la vie, que sur les pulsions destructrices, porteuses de mort. Surhomme, puisque la commune humanité est toujours partagée entre maladie et santé, vilenie et méchanceté, enfermement dans le non et ouverture au dire-oui. Mais surhomme dont la juste intelligence se prend à partir du symbole de l'enfant, développé dans la troisième métamorphose de *Ainsi parlait Zarathoustra*.

Le discours inaugural de ce poème philosophique, intitulé « Les trois métamorphoses », offre une typologie de la conscience morale sous trois figures principales. La première figure, ordonnée autour du chameau, représente la conscience accablée, qui ne trouve le sentiment de son existence qu'à porter le poids, ou le péché du monde ; plus elle est chargée ou plus elle se charge de pesantes obligations de toutes sortes, et plus elle jouit de sa force, car il y a une jouissance à subir la contrainte et à goûter la subordination ; la servitude volontaire, pour parler comme La Boétie, est le régime qui lui agrée et qu'elle recherche ; conscience réactive donc qui n'agit qu'en réagissant à ce qui l'accable et qui a besoin de se donner un monde écrasant pour vivre.

La seconde figure, symbolisée par le lion, est marquée par l'opposition à la tradition et aux valeurs dominantes ; elle est structurée par une double métaphore, celle du lion et celle du dragon ; car le lion doit se donner un adversaire à sa taille, le dragon, étincelant de puissance et imposant des valeurs déjà créées par une obligation indiscutée ; mais ce dragon n'est que le double spéculaire du lion, son image inversée ; le lion en effet vit de et dans cette opposition, elle le constitue et il ne peut pas s'en émanciper ; certes il croit pouvoir créer des valeurs nouvelles, il pense pouvoir opposer un « je veux » d'adolescent au « tu dois » du dragon ; mais, prisonnier qu'il est de son miroir (le dragon), il ne peut en aucune façon s'arracher au face-à-face, car son image lui donne à entendre que toute valeur est de tout temps fixée, et donc qu'il ne peut que s'incliner ou se révolter ; il est ainsi rivé à une attitude oppositionnelle réactive, donc non créatrice.

Or ce que ne peut pas le lion, à savoir « se donner le droit de poser de nouvelles valeurs », l'enfant le peut, et telle est la troisième métamorphose. Comme tout créateur, l'enfant n'a pas besoin de détruire ce qui est, de s'en prendre aux valeurs traditionnelles, de se donner le beau rôle dans des rugissements permanents ; il lui suffit d'être « oubli, recommencement, une roue qui se meut d'elle-même, un dire-oui sacré ». Au « non » têtu et stérile du lion se substitue ici le oui fécond et créateur de celui qui « veut sa volonté », formule énigmatique dont le sens s'explicite à partir du moment où l'on rapproche cette expression de celle qui définit l'« individu souverain » dans la Seconde Dissertation de *La Généalogie de la morale*. L'enfant veut ce qui est à vouloir, il n'est pas empêtré dans des règlements de comptes avec le passé ou les autorités (« oubli »), il ne croit pas qu'il suffise d'avoir voulu une fois pour toutes, de s'être rangé du bon côté, d'avoir fait l'option pour la vraie vie, mais il sait que la vie morale est « commencement », « roue qui se meut d'elle-même », capable de retourner au commencement sans fatigue ni lassitude, il est langage d'affirmation de soi selon toutes ses dimensions, y compris les plus obscures, car le « dire-oui *sacré* » implique qu'on veuille même le plus effrayant en soi...

Figure sans doute trop belle pour être vraie, elle se surimprime à celle du surhomme, dont elle est l'autre version. Ainsi, ni du côté de l'enfant, ni du côté du surhomme, il n'est question de domination sur autrui, et encore moins sur l'étant en totalité, mais d'un type d'homme qui, ayant su traverser les conditions rigoureuses de la domination de soi, accède au « dire-oui ». Qu'il faille éliminer toute grandiloquence ici, et il est vrai que Nietzsche cède parfois à ce penchant, apparaît encore si l'on admet que ce « dire-oui » demeure toujours le dire-oui limité de celui qui parle et juge « à partir de son coin », non pas en sautant par-dessus son ombre, mais en restant enraciné dans sa perspective propre : « Nous sommes dans notre toile comme des araignées, et quoi que nous puissions y prendre, ce ne sera toujours que ce qui se *laissera* prendre à *notre* toile [1]. »

___

1. *Aurore*, par. 177 au titre significatif : « En prison ». Nous croisons ici le thème si nietzschéen du « perspectivisme » : sur ce point le texte essentiel est dans *Le Gai Savoir*, par. 374, « Notre nouvel "Infini" ».

Il s'agit bien pour l'enfant de danser, mais de danser sur un fil ténu tendu au-dessus du gouffre... non point de croire qu'il n'y a ni fil (sa propre finitude) ni gouffre (le sans-fond du réel), ni risque assumé dans une incertitude fondamentale.

Un humanisme modeste

La fréquentation d'auteurs généralement tenus pour peu fréquentables — Machiavel, Hobbes, Nietzsche — oblige à une révision profonde des préjugés concernant l'humanisme, berceau de la conscience morale moderne. Partis du préjugé selon lequel le théocentrisme dominant jusqu'alors, la philosophie postmédiévale, ne pouvait que se déployer selon un anthropocentrisme où l'homme se pose au centre et dans la solitude, nous découvrons combien ce jugement est expéditif, et proprement idéologique. Pour les auteurs rencontrés, l'homme ne cherche nullement à se mettre à la place de Dieu (cette formule a-t-elle d'ailleurs le moindre sens ?), mais, dégrisé d'une vue estimée trop haute de sa destinée, il se découvre dans sa radicale nudité et tente de trouver une issue raisonnable à une «condition naturelle» tissée de contradictions proprement mortelles. Tous, avec des accents divers et selon des perspectives originales, le voient et le disent à leur façon. C'est pourquoi l'on peut parler en toute rigueur d'une modestie de cet humanisme, et surtout quant à la portée morale de ses affirmations.

Faire de l'humain avec l'inhumain

L'équation devant laquelle se trouve cette philosophie, et c'est également la nôtre, consiste à savoir comment il est possible de tirer quelque chose d'humain et de sensé à partir de l'inhumain et de la violence. Tel est le cadre impératif à l'intérieur duquel surgit la question morale, et donc le problème de la conscience. Impos-

sible de supposer une conscience, toute formée, voix de Dieu inter-
pellant l'homme du dedans de lui-même, guide assuré de la volonté
divine, une fois éteintes ou domestiquées les passions. Impossible
non plus de poursuivre les habitudes du passé, si grandes et nobles
qu'elles aient été, et les avertissements de Machiavel qui, tout en
honorant les auteurs antiques, mettent en garde contre leur imita-
tion servile, pourraient être rappelés [1] : ils ne sont pas en contradiction avec ce que nous avons entendu chez Luther ou chez
Descartes, au cours du premier chapitre. Il faut donc partir d'une
approche de l'homme qui le prend tel qu'il est, même s'il est déplai-
sant de le considérer d'un regard froid comme être de passions et
de raison tout à la fois, ainsi que le voit très bien Hobbes. Il convient
même surtout de prendre en compte ces passions, car faute de le
faire, on bâtit des sociétés sur le sable, et l'on multiplie la violence
au lieu de la réduire. Or tel est le problème : comment faire que
de la violence ou du mal sorte quelque bien, non pas le Bien ou
la Cité idéale, mais ce minimum de bien qui permette d'ouvrir un
espace public viable et d'offrir à chacun la possibilité de mener
sa vie droitement ? Pas d'autre solution que de s'appuyer sur les
passions elles-mêmes, non pas pour les exciter et les aviver, aucun
de ceux que nous avons évoqués ne tient de tels propos, mais pour
les ordonner en vue d'une fin souhaitable, comme les physiciens
font converger des forces contradictoires pour obtenir un équilibre
ferme quoique précaire. N'est-il pas possible de s'appuyer sur la
crainte de la mort pour instituer une « condition politique » dans
laquelle on préférera l'obéissance civique au chaos et à la violence
déchaînée ? Cette passion (crainte de la mort) peut alors devenir
une vertu dans la mesure où elle soutient effectivement l'édifice
social, et conduit chacun à ne pas empiéter sur les droits d'autrui.

Certes, rien n'assure que le résultat soit en tout point heureux,
encore moins qu'il soit durable. Personne ne songe à bâtir le bon
système, qui, censé répondre à la « nature » ou à la volonté de Dieu,
serait assuré de pérennité et pourrait alors s'assoupir dans la fausse

1. *Discours sur la première Décade de Tite-Live*, Avant-propos des livres
I et II.

122

certitude de son bon droit. Mais c'est précisément cette incertitude qui appelle la vigilance et mobilise les énergies pour vouloir à nouveau ce que le pacte social supposé a voulu une fois. En ce sens la « condition politique » est bien un artifice, comme dit Hobbes, une construction élaborée, et donc fragile ; elle n'a pas pour elle les paroles de la vie éternelle, et c'est pourquoi il faut instituer en même temps toutes sortes de règles pour éviter que ne resurgissent en elle les forces déchaînées de la violence et du chaos. Mais, Machiavel le sait plus sûrement que Hobbes, tout régime est comme rongé du dedans par l'assoupissement et menacé de désagrégation. Voilà pourquoi il faut savoir régulièrement « se réemparer du pouvoir [1] », donc ne pas croire que celui-ci est une possession tranquille, mais que, enraciné sur des volontés dont le meilleur calcul est de vouloir une vie commune réglée, il faut à nouveau en faire sentir la nécessité et le bien-fondé. La perte d'assurance ontologique, puisque rien d'institué ne répond à une nature des choses, explique sans doute pour une large part la fièvre de telles sociétés, mais elle fonde aussi la mobilisation des volontés en vue de l'instauration de la paix et de la justice. Par là encore l'appui pris sur les passions vise à les ordonner à un bien-vivre, dont le contenu reste assurément indéterminé pour une large part, et doit le rester. Mais une sorte de pari est pris au nom duquel on pense qu'au total, et tout bien considéré, les hommes préféreront poser les conditions d'une vie publique juste plutôt que de vivre dans la menace réciproque de mort.

On pressent toutefois fort bien la dérive possible. On en voit la présence dans le libéralisme extrême à partir du moment où l'on oublie que les passions doivent converger vers l'instauration d'une société viable (pacifique et juste) et où l'on conçoit les passions mécaniquement, comme si par elles-mêmes ou selon des lois immanentes à leur poussée elles convergeaient vers l'équilibre global. Ce naturalisme politique oublie justement une leçon essentielle de la philosophie politique sur laquelle nous nous sommes appuyés : les passions doivent être ordonnées à l'institution de la République,

1. *Discours...*, livre III, ch. 1.

à l'instauration d'un ordre politique, elles doivent donc se plier ou être pliées à une règle collectivement posée, et non apparaître comme le principe et la fin de l'ordre social et politique. En un mot elles doivent être moralisées pour que, de non humaines en soi, elles soient converties en points d'appui pour défendre un ordre juste. Affirmation, notons-le au passage, assez oubliée de bien des théoriciens libéraux actuels qui proposent une exaltation de l'individu dans l'oubli de la nécessaire contrainte légale à laquelle appelle pourtant la philosophie politique classique, source du libéralisme...

Discipline et interdit

Mais nous devons retenir davantage encore de notre passage par Nietzsche. L'individu tel qu'il apparaît sur la scène sociale a derrière lui toute une « préhistoire » : il paraît tout constitué alors qu'en réalité il est le résultat d'un long et douloureux processus d'éducation. Ici encore l'anthropologie actuelle est pleine d'enseignements, ceux-là mêmes que nous avons croisés à travers *La Généalogie de la morale*. Faut-il rappeler que, pour l'essentiel, l'individu est si peu tout constitué qu'il n'émerge à lui-même que dans la rencontre avec l'interdit, pour parler le langage de la psychanalyse ? Ce qui signifie d'abord que l'individu se constitue à partir de l'altérité sociale, de ses règles, normes et valeurs, donc qu'il est toujours en dette à son égard ; le nous précède le je, et le je n'advient à lui-même qu'à travers un processus d'intériorisation des normes sociales particulièrement laborieux et « sanglant », disons du moins blessant pour le narcissisme ou pour l'illusion de se croire centre de tout. Cela signifie aussi que, marqué par l'interdit, l'individu est touché au tréfonds de lui-même, dans l'inconscient, et que cette marque est indélébile : son rapport à la société, et notamment à la morale en reste à jamais marqué ; il est donc tout autre que celui qu'il pourra jamais entretenir avec un savoir objectif, ou avec des vérités livrées ou découvertes par l'entendement. Tout sujet entretient par conséquent un lien passionnel avec la morale, et notamment avec l'autorité, expression de la loi. Par là il n'y a peut-être jamais de passage accompli à l'âge adulte en morale, alors qu'il y en a un, assez bien repérable, sur le plan du développement organique et physiologique ; chacun porte en lui la trace d'un passé enseveli, mais non effacé, même si un « oubli » bénéfique panse certaines blessures, sauf cas relevant de psychoses. Toute autorité morale doit se souvenir à quelles confusions elle s'expose quand, traitant de morale, elle parle de « vérité objective », là où l'inconscient, l'irrationnel, le passionnel ont tant de part, y compris en elle.

Il nous faut retenir encore que, loin de s'abîmer dans l'autosuffisance, l'individu averti de ce travail de et dans l'inconscient doit avouer son incapacité de principe à se rejoindre totalement lui-même ; tel est ce que les psychanalystes appellent le « manque ». Un outil connaît des ratés ou des dysfonctionnements, mais ils sont généralement repérables, ou l'outil est mis à la casse. L'être humain n'est justement pas assimilable à une mécanique, parce qu'il est impossible de rêver pour lui d'un fonctionnement sans « manques », et ceux-ci sont tout autre chose que des « ratés », ou du moins si des ratés (maladresses, erreurs d'appréciation, aveuglement...) sont bien évidemment possibles, ces ratés ne sont nullement assimilables à cette incomplétude radicale que signe le manque. Celui-ci signifie que l'individu, en vertu même de l'inconscient en lui et de tous les pièges qu'il ménage, ne parvient jamais à cette parfaite connaissance de ses actes, dont parlait un aphorisme d'*Aurore*, ni donc à la totale maîtrise de soi.

Cette redoutable affirmation liée à la découverte de l'inconscient désinstitue le sujet de ses prétentions et l'oblige à une modestie sans laquelle il verse en toutes sortes d'illusions. Les conséquences sont énormes pour la vie morale. C'est bien le *perfectionnisme* qui prend les coups les plus rudes, et qui paraît, non pas comme l'accomplissement d'une vie morale ou spirituelle authentique, mais comme sa perversion la plus redoutable et la plus néfaste. Chez le chrétien, il prend la forme de la croyance selon laquelle une parfaite adéquation entre tel acte et la volonté de Dieu est possible, ou qu'inversement la volonté de Dieu peut être connue en clair et suivie dans l'acte même comme un guide sûr : on en a vu l'effrayant

portrait chez Pascal et dans le jansénisme, avec les retombées inévitables en dureté de jugement et sécheresse de cœur. Car, pour
le perfectionniste, quiconque avouant sa distance par rapport à la
Loi avoue son infidélité et déjà sa trahison à l'égard de Dieu. Or
il faut affirmer justement le contraire : c'est celui-là qui, confessant son manque, est plus sûrement dans la vérité, car il confesse
qu'il n'est nullement maître et possesseur de la Loi, nullement adéquat à l'idéal tout en cherchant à en vivre dans sa finitude ; et, ce
faisant, celui-là pose en réalité les conditions pour mettre sa vie
sous le regard d'un Dieu de miséricorde, et non d'un Dieu avaricieux et impitoyable. Un séjour dans les parages de l'anthropologie actuelle pourrait être du meilleur effet sur le perfectionniste,
mais justement ce n'est pas un hasard s'il soupçonne les « sciences
humaines » et se protège de la vérité qu'elles pourraient lui faire
découvrir sur lui-même...

On comprend dès lors que parler de conscience morale dans ce
contexte, ce n'est nullement présupposer en l'homme une conscience
« autonome », souveraine, assurée de soi, émancipée de tout rapport à l'altérité, quelque nom qu'on lui donne. C'est admettre que
l'être humain, cet animal en devenir d'humanisation, peut du dedans
de ses limites moraliser sa vie, du moins le tenter ; qu'il peut collectivement s'entendre sur certaines règles de la vie commune qui
ouvrent un espace public de concorde et de justice sans être assuré
de la pérennité de son entreprise ; qu'il peut aussi échouer et même
ne pas être à la hauteur de ce qu'il veut, car sa volonté est toujours plus ou moins débordée par ce qu'elle veut, ou submergée
par des pulsions non maîtrisées et sans doute non entièrement maîtrisables. Mais la question morale est alors : peux-tu vouloir ce possible, plutôt que rien ? Résisteras-tu aux illusions du perfectionniste
qui te fait croire que toute inadéquation est déjà trahison de Dieu
et rébellion de l'intelligence contre ses ordres ? Es-tu capable de
métamorphoser ce qui advient, ou pour parler comme Nietzsche,
de « donner forme à ton chaos », un peu comme le peintre crée
de la beauté par l'agencement spatial de couleurs, de traits et de
signes qui, en eux-mêmes, n'ont rien de beau ?

Autonomie-hétéronomie de la morale

Les réflexions engagées dans ce chapitre partaient d'une opposition, prétendument éclairante sur le devenir de l'Europe, entre théocentrisme et anthropocentrisme. Les homélies et les lamentations sur la déchristianisation de l'Occident s'appuient généralement sur une telle opposition qui « construit » l'ère actuelle dans une rupture frontale avec Dieu. Elles opposent donc terme à terme l'hétéronomie que supposerait selon elle l'affirmation de Dieu à l'autonomie humaine, constituée dans une prétendue suffisance de soi. Il faut donc au terme de cette démarche revenir sur le thème de l'autonomie : cette thèse d'une modernité morale et religieuse entièrement fondée sur une autonomie rebelle à l'hétéronomie est-elle vraiment défendable ?

A un premier niveau, cette question a entraîné un vif débat, il y a quelques années, autour des travaux de A. Auer [1]. Sans ouvrir un dossier qui a donné lieu à ces controverses académiques indéfinies qui enchantent les universitaires allemands, on peut tirer quelques conclusions de ce qui précède. On retiendra d'abord qu'il convient de se méfier des oppositions duelles, propres à un imaginaire spéculaire, remarque valable aussi bien pour l'opposition autonomie-hétéronomie, que pour l'opposition théocentrisme-anthropocentrisme ; ces dualismes simplistes autorisent tous les retournements et les renversements de position, mésaventures qui montrent que le problème est mal posé. Et en effet nous avons bien vu que l'individu ne devient moral, donc autonome, que par la rencontre avec l'hétéronomie des règles sociales, et encore faut-il reconnaître la relativité de cette autonomie, toujours frangée par le manque et l'incapacité à percer pleinement le secret de ses propres décisions. Il n'y a donc pas lieu d'opposer deux termes qui ne tiennent que l'un par l'autre. Et, pour se référer un moment à Kant, tenu pour le philosophe de l'autonomie en morale, on ne peut jamais oublier, à moins de verser dans un formalisme rude-

---

1. *Autonome Moral und christlicher Glaube*, Düsseldorf, 1971.

ment critiqué par Hegel, que l'universalisation, en quoi tient l'impératif moral, se fait à partir d'un donné, d'une «matière» reçue, donc d'une hétéronomie, la «maxime». Celle-ci peut être aussi bien l'intérêt que l'on a à agir qu'une injonction sociale à respecter. Il n'est si contradictoire de voler le bien d'autrui que parce qu'on vit dans un système de propriété bien défini, donc légué par l'histoire et défendu par un droit particulier[1]. L'autonomie ou la liberté ne sont jamais sans conditions, et ces conditions, le sujet moral ne se les donne pas : il les trouve. Il faut encore rappeler que la présence de l'inconscient oblige à faire le deuil d'une autonomie acquise une fois pour toutes ; blessé dans sa constitution même, le sujet doit toujours se mobiliser pour désirer son autonomie, et il n'est jamais assuré de ce désir de liberté morale, ni de son aptitude à devenir moral. Voilà encore qui montre à quel point autonomie et hétéronomie ont partie liée de manière intrinsèque.

Mais le débat porte sur un autre point. Il s'agit de savoir si le régime d'une «morale chrétienne» est nécessairement marqué par l'hétéronomie, puisque cette morale s'appuie sur une Révélation, ou suppose la foi en Dieu, donc la dépendance de l'action humaine à l'égard de la Volonté divine. Nous retrouvons ici à nouveau le piège que bien des théologiens n'ont pas su éviter. Car ce *status questionis* accepte implicitement de penser en termes d'opposition le rapport entre Dieu et l'homme : si des valeurs sont données par Dieu, c'est en somme autant de moins pour la liberté humaine, en sorte que lorsque la liberté s'affirme, il devient difficile de considérer ce geste autrement que comme un acte de rébellion contre Dieu ou contre le christianisme. Laissons de côté le versant théologique de la question (abordé au chapitre précédent), quoiqu'on eût pu attendre que des théologiens avertis du dogme de l'Incarnation eussent su éviter les embûches dont prévient une saine christologie, puisqu'en Jésus-Christ Dieu et l'homme sont si peu opposés qu'ils «composent» en une même Personne, et que Dieu se fait homme pour que l'homme devienne Dieu...

---

1. Pour reprendre les remarques de Hegel dans *Principes de philosophie du droit*, par. 135, remarque.

Remarquons plutôt que cette opposition reprend très exactement les termes de l'athéisme contemporain en ce qu'il a de plus incisif ; et si nous avons insisté dans ce qui précède sur une certaine tradition philosophique, ce n'est nullement par ignorance de cette autre lignée, qui, de Feuerbach à Marx ou à Sartre, institue l'homme en être suprême pour l'homme ; c'est tout simplement parce que cette tradition-là imite spéculairement son vis-à-vis théologique et réapproprie à l'homme ce dont celui-ci s'estime dépouillé en Dieu. Elle prend du relief par rapport à ce qu'elle nie, mais comme telle elle ne nous ouvre guère à une intelligence renouvelée du monde dans lequel nous sommes. Qu'on lise, si l'on a quelque courage, les *Cahiers pour une morale* [1] de Jean-Paul Sartre, et l'on s'apercevra de la permanence de cette opposition frontale, dont Sartre lui-même ne parvient pas à sortir, ce qui explique sans doute pour une large part l'échec de son projet de morale. Il est en effet instructif de méditer sur l'impuissance de cette tradition à élaborer réellement une morale ; ou bien elle espère une réconciliation finale de l'homme avec la nature et de l'homme avec l'homme, qui trace impérativement les voies d'une révolution sociale et confine une morale rendue superflue dans le provisoire d'une histoire aliénée, selon la ligne marxiste-léniniste ; ou bien elle énonce avec Sartre que « l'Histoire étant incommensurable avec l'authenticité », elle ne peut être le lieu de la morale, et c'est pourquoi seulement « la fin de l'Histoire (...) sera l'avènement de la morale [2] » ; dans les deux cas, elle oublie qu'il faut tenter ici et maintenant, donc dans l'histoire telle qu'elle est, aliénée ou inauthentique, de moraliser

1. *Cahiers pour une morale*, Paris, Gallimard, 1983. Toute la finale est impressionnante avec des affirmations telles que « Dieu n'est rien d'autre que l'homme » (p. 542). Il serait passionnant de montrer que Sartre reste prisonnier d'une théologie de la prédestination, d'inspiration calviniste, mais entièrement sécularisée ; se battant dans ses catégories à son insu, il ne peut aboutir qu'à la conclusion : « nous sommes condamnés à être libres » (p. 447). Prédestinés à la liberté par une volonté aveugle, connaissons-nous autre chose qu'une liberté de damnés ? A moins qu'à l'engluement dans l'en-soi que connaît la *massa damnata*, ne s'oppose le pour-soi libérateur des rares élus ? Tout a été dit dans *Huis clos*...
2. *Ibid.*, p. 107 et 95.

nos relations avec nous-mêmes comme avec les autres... Ici et là on croit pouvoir s'émanciper quelque jour, à vrai dire, à la fin de l'Histoire, de cette violence qui justifie pourtant l'entreprise actuelle et permanente de moralisation. Or si la tradition philosophique abordée plus haut explicite quelque chose comme une morale et fait appel à la conscience, c'est précisément parce qu'elle ne croit pas à une toute-puissance humaine, ni pour aujourd'hui ni pour demain, mais qu'elle cherche à limiter les effets d'une violence redoutée, donc qu'elle tente de moraliser un être qui, de soi, n'est pas « naturellement » moral. Tel est bien, sous des formes variées, le présupposé des philosophes dont nous nous sommes inspirés. Il faut être modeste pour vouloir une morale et en accepter les obligations !

Or les lamentations sur la déchristianisation de l'Europe restent elles-mêmes solidaires de ces postulats, qui font le lit de l'athéisme ; elles alimentent d'autant plus le soupçon que, condamnant sans ménagement l'anthropologie contemporaine, elles passent pour vouloir restaurer un théocentrisme perdu, et qui n'a jamais existé que dans la tête des prédicateurs antimodernes. Car si, logiquement, le prétendu anthropocentrisme est religieusement condamnable, seule reste ouverte la restauration d'un non moins prétendu théocentrisme. On ne sort pas du cercle de l'incompréhension mutuelle. En ce sens, ces lamentations confortent beaucoup de nos contemporains, non seulement dans leurs réserves devant des analyses si frustes, mais dans le bien-fondé de leur athéisme : si Dieu est la négation de la liberté humaine et de l'autonomie de la conscience, ou si ses « représentants » sont incapables d'entendre dans l'appel à la liberté morale autre chose qu'une rébellion contre Dieu, ne serait-il pas immoral d'affirmer un tel dieu ?

Il se peut toutefois que la controverse sur l'autonomie de la morale frôle une question importante, mais déformée par le contexte spéculaire qu'on vient de rappeler. On peut en effet vouloir se demander si le message évangélique a apporté à l'humanité des valeurs neuves ou même une morale spécifique, et si certaines formes de la philosophie contemporaine ne tentent pas de détruire ces valeurs ou de renverser cette morale. Il est légitime de poser cette question; mais il ne l'est pas de l'introduire dans une relation conflictuelle entre Dieu et l'homme, en situant Dieu du côté de l'hétéronomie. Car on peut sans doute démontrer que le message évangélique introduit certains accents moraux ou met en avant des valeurs qu'on chercherait en vain, telles quelles, chez les épicuriens ou les stoïciens par exemple, quelle que soit la grandeur de leur philosophie morale par ailleurs. Ainsi, sans un souci stérile de rivalité ou de supériorité, on comprend que des chrétiens s'interrogent sur la portée morale du message de Jésus. Mais si l'on doit conclure à un apport d'accents moraux neufs et essentiels, on devra conclure aussi que cet apport est introduit dans l'histoire par une parole de proposition, le Verbe s'étant fait parole humaine pour communiquer le secret de Dieu, qui devient du coup secret partagé, et non ésotérisme jalousement gardé et sourcilleusement défendu contre toute atteinte. Et que l'homme existe et décide « comme si Dieu n'existait pas » est bien dans la logique d'un Dieu non obsédant, qui s'efface pour proposer le pain de sa Parole et se réjouit de ce que les hommes vivent de sa Vie dans la liberté des enfants de Dieu. En quoi ces perspectives s'opposent-elles alors à celles qu'on a retracées dans ce chapitre ? C'est aux adversaires d'en apporter la preuve, s'ils le peuvent. En quoi ces perspectives, qui font que l'homme libre peut acquiescer à une altérité qui l'appelle et suscite son autonomie, s'harmonisent pleinement avec les données les plus fondamentales et les plus traditionnelles de la foi chrétienne, c'est ce que nous cherchons à démontrer, pour le moins à suggérer.

CHAPITRE 4

La conscience instruite

L'affirmation de soi dans la subjectivité effraie, et cette peur est, nous l'avons vu, l'un des foyers permanents des attitudes tutioristes, à la recherche des certitudes censément données par la Loi ou par l'Autorité ; or cette affirmation n'est jamais aussi assurée que les détracteurs de la modernité l'affirment : ce qui précède l'a montré. Il n'en reste pas moins que, comme l'attestent l'ethnologie ou l'anthropologie, les hommes rassemblés en collectivité et bâtissant des civilisations sont capables de discerner le bien du mal, ou tout au moins de poser une frontière entre un admissible et un inadmissible. Un telle aptitude a de quoi surprendre ; en un sens elle constitue une sorte de miracle. Car les explications courantes restent très en deçà de ce miracle : on a beau dire que la discrimination entre un bien et un mal n'est que la traduction d'une volonté des dieux ou des ancêtres, imposée de haut et « hétéronome », on a beau avancer l'idée qu'elle s'impose pour ordonner la vie sociale, et donc au nom d'une sorte de nécessité immanente à la vie commune, ou encore qu'elle constitue un carcan devant lequel les individus des sociétés traditionnelles doivent s'incliner, il n'en reste pas moins que la source même de cette distinction et les raisons de sa force contraignante chez les individus eux-mêmes demeurent sans réponse. Pourquoi, après tout, les civilisations témoignent-elles de cette adhésion intérieure par laquelle des hommes s'estiment tenus de suivre des règles qui leur coûtent parfois l'essentiel ? Loin de nous l'idée de rechercher ici la cause ultime, selon le schéma de ces explications prétendument radicales, qui expliquent tout, sauf leurs propres préjugés. Il ne s'agit donc pas de remonter à

133

une raison première qui éliminerait en quelque sorte le problème en le dissolvant, mais plutôt de réfléchir à ce petit miracle que constitue en lui-même le pouvoir qu'a l'homme de refuser le mal et d'adhérer au bien, bref à nous interroger sur ce pouvoir qu'est la conscience morale. Où la conscience trouve-t-elle la force de ses affirmations et qu'est-ce qui en constitue le dynamisme propre ?

Le «miracle» de la conscience

Un instinct divin ?

On attribue généralement à Rousseau l'idée selon laquelle la conscience serait en nous comme une spontanéité naturelle, dotée d'infaillibilité dans le bien. Ne lit-on pas en effet dans la «Profession de foi du Vicaire savoyard», au livre IV de l'*Émile*, l'hymne célèbre à ce «guide assuré d'un être ignorant et borné, mais intelligent et libre, juge infaillible du bien et du mal, qui rend l'homme semblable à Dieu», à cet «instinct divin, immortelle et céleste voix» ? On relie souvent cet enthousiasme un peu naïf à l'anthropologie rousseauiste et notamment à son affirmation d'une bonté naturelle de l'homme, ce qui permet de rejeter l'ensemble ou de s'en gausser comme d'une belle niaiserie. Et il est exact que Rousseau a donné lui-même crédit à cette interprétation[1], laissant entendre que le cœur ou la spontanéité instinctive portaient au bien plus sûrement que la réflexion et la ratiocination. Mais on croirait à tort se débarrasser d'une affirmation capitale en la repoussant sous le prétexte de quelques écarts de langage. Rousseau touche

1. Ainsi, par exemple, dans ce passage d'une lettre à Mirabeau (mars 1767) : «Je me laisse aller à l'impression du moment sans résistance et même sans scrupule ; car je suis parfaitement sûr que mon cœur n'aime que ce qui est bien. Tout le mal que j'ai fait dans ma vie, je l'ai fait par réflexion, et le peu de bien que j'ai pu faire, je l'ai fait par impulsion» (dans *Lettres philosophiques*, Paris, Vrin, 1974, p. 162).

en effet un point profondément juste, et d'ailleurs, prise dans toutes ses dimensions et sa richesse, sa philosophie morale n'est ni simple ni unilatérale.

Comme toujours lorsqu'on en vient aux principes fondamentaux en philosophie, on touche à une sorte d'injustifiable ou d'axiome qui doit valoir par lui-même, ou dont il est seulement possible de faire apparaître que le refus entraînerait à des conséquences inacceptables. Tel est bien le cas, au point où nous sommes de notre propre démarche et de notre interrogation sur la présence et la force de la conscience morale ; et tel est aussi le cas de Rousseau quand il vient à parler de la conscience. Dans la Lettre 5 des *Lettres morales*, il énonce en effet une sorte de pari, ou plus exactement il formule une présupposition concernant l'aptitude « naturelle » de l'homme à vouloir le bien ; sans elle, explique-t-il, ne faudrait-il pas dire que « la bonté ne serait en lui qu'un vice contre nature » et que « fait pour nuire à ses semblables comme le loup pour égorger sa proie », il ne serait qu'un animal dépravé ? Si l'on refuse ces extrémités et si l'on veut tenir compte de l'expérience humaine telle qu'elle apparaît en ses traits fondamentaux, on se doit de postuler, aussi étonnant que cela semble, que l'homme est capable de discerner le bien. Mais postuler une telle bonté naturelle ne signifie nullement que cet attrait pour le bien s'explicite clairement, et soit toujours fidèlement suivi. On ne note pas assez en effet que les passages où Rousseau exalte la conscience sont accompagnés de remarques fermes sur la nécessité de faire taire les « penchants mauvais » et donc de débroussailler en quelque sorte le terrain pour que l'écho de la conscience parvienne aux oreilles ; sur le fond d'une spontanéité au bien, existent aussi des passions et une méchanceté dont Rousseau n'a jamais caché la force, à commencer dans sa propre expérience.

En pleine cohérence avec la philosophie politique du *Contrat social*, cette conception morale affirme qu'il en va de la conscience morale comme de la volonté générale, qui ne peut s'imposer que par la mise à l'écart des volontés particulières. Mais volontés particulières comme penchants mauvais brouillent toujours plus ou moins la voix de la conscience au risque même de l'étouffer ; et c'est pourquoi Rousseau revient avec insistance sur ce qu'il appelle la « timidité » de la conscience [1]. Non seulement elle ne parle pas clairement et distinctement, mais elle devient trompeuse si on la croit spontanée et infaillible, si l'on pense que son recours dispense de tout un travail de lutte contre les passions et de mise à l'écart des préjugés ; elle « ne reste plus dans la bouche des hommes qu'un mot fait pour se tromper mutuellement [2] ». De recours pour découvrir le bien, elle devient alors ce qui rend les hommes « ennemis les uns des autres ».

Une conscience éduquée

C'est pourquoi, contrairement à une interprétation tenace, Rousseau suppose toute une éducation de la conscience, sur la base d'une aptitude au bien inhérente à l'homme et sans laquelle celui-ci est réduit au rang d'« animal dépravé ». A Christophe de Beaumont, il explique que l'amour de l'ordre est le bien-être de l'âme, et il ajoute : « Ce dernier amour développé et rendu actif porte le nom de conscience ; mais la conscience ne se développe et n'agit qu'avec les lumières de l'homme. Ce n'est que par les lumières qu'il parvient à connaître l'ordre, et ce n'est que quand il le connaît que sa conscience le porte à l'aimer. La conscience est donc nulle dans l'homme qui n'a rien comparé, et qui n'a point vu ses rapports [3]. » Ainsi la conscience a besoin des « lumières » (donc de la raison), mais celles-ci n'illuminent qu'à partir de l'aptitude à comparer, thème éminemment rousseauiste lui aussi, lié qu'il est à toute la conception de l'histoire et de la « perfectibilité », développée dans

---

1. « La conscience est timide, elle aime la retraite et la paix ; le monde et le bruit l'épouvantent, les préjugés dont on la fait naître sont ses plus cruels ennemis, elle fuit ou se tait devant eux ; leur voix bruyante étouffe la sienne et l'empêche de se faire entendre... » (*Émile*, livre IV, *Œuvres complètes*, IV, Paris, Gallimard, Bibl. de la Pléiade, p. 601). Sur la conscience chez Rousseau, voir l'article de J. Lacroix dans *Jean-Jacques Rousseau et la Crise contemporaine de la conscience*, Paris, Beauchesne, 1980, p. 81-106.
2. *Lettres à Ch. de Beaumont*, op. cit., p. 937.
3. *Ibid.*, p. 936.

le *Discours sur l'origine et les fondements de l'inégalité parmi les hommes*. Ce n'est donc pas dans la séparation solitaire que le cœur parle comme conscience, mais à partir d'un « développement » qui suppose travail d'intelligence et de comparaison, découverte d'un ordre des choses aimable (ou désirable). C'est au contact de différences ressenties au cours des expériences élémentaires de la vie que quelque chose comme la conscience s'affirme. Celle-ci ne s'éveille pas comme une sorte de faculté qui déploierait ses possibilités de manière immanente ou organique. Elle suppose rencontre avec le réel, ou découverte de la complexité des choses. Et si Rousseau insiste si fortement sur le cœur au point de relativiser parfois l'œuvre de la réflexion, c'est que toute sa philosophie morale s'insurge contre les sceptiques et les relativistes, Montaigne étant d'ailleurs explicitement désigné comme l'adversaire [1]. Le recours à la nature, si étrange pour nous, ne doit pas tromper : il est le vecteur de l'idée d'universel pour Jean-Jacques. Qu'adviendrait-il si les « philosophes » parvenaient à convaincre l'humanité, non seulement qu'elle est constituée dans le vice, mais qu'aucun « sentiment » du bien n'est décelable à travers l'histoire et la variété des civilisations, et donc que sous la diversité des mœurs et les conceptions de la vie, il n'y a que pure altérité et différences insurmontables ; à quoi conduirait l'abandon de ce « principe inné de justice et de vérité morale antérieur à tous les préjugés nationaux, à toutes les maximes de l'éducation » ? Ne parvenant plus à se comprendre, l'humanité serait portée à l'inimitié envers toute altérité non familière. L'élégance sceptique de Montaigne est-elle bien conséquente ou joue-t-elle un jeu dangereux sans en assumer la portée, quand elle va « chercher dans les ténèbres quelque exemple obscur » pour démontrer, croit-elle, une universelle absence de sens universel du bien ?...

Si le « sentiment » moral doit être présupposé comme une sorte de nécessité logique, c'est que pour Rousseau le sentiment est à considérer comme lié à l'exister même, puisque « exister pour nous, c'est sentir [2] ». Il n'est donc pas une sorte de faculté parmi

---

1. *Lettre 5, op. cit.*, p. 1108-1109.
2. Thème rémanent chez Rousseau. Par exemple *Lettre 5, op. cit.*, p. 1109.

d'autres, ou plus fondamentale que d'autres ; il a partie liée avec l'existence, et il en est tout simplement une autre expression. En ce sens, ce sentiment ne s'oppose à rien et ne fait pas nombre avec quoi que ce soit ; il ne va pas sans l'homme même, comme la condition de son humanité même, et donc du développement de toutes ses facultés. Il colle à l'existence en tant que celle-ci est ressentie par un être humain vivant.

Considéré aussi fondamentalement, ce sentiment reste en quelque sorte informe ou vide sans l'éducation, et donc sans l'apport des lumières de la raison. Ce sentiment de l'existence doit s'élaborer, s'affermir, s'affirmer, devenir conscience de soi, mais sans qu'il ne s'efface jamais, à moins que l'être humain ne perde son lien vivant et vécu avec le monde. Rousseau marque d'ailleurs avec netteté la distinction des tâches, la conscience faisant désirer le bien, la raison portant à le connaître et à l'apprécier. « La conscience ne nous dit point la vérité des choses, mais la règle de nos devoirs ; elle ne nous dicte point ce qu'il faut penser, mais ce qu'il faut faire ; elle ne nous apprend point à bien raisonner, mais à bien agir [1]. » Rousseau voit mieux que maints « philosophes » qu'une raison non inspirée ou non mue par le sentiment se dessèche et perd son enracinement dans l'affectivité ; coupée de cette assise, elle est portée alors à toutes les ratiocinations vides ou destructrices. Mais en même temps Rousseau affirme non moins nettement que le cœur a besoin d'être éclairé dans son désir du bien.

A qui objecterait qu'on met bout à bout des textes d'origines diverses et qu'on cherche une cohérence là où la philosophie de Rousseau ne s'en soucie guère, on peut simplement rappeler que ce développement se trouve parfaitement résumé dans la bouche du Vicaire savoyard, dont on a lu plus haut l'hymne enthousiaste à l'« instinct divin » ; parmi les dons de la « divine essence », le Vicaire en énumère trois particulièrement significatifs : « La conscience pour aimer le bien, la raison pour le connaître, la liberté pour le choisir [2]. » La conscience fait donc aimer ce que seule la

1. *La Nouvelle Héloïse* (Huitième lettre de Julie), *op. cit.*, II, p. 698.
2. *Émile*, livre IV, *op. cit.*, p. 605.

raison explicite sous le monde de la connaissance, mais cette raison elle-même met devant des options entre lesquelles il revient à une liberté informée et aimant le bien de trancher. La conscience ne va donc pas sans la raison, mais la raison serait impuissante sans l'amour du bien que donne la conscience, ou le sentiment de l'existence.

Il ne nous importe en aucune manière de justifier Rousseau ni d'adopter sa propre conception des choses. Si rendre justice à une position souvent caricaturée a cependant quelque légitimité, c'est aussi parce que, malgré ses ambiguïtés et ses éventuelles contradictions, Rousseau a illustré un thème central de toute philosophie morale digne de ce nom : sous la maladresse de l'expression conceptuelle ou les approximations de la formalisation, il voit bien que toute philosophie morale est obligée de supposer en l'homme une aptitude à désirer le bien, sinon à en juger correctement. Kant, pourtant si peu porté, sans doute en vertu de son luthéranisme, à soutenir les thèses d'une bonté naturelle de l'homme, retiendra ce point, non sans apercevoir d'ailleurs que Rousseau parle souvent de la conscience comme d'un « principe » et même parfois comme d'une « loi [1] », ou, comme on l'a vu plus haut, d'une « règle ». Certes, plus que Rousseau, il se méfiera de l'affectivité, souvent rangée par lui du côté du « pathologique » au sens où il l'entendait ce mot ; mais de l'enseignement de Rousseau nous devons retenir le rôle éminent et proprement fondateur du sentiment dans la vie morale. Sans être fécondée par cette source affective, la raison morale tourne à vide et perd son inspiration, au sens où elle perd son souffle dynamisant.

La conscience comme voix

Parce que nous abordons ainsi une sorte de présupposé sans lequel il n'y aurait pas de vie morale, et quoi qu'il en soit des perspectives globales de l'anthropologie rousseauiste, il semble bien que nous

1. Voir la note 1, p. 1561-1562, du t. IV de l'édition de La Pléiade qui donne les références utiles.

touchons là à un mystère de la vie morale. Pourquoi les hommes sont-ils portés à désirer le bien plutôt que le mal, même si une expérience ample et multiple sur laquelle s'appuient volontiers les « sceptiques » montre aussi qu'ils font plus volontiers le mal que le bien ? Pourquoi en viennent-ils, tout « méchants » qu'ils soient, à juger les actions d'autrui et à les condamner quand elles heurtent leur conviction profonde que le bien a été bafoué ? Quelle est l'origine de ce jugement qui les lie du dedans d'eux-mêmes pour juger, quand bien même ils ne font pas ce qu'ils disent ? Devant ce jeu proprement dialectique entre une force constitutive de soi et en même temps supérieure à soi, on comprend que le Vicaire savoyard ait parlé d'«instinct divin » ; on comprend aussi que la théologie catholique, comme la plupart des religions, parle de la conscience comme de « la voix de Dieu » en l'homme, comme ce qui est proprement de lui et en même temps comme ce qui l'oblige à partir de plus que lui. L'expression, on le sait, a été avalisée par la Constitution sur *L'Église dans le monde de ce temps* (au § 16) du Second Concile du Vatican. Elle est d'un grand prix. Car elle fait apparaître que le rapport de l'homme à Dieu (ou la présence de Dieu à l'homme) n'est pas d'abord un rapport d'extériorité ou d'hétéronomie, mais d'intériorité fondatrice ; à la source même de ses jugements, l'homme peut expérimenter une présence fécondante et structurante, à laquelle il ne donnera peut-être pas de nom, mais dont il découvre concrètement la force et la bienfaisance à y être fidèle. Certes, une telle expression est équivoque à plusieurs titres : comme chez Rousseau mal compris ou trop vite lu, on peut d'abord croire que cette « voix » parle avec netteté, ou à la limite qu'elle se substitue à l'homme même pour parler à sa place ; et à ce sujet, il faut redire que cette « voix » n'en est pas une à proprement parler ; Rousseau (et comment faire autrement ?) tâtonne quand il parle de sentiment de l'existence, ou de présence, ou de découverte amoureuse d'un ordre des choses aimable. Heidegger se trouve sans doute devant les mêmes difficultés quand il déclare que « la conscience n'appelle qu'en faisant silence[1] » et qu'elle se confond avec l'advocation,

---

1. *Être et Temps*, par. 60, Paris, Authentica, 1985, p. 212.

c'est-à-dire avec l'appel à être à la hauteur du projet qu'est l'homme même. « L'appel vient de moi et pourtant il me dépasse », remarque-t-il [1]. La conscience est donc bien appel, mais appel qui ne fait rien d'autre que de sommer ou de porter l'homme à advenir à lui-même. Mais cette métaphore est équivoque encore parce qu'elle pourrait donner à comprendre que la conscience est en quelque sorte toute formée, et tel est le piège de l'expression « instinct divin » : elle fait illusion si on l'entend comme une sorte de poussée vitale irrésistible, ou, pire encore, comme une extase illuminatrice qui mettrait en quelque sorte l'homme hors de soi, à la façon d'une poussée quasiment dionysiaque.

Il conviendrait plutôt d'interpréter la métaphore comme celle d'une fondamentale passivité : l'être humain a moins l'initiative de la vie éthique qu'il ne reçoit un appel à devenir moral, et qu'il ne s'éprouve comme de toujours interpellé. On pourrait alors suggérer que la conscience est ce lien qui noue l'homme à lui-même et à plus que lui-même, au point que trahir ce lien ou ne pas le respecter équivaut à une sorte de reniement de soi et de désappropriation de ce qu'on tient pour essentiel. En ce sens, trahir sa conscience (si difficile soit-il, on le pressent, de découvrir à quoi elle porte) revient à se trahir soi-même ou s'effacer de l'existence même. La passivité première se change alors en injonction à devenir acteur de sa vie morale. Mais la passivité est bien première, et ce point renforce la thèse déjà rencontrée selon laquelle le contexte de naissance de la subjectivité moderne n'est pas avant tout celui de l'affirmation prométhéenne de soi et d'une activité sûre de soi.

Conscience et relation

La difficulté essentielle que soulève l'expression de la conscience comme « instinct divin » ou « voix de Dieu », mais particulièrement l'interprétation rousseauiste, tient à ce que l'on suggère par là que

1. *Ibid.*, p. 199.

la conscience a son origine dans une sorte de spontanéité hors relation ou selon une immédiateté qui ne doit rien à une quelconque relation. Or les sciences humaines, et la psychanalyse freudienne en particulier, mais déjà la généalogie nietzschéenne, nous ont rappelé avec force l'importance des relations sociales, notamment parentales, dans la naissance et la formation du désir. Il est devenu impossible d'imaginer l'immédiateté d'un surgissement qui gommerait les aléas d'une histoire relationnelle complexe et souvent tourmentée.

A vrai dire, avant même les confirmations apportées par la psychanalyse et théorisées par Freud ou Lacan, les philosophes avaient aussi affirmé que le désir naît au sein d'une relation, et qu'il n'y a désir que pour et par un autre désir. La (trop) célèbre dialectique hégélienne du maître et de l'esclave narre les aventures du surgissement de la conscience de soi [1] et montre à quel point la *reconnaissance* est essentielle pour la structuration de toute conscience humaine en tant que telle. Dans un tout autre contexte, et particulièrement méfiant à l'égard de l'idée de reconnaissance, Nietzsche admet aussi à sa façon qu'il n'est pas d'avènement de la conscience sans la longue histoire de relations sociales marquées de violence, et de confrontation tourmentée à la Loi, nous l'avons vu au chapitre précédent. Ces analyses convergent, dans leurs différences mêmes, pour écarter l'illusion d'un surgissement spontané de la conscience à elle-même. La relation est première et constitue le contexte dans lequel quelque chose comme une conscience se déploie ; ou encore le désir d'exister par soi-même et pour soi-même ne s'affirme ou ne se confirme chez l'*infans* que par la rencontre du désir parental (ou sociétal) de le voir exister. Le désir des uns suscite le désir de l'autre, et cette relation est le milieu d'avènement du sujet, la possibilité offerte de répondre au désir d'autrui en se posant soi-même de manière certes peu différenciée d'abord (sourires, cris, paroles inchoatives...), puis peu à peu par l'affirmation de soi.

1. Hegel, *La Phénoménologie de l'esprit*, par. 185 *sq.* (tr. fr. Paris, Aubier-Montaigne, 1949, t. 1, p. 154 *sq.*).

Les conséquences de ces analyses sont considérables du point de vue de la morale. On doit retenir d'abord qu'est ainsi remis en cause l'un des postulats parmi les plus fondamentaux des philosophies individualistes modernes. Celles-ci, et c'est particulièrement net chez Rousseau, supposent toutes un individu constitué par lui-même, indépendant et isolé, pourvu en soi des possibilités immanentes d'agir et de penser ; cet atome peut et doit ensuite nouer des liens avec d'autres individus ou limiter leur emprise sur lui, comme lui-même doit se prémunir d'incursions dans ses territoires propres ; la relation se comprend alors comme une sorte de négociation contractuelle entre partenaires égaux et souverains, qui évidemment laisse intactes une intériorité et une autonomie supposées acquises. Fiction utile pour penser les termes du contrat social dans une société où les exigences de subjectivités libres doivent être honorées. Fiction dangereuse si on la tient pour réelle et si, à partir d'elle, on méconnaît l'abstraction qu'elle constitue. Fiction aveuglante, parce qu'elle a contribué, au moins depuis Hobbes, à négliger l'étude philosophique de la relation affective, celle que suppose la relation de l'homme et de la femme, telle qu'elle se noue en particulier dans la famille : le vide philosophique sur ce sujet peut s'expliquer si l'on aperçoit que Hobbes aussi bien que Locke devaient lutter contre des thèses patriarcalistes et contre leurs effets politiques ; mais, et telle est la face aveugle de la critique, leur refus du patriarcalisme les conduit à ignorer une relation humaine fondatrice[1]. Fiction lourde de conséquences encore, puisque la philosophie politique dominante, encore aujourd'hui, pense toujours dans les termes de cet individu fictif, posé dans l'abstraction de toute relation, comme sorte d'origine première ne devant rien à personne, et en quelque sorte jamais né de qui que ce soit. Fiction intenable en définitive, s'il est vrai que l'individu se reçoit d'autrui, même déjà au niveau biologique où son unité provient de deux cellules germinales sexuellement différentes, mais tout autant au niveau

---

1. On fait allusion ici à leurs débats avec Robert Filmer. Voir à ce sujet l'article de Franck Lessay, « Filmer, Hobbes, Locke : les cassures dans l'espace de la théorie politique », in *Archives de philosophie*, n° 55, 1992, p. 645-660.

psychologique comme on l'a suggéré précédemment. L'individu naît à lui-même à partir d'une relation, et le grand problème est bien plutôt d'émerger à soi-même sans être noyé dans la relation ou écrasé par elle (avec les psychoses et les névroses qui en sont les séquelles), que de tenter par après de passer accord avec autrui à partir d'une autosuffisance de principe [1].

Mais ces perspectives trouvent une autre fécondité pour la morale. Car à travers la relation, parentale notamment, l'*infans* ne se trouve pas devant un désir nu ; il rencontre à travers gestes, comportements et paroles tout un *éthos* déjà organisé et structuré. Vient à lui dans la rencontre un univers culturel entièrement articulé, qui constitue ce que nous appelons le monde éthique. Même la façon d'assumer son corps est reçue et inculquée par une culture ; Marcel Mauss a montré de manière convaincante à quel point les « techniques du corps » sont issues d'un *éthos* particulier, au point que la manière de vivre son corps, la façon de dormir comme les gestes habituels des bras ou de la tête sont entièrement donnés par le groupe auquel l'individu appartient. La relation corporelle de soi à soi est en réalité médiatisée par l'être social, puisque l'individu ne s'approprie son propre corps qu'à travers les règles reçues [2]. On ne saurait mieux montrer cette intériorité du social et

1. Le dépassement de l'individualisme semble bien être l'une des préoccupations qui président au développement d'une éthique de la discussion chez Habermas. Il écrit ainsi : « Chaque exigence d'universalisation devrait rester impuissante s'il ne résultait pas, de l'appartenance à une communauté idéale de communication, la conscience d'une inamovible solidarité, la certitude de la coappartenance fraternelle à un contexte de vie commun. » (*De l'éthique à la discussion*, Paris, Éditions du Cerf, 1992, p. 70.) Il insiste particulièrement sur le lien entre socialisation et individuation, comme on le fait ici même.

2. Marcel Mauss, *Sociologie et Anthropologie*, Paris, PUF, 1966, « Les techniques du corps », p. 365-386. Voir aussi Frank Tinland, *La Différence anthropologique. Essai sur les rapports de la nature et de l'artifice*, Paris, Aubier-Montaigne, 1977, ou, plus récente, l'*Histoire des mœurs*, t. II : *Modes et modèles*, Paris, Gallimard, Encyclopédie de la Pléiade, 1991. Sur la complexité et la « domestication » du désir par la société, il faut se référer à Georges-Hubert de Radkowski, *Les Jeux du désir. De la technique à l'économie*, Paris, PUF, 1980 (1re partie, ch. XII à XIV).

de l'individuel au sein même de ce que l'individuel a de plus intime, la façon d'assumer son propre corps. Or cette intériorité équivaut à l'intériorisation de normes de conduites, elles-mêmes porteuses de régulations éthiques ; tout individu apprend au cours des apprentissages élémentaires des règles d'assomption de son propre corps comment il convient de se comporter. La morale sous la forme de l'*éthos* (donc l'éthique) lui apparaît d'abord dans cette inculcation première et fondamentale qui fait corps avec lui-même.

On pourrait souligner encore ici que ce jeu des relations fait entrer l'*infans* dans le langage socialement constitué, au point même que l'individu ne parvient à l'expression de soi, de ce qu'il porte de plus singulier et de plus intime, que par la médiation d'une langue qu'il reçoit d'une société donnée. Nietzsche a particulièrement bien vu le paradoxe qui fait que l'individu n'accède à lui-même, ne peut formuler ce qu'il a de plus secret qu'à travers un système de signes totalement extérieur à lui. La conscience qui constitue ce qu'il appelle ironiquement « le génie de l'espèce » « n'a pu se développer que sous le pression du besoin de communiquer », et donc grâce à « des signes de communication », au point, dit-il, que « le développement du langage et le développement de la conscience (...) vont la main dans la main [1] ». C'est si vrai, ajoute celui qui passe pour un individualiste extrême, que la conscience appartient moins à « l'existence individuelle de l'homme » qu'à « tout ce qui est en lui nature communautaire et grégaire »... Comment dire avec plus de force que l'individu n'émerge à lui-même comme conscience que dans la relation parlante, et donc dans ce milieu social qu'est le langage ?

Le jeu des désirs

La conscience morale surgit dans ce contexte, puisque par le langage c'est tout un milieu de règles, normes et édictions de comportements qui enveloppe l'*infans* et le pénètre intimement. On

1. *Le Gai Savoir*, par. 354.

comprend mieux aussi, autre conséquence de taille pour la morale, sa fragilité et sa précarité. Des parents anarchistes peuvent s'imaginer donner une éducation libertaire et sans contraintes à leur progéniture ; ils ne peuvent toutefois s'empêcher de les mettre devant des règles socialement constituées, tout en pouvant gravement compromettre l'avènement d'une conscience mûre et ferme si par ailleurs ils piétinent ces même règles par leur propre comportement. S'ils se persuadent qu'ils peuvent abdiquer par libre décision leur rôle de représentants de la Loi, ils se mettront dans un porte-à-faux redoutable et empêcheront une rencontre et une confrontation nécessaires au surgissement d'un désir authentiquement humain. Les séquelles en sont connues : angoisse d'individus déstructurés, fuite en toutes sortes de paradis artificiels, incapacité à s'engager de manière durable, instabilité psychologique et morale. Il ne s'agit d'ailleurs pas de faire des cas d'espèce : une éducation rigoriste ne pose pas les conditions d'un accès heureux et épanoui à la conscience morale plus sûrement qu'une éducation anarchisante. C'est que nous voyons mieux en effet que la relation entre désirs est toujours elle-même médiatisée par des affects et des pulsions marqués par les individualités singulières. Une éducation rigoriste peut donc être elle-même entachée par un contexte affectif morbide et répressif qui ne constitue pas le contexte idéal pour une structuration heureuse de la conscience morale. Cette remarque ne fait qu'ajouter à notre étonnement de départ, lequel, on s'en souvient, nous conduisait à parler de « miracle » à propos du surgissement de la conscience. La psychanalyse, notamment dans sa version freudo-lacanienne, contribue à amplifier l'étonnement, quand on pressent toutes les interférences et tous les pièges des relations entre éducateurs parentaux et éduqués ! Le miracle, si miracle il y a, tient bien à ce que jamais quelque chose comme une conscience droite ne devrait surgir au cours de ce que les psychologues décrivent comme une dramaturgie souvent compliquée. Et cependant, blessée, meurtrie, incertaine de soi, la conscience se met bien en place comme cette instance à partir de laquelle l'individu en vient à juger, à se lier ou à refuser ce que les règles reçues lui ont inculqué !

Mais ces perspectives montrent aussi que sans l'apport éthique venant des traditions sociales, la conscience resterait informe et vide, ou la « voix » sans paroles. En ce sens, l'éthique compense une essentielle inconsistance de la conscience en tant que telle, et il est donc bien vrai que les règles reçues substituent un ensemble de normes à la fragilité de l'individu qui, laissé à lui-même, ne connaîtrait que périls et finalement mort, en le fortifiant et au sens rigoureux du terme en lui donnant structure, ossature, fermeté. Ici encore l'anthropologie culturelle démontre le caractère compensateur de toute éthique : sans elle l'individu ne sortirait pas de l'indistinction, et il ne sort de son incertitude première que par la rencontre des interdits sociaux structurants. On comprend alors aussi pourquoi on peut toujours accuser l'éthique d'être un alibi, de substituer à une prétendument belle spontanéité naturelle le carcan des obligations sociales. Ce reproche est parfaitement justifié, car tels sont bien en effet le rôle et la fonction de l'éthique ; reproche justifié à ceci près que sans cette rencontre et cette intériorisation de l'éthique, la belle individualité « naturelle » et « spontanée » n'existerait tout simplement pas, puisque l'*infans* ne parviendrait jamais au langage, donc à l'affirmation de soi. Aussi est-il vain de vouloir remonter à une naturalité instinctive pure et droite qu'auraient déformée les régulations éthiques reçues dans l'éducation. L'être humain est éthiquement éduqué, ou il n'est pas ; il est pétri de normes reçues, ou il ne sort pas d'une mortelle indistinction ; il est foncièrement culture dès la manière de vivre son corps, ou il demeure dans l'inconsistance. Mais cette hypothèse même n'a pas lieu d'être, car toujours déjà l'*infans* est pris dans un réseau de relations qui l'informent, quoi qu'il veuille et quoi qu'on veuille. En ce sens l'éthique, non seulement nous colle à la peau, mais est plus intérieure à nous-mêmes que nous...

Conscience et liberté

Désir et nihilisme

L'inculcation des règles admises risque bien d'aboutir à la paralysie ou à l'étouffement si elle ne suscite pas, en l'*infans* qui les intériorise, le *désir*. On touche ici l'ambiguïté de toute éducation, et on retrouve alors la justesse des critiques citées à l'instant ; car si la rencontre des règles, toute nécessaire qu'elle soit, enferme l'*infans* dans un carcan, si elle lui apparaît comme un corset de contraintes écrasantes, elle ne suscitera pas de sujet moral. Nous retrouvons l'idée selon laquelle cette rencontre a quelque chance d'aboutir à autre chose qu'à une déformation, seulement si elle est portée par le désir de susciter le désir. Il faut qu'à travers l'inculcation des règles, l'*infans* sente le désir des adultes de le voir tenir son rôle et de répondre personnellement aux attentes à lui adressées à travers l'éducation. Voilà bien un nouveau paradoxe sur le chemin difficile de l'avènement de la conscience : sans confrontation à la Loi, pas de suscitation de la conscience ; sans rencontre des règles, l'indistinction ; mais la rencontre des règles peut aboutir à l'écrasement. Solution du paradoxe ? Que la rencontre des règles suscite le désir de les suivre, que le désir qui porte les règles se dévoile comme plus fondamental et plus décisif que les règles ! Comment une telle contradiction peut-elle trouver sa solution ? Sinon parce que effectivement dans la plupart des cas, et avec des aléas et des frustrations inévitables, elle la trouve... Ce qui indique aussi que le rapport de quiconque avec l'univers éthique ne peut jamais relever de cette objectivité qu'on est censé trouver dans l'univers des lois scientifiques, puisque chacun a été affecté (dans tous les sens du mot) par l'intériorisation de la loi. On en conclura encore que le désir moral n'advient jamais à lui-même selon un déploiement mécanique bien assuré ; il reste toujours affecté de fragilités et d'incertitudes ; il n'est pas non plus donné une fois pour toutes, mais il

148

peut connaître des crises, s'éteindre, s'atténuer, se déformer. On peut même dire que parce qu'il est lié à la relation, il ne s'épanouit que dans la relation, ce qui signifie qu'il doit être sans cesse sollicité et « entretenu » dans le jeu des relations humaines. D'où la place dans toute vie morale des « exemples », des témoignages, des provocations à se réveiller et à entretenir la flamme. On n'advient pas en effet à la morale comme on accéderait un jour à un pouvoir définitivement établi ; cet accès doit être toujours à nouveau provoqué. Tel est le rôle de tous ceux qui dans une société rappellent les exigences d'une vie humaine authentique.

A ce titre, la conscience demande à être instruite en permanence, et ici le rôle des traditions morales et religieuses, notamment des Églises comme communautés interpellatrices, est essentiel, et pas seulement pour l'enfance, mais de manière constante. Derechef, il faut écarter l'illusion, plusieurs fois décelable chez un Bonhoeffer par exemple, selon laquelle l'homme (moderne en particulier) serait adulte ; en morale, personne ne peut se prévaloir d'être adulte, c'est-à-dire dans la pleine possession d'une conscience morale avertie, décidant par soi seule et dans la certitude tranquille de son bon droit. L'adulte en morale est au contraire celui qui sait qu'il a besoin d'être éveillé, secoué, interpellé, contesté pour que surgisse en lui une exigence morale véritable. Celui qui sait aussi qu'il doit à son tour savoir contester et secouer pour que les consciences ne s'affaissent pas dans la routine ou l'aveuglement conformiste. Donc celui qui sait que la relation lui est essentielle et que cette exigence du lien est permanente : non pour le temps de la dépendance enfantine, mais pour mener une vie d'adulte.

A partir de là, il serait possible de développer une pathologie du désir moral. Nous l'avons dit : il est inutile de rêver d'un désir moral imperturbable et fonctionnant à la manière d'un instinct infaillible. Nous avons à comprendre que ce désir peut être annihilé, disparaissant chez tel ou tel individu, ou mal éveillé. Ceci, qui reste toujours vrai, semble particulièrement aggravé dans le contexte contemporain. Car d'innombrables forces sociales et culturelles se coalisent pour déliter le désir du dedans et tuer le désir de désirer. Le règne du « à quoi bon ? » correspond au règne du *nihilisme* ; mais on s'illusionnerait si l'on ne voyait dans ce « peu importe » généralisé qu'un phénomène de surface, provenant par exemple d'une sorte d'affolement des consciences devant la multiplicité déconcertante ou paralysante des choix. Le nihilisme est une maladie de la volonté, celle qui porte la volonté (ou le désir) à ne pas se vouloir, et donc à ne rien vouloir ou, selon la célèbre analyse de Nietzsche, à vouloir le rien, le néant, la mort, le vide [1]. Il n'est pas exagéré de voir en cette maladie le défi majeur auquel fait face la morale aujourd'hui, pas exagéré non plus de remarquer qu'il n'est pas à ce mal de solutions simples. Car comment surmonter l'affaissement du désir, s'il est cette source ou ce dynamisme d'où tout surgit et sans lequel rien n'a lieu de véritablement humain [2] ? Nous aurons à dire ultérieurement en quoi l'entrée dans les perspectives de la foi chrétienne peuvent contribuer au dépassement du nihilisme ; car si le nihilisme est une maladie du désir, seule la certitude d'être désiré peut susciter le désir en retour ; et comment ne pas voir que le christianisme met l'homme devant un Dieu-Père de désir l'appelant à la Vie ? Pour le moment, il faut à la fois prendre toute la mesure des dimensions de cette maladie, et ne pas s'illusionner trop vite sur les solutions et les dépassements commodes. Vraisemblablement, cette situation nihiliste constitue la *Stimmung* de notre temps, et, comme telle, elle affecte ceux-là mêmes qui s'en croient le plus éloignés : nous l'avons montré jadis à propos des discours rigoristes et tutioristes qui constituent d'assez bonnes expressions de cette maladie [3].

Toutefois, s'il apparaît que le diagnostic concernant cette maladie désigne l'affaissement du désir comme source du nihilisme, on peut envisager les voies d'un « traitement ». Importe avant tout que

---

1. Cette analyse a été développée dans *Inévitable Morale*, Paris, Éditions du Seuil, 1990, p. 194 *sq.* ; elle est présupposée ici.
2. Habermas ne semble pas apercevoir la gravité de cette situation quand il propose son éthique de la discussion. Pour entrer dans la quête de l'universel, encore faut-il vouloir quelque chose plutôt que rien. Son débat avec Nietzsche montre qu'il n'a pas vraiment entendu le diagnostic nietzschéen, dont il ne retient qu'une critique de la raison. Ainsi dans *Le Discours philosophique de la modernité*, Paris, Gallimard, 1988, p. 102-127.
3. Cf. *Inévitable Morale, op. cit.*, p. 197.

le désir soit suscité et que, suscité, il se veuille moral. Or, si cette suscitation est si délicate de nos jours, est à mettre en cause, certes, un ensemble de relations sociales déstructurées au sein desquelles il n'est plus possible au désir de se fixer. Mais comme le moraliste n'a pas pour tâche de proposer la société nouvelle qui, par enchantement, aurait résolu ses contradictions, comme il a bien plutôt à indiquer ici et maintenant les voies possibles à l'intérieur d'une situation de violence (ainsi qu'on l'a vu précédemment), on se bornera à formuler quelques suggestions.

Il est clair d'abord que, selon la pente d'un nietzschéisme extrême, et d'ailleurs peu respectueux des propos les plus nets de Nietzsche, on pourrait s'abandonner au nihilisme et en jouer, en quelque sorte. Le jeu de la dérision est aujourd'hui bien porté et commercialement prospère. La complaisance pour les affaissements du désir fait recette, soit sous les couleurs du portrait jubilant d'un individualisme béat dont on ne veut retenir par principe que les ébats sans conséquences [1], soit à l'inverse dans les descriptions élaborées et minutieuses des impuissances du vouloir, prétendument prisonnier d'un monde de pure fiction insaisissable [2]. Nous l'avons dit : l'option du moraliste n'est pas de jouer la carte de la flatterie narcissique, ni non plus d'enfoncer ses contemporains dans leurs désarrois, mais de tenter de montrer les voies possibles d'un avenir raisonnable, à qui du moins accepte de s'émanciper des vogues ensorcelantes.

Dans cette hypothèse, on peut avancer qu'un désir ne parvient à se structurer ou à se poser que dans le pressentiment d'un obstacle. Est moralement structurante l'expérience de l'inacceptable, du refus, ou de la révolte devant ce qui ne devrait pas être. Pour un désir enlisé ou incapable de (se) vouloir, ce ne sont sans doute pas les idéaux les plus élevés qui sont mobilisateurs ; ceux-ci risquent bien plutôt d'écraser encore un peu plus un désir déjà évanescent. Par contre, l'expérience d'un mal ou d'une violence déterminée peut susciter une réaction et une prise de conscience parce qu'elle met

1. Cette pente est tout à fait nette dans l'œuvre de Gilles Lipovetsky.
2. Selon la ligne assez morbide du dernier Baudrillard.

devant une réalité impossible à accepter comme telle. Ici encore il ne faut pas rêver d'une automaticité de la réaction, mais plutôt bien mesurer la puissance du négatif (pour employer un grand mot) dans la tâche de suscitation du désir : celui-ci peut accéder à lui-même dans la conscience de ce qu'il ne peut pas vouloir et donc de ce qu'il doit positivement écarter. En ce sens, l'expérience d'une certaine violence scandaleuse et inacceptable dans le monde peut être à la source de la conscience morale.

Il ne s'agit pas de provoquer la peur, selon la dangereuse proposition faite par Hans Jonas [1], à partir d'un pronostic selon lequel il faudrait donner plus de crédit « à la prophétie de malheur qu'à la prophétie de bonheur ». Briser les sortilèges des enchanteurs est une chose, et l'on doit y travailler ; se livrer inconsidérément aux extrapolations des apocalypticiens en est une autre, et l'on doit précisément exorciser les futurismes pessimistes et nébuleux pour mettre les consciences devant les violences et les périls présents. Seule cette perspective est mobilisatrice et ouvre à la responsabilité actuelle et réelle ; à cet égard, il est significatif que Jonas reste parfaitement vague quant à proposer concrètement ce qui peut et doit être fait, « l'évidence archétypique du nourrisson pour cerner l'essence de la responsabilité » (p. 184) ne nous frappant pas aussi nettement que l'éminent philosophe...

Ainsi doit-on se demander s'il ne faudrait pas réécrire aujourd'hui des « éléments pour une éthique », selon le titre du livre de Jean Nabert ; mais au lieu de partir de ces « données de la réflexion » qu'étaient pour lui « l'expérience de la faute », « la signification de l'échec », et « l'approfondissement de la solitude », il conviendrait d'évoquer quelques refus à partir desquels la conscience peut rejoindre ce que Nabert appelait « l'affirmation originaire ». Pour éviter l'enfermement de la conscience sur elle-même, il faudrait à la différence de Nabert partir de « données » prises dans l'objectivité de l'histoire, et non dans les expériences intérieures que sont faute, échec ou solitude, lesquelles, en contexte nihiliste, risquent

---

1. Hans Jonas, *Le Principe responsabilité. Une éthique pour la civilisation technologique*, Paris, Éditions du Cerf, 1992, p. 54.

bien de ne plus fournir le ressort qu'en attendait la philosophie réflexive, mais de provoquer des effets inverses. A ce titre, la référence à Hobbes peut encore nous aider ; imaginant une condition naturelle dans laquelle l'individu est confronté à certaines expériences qu'il se doit de refuser, Hobbes met le doigt sur cette présupposition fondamentale grâce à laquelle une conscience découvre ce qu'il appelait lui-même les lois morales : ne pas vouloir donner la mort ou ne pas la subir, telles sont des expériences de fond, qui mettent d'ailleurs devant un interdit structurant, le « tu ne tueras pas » (ou tu n'accepteras pas d'être tué, selon les perspectives hobbesiennes).

Le tranchant du jugement

L'expérience de l'intolérable peut aider le désir à se constituer ; car une telle expérience, quand elle est possible, va de pair avec celle d'un certain jugement, au moins inchoatif. Par là en effet on est amené à ne pas tout accepter, à sortir de l'indistinction, à ouvrir un espace dans lequel les réalités prennent une disposition ordonnée ou hiérarchisée. Énoncer qu'en aucun cas on n'acceptera telle violence (mépris d'autrui, mensonge, trahison de sa parole...), c'est à la fois repousser des options et s'engager sur une voie précise. C'est donc éliminer en triant, prononcer qu'on s'estime tenu de suivre une direction, considérée comme bonne. Bref, c'est faire œuvre de jugement. Il n'est guère étonnant, dès lors, que la conscience morale ait pu être identifiée à une sorte de tribunal, et que le langage moral, comme on le constate chez Kant, emprunte tellement au vocabulaire de la justice. On peut certes donner une interprétation barbare de cet usage, et l'on retrouverait alors la dénonciation nietzschéenne des « métaphysiques de bourreau » qui sous-tendent nos morales traditionnelles [1]. Mais pour échapper à une telle condamnation, il faut retrouver la signification simple

---

1. Nietzsche, *Le Crépuscule des idoles*, « Les quatre grandes erreurs », par. 7 (à propos du christianisme).

et inévitable de ce vocabulaire : l'œuvre de justice consiste fondamentalement à trier dans une réalité complexe, donc à éliminer le trop-plein pour cerner avec rigueur la nature des faits ; elle consiste encore à identifier le cas, donc à trancher entre de multiples possibilités, et ainsi à ordonner les choses ; elle cherche enfin à porter un jugement, c'est-à-dire à subsumer sous une catégorie le comportement en cause (ceci est un crime avec préméditation, ou cela un homicide involontaire). Tous ces traits caractérisent également le jugement moral, et en tant que tel, avant même de révéler une logique de bourreau ou d'encourager une culpabilité. Un jugement de ce type tend au contraire à délivrer des approximations troublantes, à identifier le cas pour ne pas le confondre avec d'autres, donc à situer une responsabilité précise, évitant ainsi qu'on ne se croie tenu de porter à soi seul le poids du monde. Une telle tâche est déculpabilisante, à l'inverse de ce que pense Nietzsche, parce qu'elle aboutit à une juste appréciation de la responsabilité, qu'elle délimite en la distinguant de ce qu'elle ne doit pas assumer, du moins quand elle est bien menée. Le jugement tranche, et en cela il sépare de toutes les charges écrasantes ou des accusations illégitimes [1]. L'innocence à laquelle vise l'attitude nietzschéenne serait à jamais impossible sans ce travail d'élimination et de séparation, parce que la conscience porterait indéfiniment remords ou culpabilité envers ce dont elle ne se serait pas séparée, et elle deviendrait incapable d'aucune décision.

C'est dans ce processus de jugement que le désir se fait volonté ; et si jusqu'ici nous avons parfois identifié les deux termes, il importe d'indiquer que la volonté n'est rien d'autre que le désir faisant réflexion sur soi et s'assumant comme vouloir, dessein ordonné, aptitude à juger. En posant un lien si intime, on évite les cassures entre ce qui est effectivement vécu et ce qui doit être, au profit d'une continuité maintenue et d'une différenciation progressive.

---

1. L'incapacité à trancher, donc à refuser, est certainement l'une des maladies parmi les plus graves de la volonté morale actuelle. Le triste héros des *Nuits fauves*, film de Cyril Collard, séropositif, ballotté entre des amours transitoires, exprime bien la cause de ce mal quand il dit : « Je ne sais pas dire non ; on m'a jamais appris. »

Un désir qui ne s'assumerait pas comme volonté resterait aveugle et sans raison ; une volonté qui ne trouverait pas sa fécondité renouvelée dans un désir toujours vivant se perdrait en velléités ou se dessécherait dans les raideurs volontaristes. Il n'en reste pas moins que le passage à une volonté jugeante introduit une distanciation, puisque le résultat du jugement sera bien la formulation d'une sentence du genre : je ne peux pas faire autrement ; je me sens tenu de dénoncer cet état de choses, de refuser le mensonge facile ou l'infidélité à sa parole, de renoncer à ce coup bas contre un concurrent... L'instance du jugement divise donc le désir d'avec lui-même ou introduit une césure dans le sujet. En ce sens, comme l'a remarqué Lévinas, l'entrée dans le jugement moral suppose toujours une violence sur soi, et éventuellement contre soi. Si les naturalismes font rêver d'une morale en pente douce et sans cette dissociation où peuvent se nicher en effet toutes les culpabilisations morbides, une conception saine de la morale ne peut ignorer cet état de choses, sans laquelle aucun jugement moral ne serait jamais porté [1]. Certes, il faut sans doute éviter de chosifier une telle dissociation, ce qu'on ferait par exemple en identifiant trop vite la rupture comme rupture entre sensibilité et raison, affectivité et jugement, désir et volonté consciente de soi. Il n'en reste pas moins que l'entrée dans le régime d'une volonté proprement morale suppose bien que le sujet prenne sur lui le point de vue de la conscience jugeante, et donc vive un dédoublement de soi.

Le bonheur d'être moral

Ce passage peut être particulièrement laborieux, notamment sous le règne du nihilisme. Et cependant il ne faut pas cesser d'affirmer qu'il convient de considérer ce passage comme désirable et donc

---

1. Comment comprendre que Habermas renoue avec le rêve d'« une entente sans contrainte », alors qu'il n'est pas d'accord authentique en morale qui ne soit accord sur un devoir-être qui oblige ? Ou alors les exaltantes recherches d'échange universel ne sont que quête d'un unanimisme facile.

aussi comme bénéfique. L'homme peut trouver satisfaisant et comblant pour lui de se constituer en sujet moral, et à l'inverse comme déshonorant et avilissant de ne pas le faire. Le désir doit être aussi désir d'être moral, c'est-à-dire de se comporter dignement comme homme. Nous croisons ici le foyer à partir duquel il est sans doute possible d'entendre les perspectives ouvertes par Kant autrement que comme un formalisme et un rigorisme inhumains. Car pour lui l'accès au jugement moral présuppose que la liberté se veuille morale, donc que l'homme désire se considérer plutôt comme un être de moralité que comme un être livré à ses caprices. En d'autres termes, il s'agit qu'il trouve belle, bonne, honorable et comblante une telle attitude envers soi-même et envers le monde. L'ouverture à la morale suppose par conséquent une option, qui peut ne pas être prise ; elle n'est nullement l'effet d'un automatisme ou la conformité à des obligations sociales imposées ; elle ne s'impose en aucune façon comme une nécessité « naturelle ». Il s'agit que « l'être raisonnable » se considère lui-même comme législateur, se fasse donc législateur, prenne sur lui « le point de vue » du législateur.

L'expression de « point de vue », étonnamment nietzschéenne, revient avec insistance dans les *Fondements de la métaphysique des mœurs* ; elle suppose qu'on adopte, ou qu'on refuse d'adopter, un certain angle de regard sur soi et sur le monde. Car « tout être raisonnable, comme fin en soi, doit pouvoir, au regard de toutes les lois, quelles qu'elles soient, auxquelles il peut être soumis, se considérer en même temps comme auteur d'une législation universelle, car c'est précisément cette aptitude de ses maximes à constituer une législation universelle qui le distingue comme fin en soi [1] ». Que tout « être raisonnable » puisse adopter un tel point de

---

1. *Fondements de la métaphysique des mœurs*, 2ᵉ section dans *Œuvres philosophiques*, t. II, Gallimard, 1985, p. 305-306. Cette dualité de point de vue est si essentielle qu'on comprend mal comment Habermas peut se dire kantien tout en renonçant à ce qu'il appelle les deux règnes ; comment être fidèle à une philosophie si l'on en « bricole » la logique et substitue des pièces nouvelles dans une problématique qui appelle réinterprétation, mais pas démantèlement ? Cf. *De l'éthique à la discussion*, Paris, Éditions du Cerf, 1992, p. 24.

vue, donc entrer dans une logique d'une décentration de soi, et non rester muré dans une pure immanence close, suppose qu'il soit désirable de se situer ainsi et donc que l'homme pressente que vouloir se donner à soi-même la loi (principe de l'autonomie morale) coïncide avec sa propre dignité d'homme, comme le souligne Kant immédiatement après le passage cité à l'instant. Se vouloir raisonnable, c'est donc aussi vouloir se comporter comme tout autre homme le ferait, à supposer qu'il adopte ce même point de vue ; c'est sa dignité « qui implique qu'il doit considérer ses maximes toujours de son point de vue à lui, mais qui est aussi en même temps le point de vue de tout être raisonnable conçu comme législateur ». Kant considère même que cette décision de se vouloir moral recouvre très exactement le concept de *personne*, montrant par là qu'un tel concept trouve son horizon de sens sur le plan moral, en tant qu'il désigne cette aptitude qu'a l'homme de se vouloir moral.

Se vouloir moral, ou se considérer comme personne, c'est équivalemment opter pour la liberté. On comprend qu'il s'agit moins d'une sorte de qualité dont l'homme serait doté, avec le risque récurrent de mettre en doute cette qualité par rapport aux déterminismes divers, que d'une manière de se situer par rapport à soi-même et par rapport au tout des choses. La liberté est alors ce geste par lequel on choisit de se vouloir obligé ou tenu par des obligations grâce auxquelles on honore en soi et en autrui son humanité. Option libre de la liberté, option libre à la liberté, donc option qui doit être soutenue et entretenue. Or quel est finalement le but d'une éducation correcte, sinon de susciter chez l'enfant le désir de se comporter en être libre plutôt qu'en être dépendant de ses pulsions ou des influences extérieures non critiquées ? La liberté consiste alors à se considérer soi-même comme le lieu d'une tâche (autre nom du « devoir »), ou d'une entreprise d'humanisation passionnante puisque justement elle relève de l'initiative et de l'art de chacun. Exprimée en ces termes, une telle tâche n'a pas de terme, et la liberté ne peut être considérée comme une sorte d'état dont on jouirait, qu'on posséderait, qu'on aurait atteint : elle est une option toujours ouverte, plus ou moins ouverte certes selon les circonstances et les contraintes factuelles, mais pas une rente de situation dont on tirerait bénéfice.

Faut-il insister ? Ce vouloir-devenir-libre ne se prend pas dans le vide et hors situation historiquement déterminée. Hegel a eu raison de montrer le danger du formalisme qui guette toujours les affirmations « pures » de la morale ; il a non moins eu raison de rappeler que la règle de l'universel, ou la vie de la liberté ne s'éprouve que dans le concret des situations, ou que le devoir ne se rencontre que dans les devoirs multiples de la vie quotidienne [1]. Par définition, l'universel universalise le particulier, ni il ne l'écrase en l'englobant ou l'absorbant, ni il ne l'ignore. Contre tout formalisme, il faut d'ailleurs remarquer que Kant maintient toujours qu'il faut universaliser *une maxime*, c'est-à-dire opérer un travail sur un donné qui vient d'une impulsion subjective ou d'une règle socialement donnée. Loin de nier ou de mépriser cet apport, l'universalisation de la maxime n'aurait aucune portée sans lui. On comprend mieux, du coup, que la liberté ne soit jamais vécue comme un état éprouvé ou possédé ; elle suppose son autre qu'elle cherche à transformer ou à assumer ; elle est plutôt une tâche *(Aufgabe)*, un devoir, une exigence à honorer à chaque fois et en chaque cas déterminé. Elle fait corps avec la possibilité d'initiative, et s'éprouve dans l'adoption de ce point de vue sur soi qui introduit du nouveau dans la continuité d'une destinée ; elle est donc pouvoir de se lier selon la raison en ouvrant une orientation que l'on estime désirable.

Une liberté idéale ?

On ne manquera pas d'objecter à de tels propos qu'ils font peu de cas de tous les êtres humains blessés par la vie (éducation inco-

---

1. Hegel, *Principes de la philosophie du droit*, par. 137, rem. : « Ce que sont le droit et le devoir est le rationnel en soi et pour soi des déterminations de la volonté. Essentiellement, ce ne peut être ni la propriété particulière d'un individu, ni dans la forme d'un sentiment ou de quelque autre savoir particulier, donc sensible, mais cela dépend de déterminations universelles pensées, c'est-à-dire se présente sous forme de lois et de principes. La conscience morale *(Gewissen)* est donc subordonnée à ce jugement : est-ce véritable ou non ? et sa référence à son moi propre est opposée à ce qu'elle veut être : la règle d'une conduite rationnelle valable universellement en soi et pour soi. »

hérente, faiblesse psychologique, jeu de circonstances et cercles vicieux de la criminalité...) pour qui ces beaux discours semblent flotter loin de leur existence tourmentée. Ce tableau idéal de la liberté vaut-il effectivement pour tous, et n'est-il pas à la limite une injure envers ceux et celles qui sont pris dans les rets d'une destinée marquée par les frustrations affectives, la violence et le crime ? Ici, comment récuser le témoignage de tant d'éducateurs sociaux au contact permanent de personnes qui, malgré toute leur bonne volonté, l'entraide reçue, les appuis secourables, semblent enfermées dans le cercle de la délinquance ? De ces « rechutes » innombrables et éprouvantes, faut-il conclure à l'absence de liberté et dès lors désespérer de ces êtres ?

Cette objection mérite d'être considérée avec le plus grand sérieux. Trop de discours éthérés et sublimes sont en réalité des dénis de réalité et entretiennent des illusions redoutables. Aussi bien ce qui précède n'a rien d'idéaliste, et l'affirmation défendue ici d'une liberté liée à un pouvoir d'initiative concrète et limitée, mais capable de desserrer quelque peu l'étau des contraintes de toutes sortes, n'a rien de triomphaliste. Elle n'entretient aucune illusion sur une liberté à laquelle il n'est pas annoncé qu'elle règne dans un ciel dégagé. Elle met chacun devant une possibilité qu'il peut ou non rendre réelle. Elle ne promet pas de déboucher dans un univers délesté de l'écheveau des pulsions et des désirs, ou malléable à merci selon le bon vouloir. Mais surtout on doit bien mesurer ce qu'impliquerait la thèse selon laquelle en effet la liberté serait un leurre, au moins pour certains. Car si la liberté, telle qu'on l'a définie, est bien cet acte par lequel l'homme imprime sa marque à ses faits et gestes, leur donne une estampille proprement humaine, il serait tout à fait grave d'affirmer que quelques-uns sont dépourvus d'une telle « faculté ». Affirmer une telle liberté ne revient pas à tenir qu'on peut sortir comme par magie du cercle des handicaps et des servitudes ; en revanche la nier équivaut à refuser la qualité d'êtres humains à certains sous prétexte qu'ils ne sont point conformes aux codes convenus, aux comportements attendus ou aux attentes mises sur eux. Si la liberté est cet acte par lequel chacun tente de se hausser au point de vue par lequel il se constitue comme personne, la possibilité d'un tel acte doit toujours être présupposée. Qu'il s'agisse là d'une sorte de pari sur l'homme plutôt que de la proposition sereine d'une qualité inhérente et acquise, dont on jouirait sans peine, il faut l'admettre. Mais devant le plus grand délinquant même, le devoir élémentaire d'humanité consiste à le tenir pour apte à se vouloir homme, non (faut-il insister ?) à le croire capable de toutes les vertus et de toute forme d'héroïsme ; ce devoir, devoir de reconnaissance, par lequel dans sa dépravation même on cherche à discerner l'humanité au moins germinale, est la condition par laquelle et grâce à laquelle lui-même pourra aussi se considérer comme homme et vouloir ne pas désespérer de soi, donc entreprendre avec ses moyens propres la tâche d'humanisation qui fonde et structure son sens de la dignité. Nier une telle aptitude, c'est bien en effet nier l'homme même et l'exclure de la commune humanité, jamais acquise, toujours à vouloir à nouveau. Or, il faut aller jusqu'à dire que désespérer d'un tel être, c'est aussi désespérer de nous en tant que nous ne nous estimons plus capables de faire désirer à autrui la liberté qui nous constitue comme hommes...

Conscience et histoire

La conscience demande à être instruite, puisqu'elle n'est pas toute préformée dans l'*infans*. Mais est-elle jamais formée, assurée d'elle-même, fonctionnant à la façon d'un organe épanoui et maître de ses puissances ? Bien évidemment non. C'est pourquoi il faut encore insister sur ce fait que la conscience ne cesse d'avoir à être instruite tout au long d'une histoire, qu'elle peut donc être faillible, qu'elle a besoin de recevoir d'autrui ou de l'expérience impulsions, motivations, encouragements. Nous n'avons rien suggéré d'autre en retraçant les aventures de son avènement sous forme d'une liberté finie et précaire.

Expérience et situation

On l'a aperçu à propos de nos réflexions sur Rousseau. La conscience n'est pas un soleil brillant de tous ses feux et en permanence sur un paysage dégagé. Elle doit être suscitée par l'expérience ; et la rencontre du mal ou de l'inacceptable, de la barbarie dans l'histoire ou en soi constitue le choc à partir duquel elle se trouve provoquée. C'est que la conscience est toujours conscience-de ; des analyses de la phénoménologie sartrienne, nous pouvons retenir cette idée qui passa parfois pour un slogan réducteur. Maine de Biran, bien avant Sartre, avait montré que la conscience s'affirme à partir de et dans l'expérience de l'effort. Or la conscience morale a besoin d'être tirée de sa léthargie ou de son silence par des expériences qui la provoquent. Il faut ici sortir des schémas de la belle âme, enfermée dans la complaisance en soi, tout autant que de la philosophie morale que ces analyses impliquent ; il n'est pas de belle âme heureuse de jouir de soi et qui, dans un second temps, se risquerait à prendre ou à perdre pied dans l'histoire, qui donc trouverait par après à instituer une relation à ; chacun est depuis toujours inscrit dans une histoire, pris dans les obligations de l'existence quotidienne, sollicité par mille attentes de son entourage, ou obligé de répondre à ses propres besoins personnels. C'est du dedans de cette histoire et sous la pression des urgences que chacun est amené à décider, à choisir, à opter pour ceci plutôt que pour cela. Conscience-de, où la relation (le « de ») joue un rôle actif de suscitation et d'émergence. Ainsi personne ne décide pour le plaisir, et comme à partir de plans préétablis ou programmés dans une intériorité jalousement gardée. Mais chacun se trouve soit devant des problèmes quotidiens pour lesquels des réponses toutes faites (les habitudes) sont là, soit, et c'est cela qui nous intéresse, devant des sollicitations qui appellent initiative et investissement original. Rarement ou jamais une conscience ne décide dans le vide, mais toujours par rapport à et dans un contexte bien déterminé. C'est l'extériorité qui l'instruit et la porte à l'action. L'impulsion à agir vient davantage des appels d'une situation (métier, engagements familiaux, imprévus des circonstances...) que d'un mouvement venant de soi. Or il y a dans l'ouverture à l'expérience en tant qu'elle se présente et s'impose un lieu éminent d'instruction de la conscience. C'est le « réel » ici qui instruit, surtout si, loin d'être murée sur soi, la conscience sait discerner l'événement comme un maître, selon la formule de certains auteurs spirituels.

Car l'événement est lourd d'obligations très souvent, pour ne pas dire toujours. S'y soustraire sous prétexte de suivre un idéal prédéterminé risque bien de murer la conscience en soi, comme on le voit dans les cas du volontarisme moral, et la détourner de cette attention au présent, qui est attention à autrui, et pour le croyant ultimement à la présence de Dieu dans l'événement. Paradoxalement, la fidélité à l'idéal exige l'abandon d'une fixation sur un idéal désincarné ou la poursuite d'une ligne de conduite inflexible. Elle est bien plutôt ouverture aux appels de l'événement. D'ailleurs quiconque entre dans ces perspectives aperçoit sans peine qu'une telle fidélité entraîne infiniment plus d'exigences effectives que les volontarismes de l'idéal, si gratifiants pour ceux qui s'y conforment, si écrasants pour l'entourage qui subit les obstinations des vertueux inflexibles ! Car l'événement, ou l'expérience telle qu'elle se donne immédiatement, n'est pas une réalité informe et sans consistance. S'y ouvrir, c'est découvrir d'abord une obligation d'action, mais c'est tout autant apercevoir que cette rencontre est tissée de possibilités et de virtualités qui ouvrent des voies sur lesquelles s'engager. L'événement est porteur de raison, et en un sens tout à fait exact le réel est rationnel : car se trouver devant la nécessité de décider amène à prendre en compte les composantes d'une situation, à tenter d'y lire de quoi elle est faite, quelles possibilités diversifiées elle ouvre. L'attention à l'événement suscite et provoque l'intelligence : qu'implique cette situation? De quels enjeux est-elle porteuse? Quelles possibilités offre-t-elle? Quel est le poids relatif de ces possibilités en termes d'efficacité, de moralité, de construction de l'avenir? Et il n'est pas de situation qui, analysée ou prise au sérieux, ne révèle les linéaments d'une prise sur elle, donc ne renvoie à une action possible. On le voit : l'ouverture à l'événement est une exigence morale, car c'est l'événement qui est porteur de raisons à découvrir comme chemins d'une décision juste. Cette provocation pour que la conscience se hausse au niveau des virtualités totales de l'événement est d'autant plus rigoureuse que l'accepter délivre la conscience de ses obsessions et l'informe dans tous les sens du mot. Elle se leste ainsi du poids du réel, découvrant ce qui est possible ici et maintenant. Car l'analyse de l'événement fait vite découvrir que tout n'est pas possible, donc qu'il y a du nécessaire dans le contingent et que ce nécessaire est fécond, riche de lignes d'actions. Certes l'analyse de l'événement peut prendre de nos jours la forme savante de l'analyse décisionnelle, mettant en œuvre des outils mathématiques complexes, et en ce cas on voit bien que la belle âme est rapidement congédiée au profit d'une intelligence qui s'exerce à tester les virtualités qu'offre la situation. Mais cette analyse peut aussi n'être qu'élémentaire : elle est alors celle qui, évitant les précipitations et les entraînements de l'habitude, prend le temps de tester ce que la situation apporte d'original et en quoi elle sollicite des comportements neufs. Par là c'est le « réel » qui instruit la conscience et l'informe, non sans le travail difficile de l'intelligence et la mise en œuvre de toutes les virtualités de compréhension du contexte. Ce « réel » indique par exemple qu'en effet, contrairement aux élans généreux et mal informés, tout n'est pas possible ici et maintenant, et même que tout n'est pas souhaitable. Dans cette épreuve parfois rude pour les idéalismes et les volontarismes, le « réel » se dévoile comme ouvrant des voies pratiques, les seules vraiment raisonnables, plus raisonnables et plus fermes que les idées fixes, souvent porteuses de catastrophes pratiques, parce que précisément oublieuses des contraintes de l'action.

Ces perspectives autorisent d'ailleurs à abandonner les schémas anciens qui pensaient l'action de la liberté dans l'histoire à partir d'un déterminisme rigoureux et strict. Les théories des jeux qui servent de modèles pour les analyses contemporaines de la décision s'appuient sur une approche probabiliste du réel ; elles supposent, non point qu'en celui-ci une possibilité d'action et une seule soit inscrite, hors de laquelle il n'y aurait qu'erreur et échec, mais au contraire qu'une pluralité de lignes s'esquissent dès lors qu'on pondère les chances d'action recelées par l'événement. Toute causalité n'est pas abandonnée, puisqu'il s'agit toujours de décrypter les lignes ou les textures du réel sur lesquelles va pouvoir peser la décision. Mais on ne pense plus dans les termes d'une causalité unilatérale rapportant un événement E + 2 à l'événement E + 1. Le lien est même si intime entre virtualités du réel et analyse de la situation que ces virtualités n'apparaissent que si l'intelligence s'exerce pour les découvrir ; en ce sens, si la conscience doit s'informer du réel, celui-ci ne dicte nullement l'action, mais ce que dit le réel dépend pour une large part de l'activité d'analyse de la conscience, des instruments dont elle dispose pour appréhender la réalité, de la finesse avec laquelle elle mesure les chances d'une action. Il n'est pas étonnant que l'exercice du diagnostic médical constitue aujourd'hui le « modèle » de ces théories de l'action, bien plus que le mécanisme physique d'autrefois [1]. Car le diagnostic ne consiste pas à donner une photographie de l'état du patient qui prétendrait être le double strict et sans jeu de la réalité ; il suppose connaissances médicales, tact psychologique, flair averti, discernement des entrecroisements de facteurs, sens des lignes possibles d'un traitement adéquat, et finalement option pour un traitement estimé le meilleur possible ou impliquant le moins de risques.

S'instruire par l'argumentation

L'ouverture à la situation n'équivaut évidemment pas, on le devine, à un agenouillement devant les contraintes. Elle appelle l'exercice de l'intelligence, exercice qui se développe d'ailleurs selon des niveaux et des degrés différents d'après la décision à prendre ; il va de soi que la décision d'un entrepreneur concernant des investissements financiers lourds suppose d'autres médiations que la décision d'une personne prévoyant ses futures vacances. Mais, même

---

1. Ce que montre très bien Anne Fagot-Largeaut dans sa thèse, *Les Causes de la mort. Histoire naturelle et facteurs de risques*, Paris, Vrin, 1989, en particulier p. 341 et 373.

aux niveaux les plus élémentaires, la bonne décision requiert l'intelligence ; le sens d'autrui d'ailleurs conduit habituellement et sans grandes phrases à une réflexion simple : le service que je veux rendre est-il vraiment un service attendu et le meilleur possible ? Plus fondamentalement, et sans verser ici dans le rationalisme moral qui attribue la qualité morale d'un acte à son investissement rationnel, il doit aller de soi qu'aucune décision juste ne peut prétendre l'être si elle n'a pas été réfléchie. Autrement dit, le détour par la délibération et l'argumentation est inéluctable. Ceci encore renforce la thèse précédemment rencontrée contre le solipsisme : la bonne volonté n'est juste que si elle prend soin de s'éclairer, et la réflexion en soi-même est trop courte si elle ne passe pas par la relation avec autrui, la vérification de ce qu'on tient pour droit par rapport aux jugements de tiers, la confrontation des raisons d'agir ainsi, bref la délibération. Il y va de la crédibilité et de la qualité morale d'un acte.

Dans les débats qui opposent « communautaristes » et « universalistes », il ne fait guère de doute que ces derniers aient raison de rappeler que, dans le contexte actuel, nul n'échappe à la justification rationnelle de ses actes, que le recours aux seules traditions de sa communauté, pour autant qu'elles existent encore en tant qu'ensemble cohérent et concret de pratiques, est insuffisant et que, même si l'on s'appuie sur l'héritage des traditions reçues, encore faut-il rendre compte des raisons qu'on a de les suivre. L'appel à la vie bonne ne dispense pas de la démonstration de la qualité d'une telle vie [1]. A moins que chaque « communauté » n'élève son mode de vie comme le plus rationnel et éventuellement le seul (ce qui aurait des conséquences redoutables sur le lien social), chaque tradition doit exhiber auprès des autres ses motifs à se tenir pour juste et droite ; même MacIntyre est obligé d'admettre qu'une société moderne conjugue plusieurs traditions et qu'aucune ne peut igno-

---

1. Tel est le débat qui oppose MacIntyre à Habermas. L'opposition stricte entre les positions garde un côté scolaire et académique, utile pour faire saillir les différences, mais peu éclairante pour une philosophie de la décision concrète.

rer l'existence des autres, donc qu'elle se trouve confrontée à elles, bon gré mal gré, donc relativisée et obligée de se justifier.

En revanche parler d'argumentation et de délibération ne signifie nullement qu'on adhère à l'idéal de « la communauté de communication illimitée et sans déchirure » visé par Habermas [1], et encore moins qu'on puisse apercevoir dans cette utopie ce qui « reprend à la religion la tâche de l'intégration sociale ». La raison en est qu'aucune communication n'est de soi illimitée, mais toujours marquée par la contingence de son enracinement, de ses procédures et de ses conclusions, colorée aussi par une affectivité insurmontable, sauf à verser dans l'illusion rationaliste de la transparence humaine. L'utopie habermassienne est d'autant plus dangereuse qu'elle est irréaliste, renouant d'ailleurs avec certains rêves des Lumières ; il s'agit en effet que « l'autorité du sacré (soit) progressivement remplacée par l'autorité d'un consensus tenu pour fondé à une époque donnée [2] » ; le consensus provisoire et relatif tenant lieu du sacré : rien de plus, rien de moins... On prend ses désirs pour la réalité quand on affirme que « l'aura d'enchantement et d'effroi que diffuse le sacré, la force de fascination du sacré » seront « sublimées dans la force contraignante des prétentions à la validité critiquables et ramenées dans le quotidien ». Contre ce vieux rêve d'une substitution de la rationalité pacifiante à l'aura ténébreuse du sacré, il faut défendre la force contraignante des prétentions à la validité critique, afin de les maintenir dans la rigueur et la netteté de leur visée. Aussi bien parler, comme nous le faisons ici, d'argumentation et de délibération doit être fermement maintenu contre les risques de basculement dans les rêves forcément décevants d'une communication illimitée inaccessible et d'ailleurs vaine. La raison doit avoir toute sa place, mais elle ne doit pas se donner des prétentions qui la feront glisser hors de ses pouvoirs et vers des prétentions exorbitantes, à ce titre irrationnelles.

1. J. Habermas, *Théorie de l'agir communicationnel*. T. 2 : *Pour une critique de la raison fonctionnaliste*, Paris, Fayard, 1981, p. 109.
2. *Ibid.*, p. 88.

LA CONSCIENCE INSTRUITE

Interprétation théologique

Nous défendrons d'autant plus fermement cette affirmation que si l'on se place sur le plan théologique, et sans la confusion des genres dont le texte de Habermas témoigne, une religion de la Parole comme le christianisme n'a aucune peine à reconnaître dans le verbe échangé le fondement de tout lien naturel et historique. Mais cet échange du verbe, selon les perspectives du « Verbe incarné », n'ouvre aucune illusion rationaliste dans la direction d'un dépassement de la limite vers l'illimité ; car il maintient que l'échange doit toujours prendre corps, s'enraciner dans un jeu de relations déterminées, trouver appui sur soi (dans sa propre finitude) pour viser l'échange avec l'autre, lui-même réellement autre. L'« admirable commerce », dont parle le dogme, entre Dieu et l'homme, la nature divine et la nature humaine, n'est pas une affirmation vide ou cantonnée dans les rayons bizarres de la théologie [1] ; elle constitue en réalité le modèle de toute communication authentique, sans confusion ni séparation, où les interlocuteurs ne rêvent pas de communier dans une totale transparence (pas de confusion), mais où ils recherchent cependant une entente sur le présupposé que la séparation n'est pas le dernier mot. La théologie chrétienne la plus traditionnelle met donc en garde contre les deux dérives dénoncées à l'instant : soit celle (communautariste) du repli sur sa tradition pour préserver sa « séparation » et ses mœurs, soit celle (universaliste) de la visée communionnelle illimitée, nécessairement décevante parce que non respectueuse des conditions effectives de la communication humaine. Elle propose l'entrée dans un échange permanent grâce auquel chacun éprouve ses raisons propres en entendant les raisons d'autrui, et dépasse progressivement les limites

1. On fait allusion ici aux débats et aux conclusions qui ont marqué le quatrième Concile œcuménique de Calcédoine (octobre-novembre 451) et qui se sont prolongés dans le cinquième Concile œcuménique de Constantinople de 553 qui parle de « communication des propriétés » ou des « idiomes » à propos de la nature divine et de la nature humaine du Christ assumées par la Personne du Fils de Dieu.

167

de ses aperceptions pour s'ouvrir à plus d'universel, sans prétendre jamais coïncider avec cet idéal. Elle suppose donc aussi que
le lien social doit être tissé en permanence, qu'il n'est pas posé une
fois pour toutes ni visé comme un nouveau sacré communicationnel, mais qu'il s'agit de le fortifier dans le jeu même de la parole
échangée selon les règles de la raison et de la communication.

Elle invite donc toute conscience à se laisser informer par cette
vie de relation et à respecter les règles ou méthodes grâce auxquelles en épousant sa condition, en se soumettant aux exigences de
son actualisation, cette conscience peut non point illusoirement
échapper à sa condition, mais chercher à l'universaliser (à la divi-
niser, si l'on ose cette expression forte des Pères grecs). Ce fondement théologique de la communication ne sacralise pas le dialogue
puisqu'il présuppose que c'est par l'exercice même de ses « puissances » que l'homme entre dans ces perspectives, mais il permet
en une sorte de lecture réfléchie ou de réinterprétation seconde de
lire cet échange comme le lieu même où, dans la démarche de raison par laquelle des interlocuteurs se lient sans confusion ni séparation, une Parole structurante fonde ce lien en lui donnant sa force
intime et sa fécondité expérimentée. De ce point de vue proprement théologique, Dieu est moins l'autre extérieur à toute relation
que Celui qui du dedans même de la démarche humaine contribue
à son bien-fondé et donne le goût de s'avancer dans l'aventure de
la communication, expérimentée comme féconde et bienfaisante
(pourvoyeuse de grâce).

Ces développements permettent de comprendre combien la
conscience s'instruit par l'argumentation ; argumenter en effet
oblige à sortir de l'indistinction à l'égard de ses motivations,
contraint à expliciter ses raisons, donc fait passer à une objectivité qui donne prise au regard et à la critique d'autrui. Par là, la
conscience découvre un peu mieux ou un peu moins mal ce qu'elle
veut au juste. Mais surtout elle se met en état d'entendre les objections et remarques d'autrui, et donc de mieux mesurer l'étroitesse,
la partialité, voire même l'erreur de son point de vue. Par ce jeu
encore elle peut découvrir qu'elle avait ignoré ou méconnu des pans
entiers de la réalité et qu'une décision correcte demande de les pren-

dre en compte. Bref, ce travail constitue en acte une universalisation de soi. A qui demande si le terme « universel » a sens ou ne représente pas une illusion, il convient de répondre que ce terme ne prend sens en effet que dans l'exercice de ce rigoureux travail d'universalisation dont on n'indique ici que la nécessité et l'intérêt. Par là l'universel s'éprouve comme un *bien*-fondé, comme une perspective bonne et gratifiante à laquelle on s'ouvre ou qui vient à vous comme un don dès lors qu'on tente d'entrer dans le jeu de la communication réglée, conduite par la raison.

Car vient un moment où la démarche se retourne ; et qui a d'abord accepté d'entrer dans un jeu risqué (exhiber ses raisons, les dire en les triant de la masse de ses pulsions ou de ses projets, entendre les objections d'autrui, en tenir compte), découvre bien vite que, de sujet actif, il devient sujet passif et reconnaissant envers les gratifications de toutes sortes qu'il reçoit d'autrui, donc de l'échange, retrouvant alors infiniment plus que ce qu'il a d'abord donné. La conscience reçoit, sous la condition toujours maintenue d'avoir contribué activement, puisqu'elle se voit éventuellement confirmée par les raisons d'autrui, donc confortée en soi par l'autre, rassurée sur ses propos, encouragée à l'action ; elle se trouve ainsi fortifiée dans ses convictions par la médiation d'autrui. Mais elle reçoit encore, et peut-être surtout, quand elle a entendu la contradiction, qu'elle a découvert dans la communication le péril où aurait pu la conduire une démarche mal motivée ou assise sur des bases erronées ; détournée par autrui des chemins de traverse où elle s'engageait, elle accueille ou peut accueillir comme un bien reçu les conseils et suggestions qui lui font opérer un changement bénéfique de perspectives. Ce retournement s'opère au creux même de l'expérience humaine de la communication ; il peut être théologiquement interprété, ou vécu par le croyant comme une grâce venant certes d'autrui, mais par autrui de plus loin que lui, Dieu communiquant ses dons par les dons de ses créatures, ou la Parole se faisant féconde à éprouver le caractère vivant et structurant de la parole humaine. La conscience s'instruit alors par son expérience même et en elle de la fécondité de la Parole qui l'habite, la meut, la construit et lui donne dans la relation humaine même d'éprouver sa propre profondeur mystérieuse. Nul retour du sacral dans cette allusion au Mystère, contrairement aux illusions du rationaliste, car le sacré fascine et replie sur soi, tandis que le Mystère ouvre la conscience à elle-même au-delà d'elle-même, en la renvoyant à la relation avec autrui transfigurée comme un lieu de grâce : reçue et non due, à recevoir encore dans l'exercice même de la relation humaine inachevée et inachevable.

La prise de responsabilité

L'épreuve de l'argumentation et de la délibération ne suffit pas, et de loin, à caractériser la démarche morale ; la conscience ne sort des pièges de la communication généralisée et indéfiniment reconduite que dans la prise de décision ; ici encore l'expérience instruit. Car on ne peut pas, on ne doit pas débattre indéfiniment, et le philosophe conduit la conscience sur des voies sans issue à insister unilatéralement sur les processus communicationnels. C'est oublier en effet à quel point l'épreuve de la décision est un élément constitutif et essentiel de la vie morale. Le processus communicationnel n'a de sens que dans la stricte mesure où il débouche sur la prise de responsabilité. S'il est nécessaire sans aucun doute de poser les conditions intellectuelles de la bonne décision, donc de viser l'universel, cela n'est en aucune façon suffisant. Il faut aussi que la conscience, une fois traversée l'épreuve de l'argumentation et de la discussion, affronte une épreuve non moins difficile : celle de l'engagement sur ce qu'elle entrevoit comme juste et droit. Car l'engagement même est une nouvelle façon de se laisser instruire par l'expérience, ou d'apercevoir les limites de la discussion. La décision morale concerne en effet un individu singulier, et pour aussi constitutive que soit la discussion avec autrui, vient le moment crucial : celui où la conscience se retrouve devant elle-même et où elle doit se prononcer concrètement, s'investir sur ce qu'elle juge bon, prendre le risque de faire ceci plutôt que cela. Ici, la responsabilité de son acte revêt inéluctablement un caractère strictement personnel ; chacun doit opter, si importante qu'ait été la communication avec autrui, si averti qu'il ait été par les arguments rencontrés, et chacun optera en fonction de son passé, de son tempérament, de ses possibilités effectives à porter vraiment telle décision ; c'est donc lui, et non les autres, qui s'engage sur un acte, et il ne peut le faire que d'après ses convictions propres. Aucune autorité, fût-elle ecclésiastique, ne peut ici se substituer à cet engagement. Pour les raisons déjà indiquées ; mais pour une autre encore : seul celui ou celle qui s'engage sur son acte portera la responsabilité de cet acte, et personne d'autre. Seule donc cette personne assumera les conséquences de sa décision et en portera le poids éventuel. Voilà pourquoi, dans le domaine de la morale sexuelle et conjugale, le Concile rappelle avec sagesse et profondeur aux couples que c'est à eux qu'il revient « en dernier ressort » de décider de la manière d'assumer leur charge d'époux et de parents [1], aucune autre conscience ne pouvant se substituer à la leur. Qu'il ne s'agisse pas là d'une exaltation exclusive de la conscience apparaît clairement, puisque l'appel au « dernier ressort » implique bien que la conscience ait réfléchi sa décision. Mais qu'au total ce soient les couples eux-mêmes qui aient à assumer leur décision, à accueillir et à élever leurs enfants, seuls des tutioristes fascinés par la Loi et aveugles aux conditions concrètes de la vie morale peuvent le méconnaître.

Car si la prise de responsabilité s'inaugure avec la prise de décision, la responsabilité proprement dite consiste à revendiquer son acte comme sien, à l'assumer en en revendiquant la paternité. Ou encore, pour poursuivre selon la philosophie de la relation esquissée plus haut, un responsable accepte qu'on lui impute son acte, c'est-à-dire qu'on le rapporte à lui-même comme à son auteur. A juste titre, Kant lie le concept d'imputation à celui de personne que nous avons déjà rencontré dans ce chapitre ; si la personne équivaut à l'acte par lequel on accède au point de vue moral ou par lequel on se constitue en être moral, l'imputation est l'acte par lequel on accepte qu'autrui nous considère comme personne responsable. « L'imputation au sens moral, écrit Kant, est le jugement par

---

1. Constitution *L'Église dans le monde de ce temps*, par. 50, al. 2.

171

lequel on regarde quelqu'un comme l'auteur *(causa libera)* d'une action qui s'appelle alors un acte *(factum)* et est soumise à des lois [1].» Certes, il y a plus ou autre chose dans la responsabilité que dans l'imputation. Jean-Louis Chrétien a raison d'écrire que «répondre de ses actes est plus que d'en porter ou d'en subir les conséquences, plus que s'en reconnaître l'auteur dans un espace seulement juridique (...). Si la responsabilité exige qu'on n'esquive pas les conséquences de ses actes et leur retour parfois tragique sur nous, sous un tout autre visage que celui qu'ils eurent dans l'instant de la décision, elle ne se réduit pas à cette acceptation de l'imputabilité». On le suivra moins cependant quand il conclut : «Répondre de ses actes, ce n'est pas avoir à les porter, mais avoir à s'y comprendre, ce n'est pas avoir à les reconnaître, mais avoir à s'y reconnaître [2]», car s'il faut distinguer responsabilité et imputabilité, être responsable c'est bien aussi accepter de se reconnaître dans son acte, c'est accepter aussi qu'autrui nous identifie dans notre acte. Qu'il s'agisse là d'une épreuve, sans doute pour la belle âme mais en réalité pour toute conscience, est clair, et cependant tel est bien le régime de l'expérience morale et de la finitude humaine dans l'histoire. Ce que nous faisons n'est généralement pas sans conséquences, et il serait illusoire de s'imaginer pouvoir échapper à cette condition. Au contraire, il y va de la dignité humaine que de savoir assumer la portée de ce qui a été voulu. En ce sens une morale qui s'en tiendrait à la seule intention serait proche de l'immoralité, parce qu'elle ferait fi de cette finitude dans l'histoire par laquelle aucune décision ne reste sans conséquences.

Ceci étant dit, et en cohérence avec les analyses faites précédemment à propos de l'inconscient et du manque qui frappe toute vie morale, il faut éviter l'inflation verbale au sujet de la responsabilité. On se souvient que naguère Sartre soutenait la thèse de notre

1. Introduction à la *Métaphysique des mœurs*, par. IV, 2e remarque dans *Œuvres*, t. III, p. 475.
2. Jean-Louis Chrétien. «Entre l'obstination et la persévérance», in *Archives de Philosophie*, n° 44, 1981, p. 568.

responsabilité universelle, chacun, au nom même de sa liberté radicale et néantisante, devant assumer la totalité du monde et de l'histoire. Ces thèses ont quelque chose de grisant au premier abord, et l'on en retrouve un écho aujourd'hui à travers le thème d'une universelle responsabilité envers la nature et les générations à venir. Elles peuvent effectivement secouer de la torpeur et aider à une prise de conscience de la portée de certains actes. Comme telles toutefois, elles recèlent le danger de toute inflation : à trop gonfler la responsabilité, on aboutira vite au découragement et au désenchantement. A la proclamation que l'homme est responsable de tout, s'oppose l'expérience cruelle qu'en réalité il est responsable de bien peu de choses. Aussi faut-il défendre une philosophie modeste et réaliste de la responsabilité : les stoïciens avaient raison d'enseigner qu'il est des choses sur lesquelles nous n'avons pas prise, et même s'il n'est pas évident de déterminer ces choses, surtout à une époque où nos pouvoirs accrus démultiplient la portée de nos actes, il n'est pas sûr que nous devions rejeter complètement une telle sagesse [1]. Certes, une authentique responsabilité s'exerce à partir d'une prise en considération aussi précise que possible des conséquences prévisibles des actes, et en fonction d'une clarté aussi grande que possible des motivations. Mais sur l'un et l'autre plan, tant celui de la détermination du futur que celui de l'élucidation de nos motivations inconscientes, il serait insensé de proposer un modèle de transparence au monde ou à soi.

La perspective d'une non-maîtrise totale aussi bien du futur que de nos motivations n'élimine pas l'idée de responsabilité ; elle oblige tout au plus à écarter une inflation verbale qui lui serait mortelle. Elle rappelle aussi cette évidence que nous sommes responsables essentiellement de ce que nous avons fait, donc du passé, et non d'abord de ce que nous n'avons pas accompli ou du futur ; ou plutôt que nous sommes responsables de ce qui dans le moment prépare un avenir ou le ferme, rien de plus, rien de moins. La découverte

---

1. De ce point de vue, le jugement de Hans Jonas (*Le Principe responsabilité, op. cit.*) selon lequel les morales traditionnelles sont aujourd'hui incapables d'éclairer nos décisions, nous paraît rapide et au total un peu court.

d'une limite ne porte pas à l'indifférence concernant la nature de nos actes ; elle oblige tout au contraire à une vigilance accrue, dans la conscience que l'impossible pleine clarté conduit à multiplier les corrections, à envisager les aménagements nécessaires, à laisser place en un mot à une saine « conversion » par rapport à ses décisions passées ; bref qu'elle impose une relecture et une reprise de soi, qui assumant un passé ouvre une histoire nouvelle et, en tout cas, n'en désespère jamais complètement. Par cette prise de responsabilité à sa mesure, la conscience s'instruit et s'ouvre aux conditions effectives par lesquelles elle peut peser sur les choses : découvrant la rigueur du réel, elle apprend aussi que c'est en lui obéissant qu'elle le maîtrise (relativement).

L'accord avec soi-même : bonheur et récit

La prise de responsabilité montre qu'une conscience morale n'est vivante qu'enracinée : enracinée dans les profondeurs d'une affectivité d'où elle reçoit impulsions et désirs, enracinée dans une actualité d'où elle apprend à discerner les nervures du réel pour peser sur lui, enracinée dans une histoire qu'elle construit sans pouvoir la transcender totalement. Une telle conscience enfoncée dans la chair du réel est donc à mille lieux de la conscience sartrienne, pure spontanéité et puissance permanente de néantisation, parfait produit d'un idéalisme coupé d'enracinements psychologique, physique ou historique, et donc liée à un dualisme de principe. Toujours insatisfaite par essence puisque projet toujours réassumé, la conscience sartrienne ne peut connaître ni la satisfaction ni le bonheur, caractéristiques des « salauds ». Or un critère de la décision bonne, capable d'instruire la conscience sur la qualité de son acte, tient justement tout au contraire dans la satisfaction d'avoir fait ce qu'il fallait faire, dans le sentiment d'un accomplissement ou d'une coïncidence entre soi (comme être) et soi (comme devoir-être). Non cherché pour lui-même, le bonheur d'avoir accompli sa tâche arrive comme un surcroît, et, ne reculons pas devant le terme, comme une grâce, un surplus, un peu comme le plaisir chez Aristote.

Ce don n'est nullement dû, mais il survient au terme, scellant d'une certaine façon la décision bonne, et comblant ainsi la conscience. On ne confondra pas ce sentiment avec l'euphorie ou l'apaisement des besoins, avec ce que Weil appelle « l'animal » en l'homme, car, selon ses termes, « le bonheur *ne peut être* que la coïncidence de l'être raisonnable avec lui-même [1] ». Une telle coïncidence, loin de replier l'individu sur lui-même dans une jouissance close, avive son désir d'être moral, et donc de construire sa vie, de vouloir encore et autrement.

Mais surtout le bonheur, ainsi évoqué, n'est authentiquement humain, donc moral, que si la conscience en lui se saisit dans une assomption de soi qui la met en harmonie avec ce qu'elle a fait. Ce bonheur, c'est celui d'avoir réussi à faire sens dans le jeu de ses relations, donc c'est la jouissance d'une existence sensée et raisonnable. Or pour faire sens, encore faut-il être capable d'intégrer à soi l'ensemble de ses actes, de se reconnaître en eux, d'être à même de les reconnaître comme siens. Le bonheur ne va pas sans la possibilité de relire sa vie et d'y découvrir un sens qui satisfait ou comble. Ici encore il convient d'éviter les élans idéalistes : une telle lecture ne signifie pas qu'on découvre tout à coup qu'on a parcouru une route en tous points lumineuse ; elle permet au contraire de faire apparaître que ce qui au premier abord ne faisait pas sens ou même constituait un échec peut, dans l'après-coup, se convertir en sens, que du mal relatif a pu sortir quelque bien, que des impuissances ont permis une maturation d'où va naître plus de lucidité et plus d'audace. Par-delà la fragmentation des actes et en dépit de l'éventuel hasard auquel on peut attribuer leur développement, cette relecture permet de tisser un lien unificateur.

MacIntyre propose de ramener le concept de moi à celui d'« unité narrative de vie ». Car, dit-il, « l'homme est essentiellement un animal narrateur [2] », c'est-à-dire un être capable de revenir sur son

1. Éric Weil, *Philosophie morale*, Paris, Vrin, 1969, par. 11, p. 49.
2. « Essentially a story-telling animal ». Dans *After Virtue*, *op. cit.*, ch. 15 : « The Virtues, the Unity of a human Life and the Concept of a Tradition », p. 201.

passé pour l'assumer dans un récit, donc pour l'unifier au moins relativement, lui donner sens en le rapportant à l'unité de vie qu'il cherche à bâtir. Parce que ce récit est propre à chacun, un tel récit peut en effet définir le moi, confondu ainsi avec nul autre. Par cette narration, l'individu se fait histoire, et, ajouterons-nous, devient capable aussi d'énoncer pour autrui le sens qu'il trouve dans sa vie, qu'il y découvre après coup, ou au nom duquel il continue à entreprendre et à espérer. On peut même ajouter, toujours selon MacIntyre, qu'un acte peut être dit bon dans la mesure où son intégration dans un récit sensé est possible, où l'individu peut donc le dire et le faire sien, l'assumer comme moment essentiel dans l'unité d'une vie humaine qui est «l'unité d'une recherche narrative». Serait mauvais l'acte qui brise cette unité, l'acte irrécupérable au récit, inavouable, inintégrable. En ce sens le mal serait l'antiparole, l'antiverbe, les trous noirs d'une existence, ce qui ne peut pas monter à la clarté du verbe et à l'élucidation narrative.

Cette perspective permet aussi une relecture théologique féconde. Car la relecture de sa vie peut et doit se faire au niveau de ce que Gaston Fessard appelle l'historicité humaine, consistant alors à renouer les fils distendus d'une continuité de vie et à y trouver sens, même inchoatif ou lacunaire. Mais une telle relecture peut se déployer en s'appuyant sur l'historicité surnaturelle, qui consiste à reprendre la trame du récit à la lumière de Dieu, en intégrant son récit dans celui de l'économie du salut. Cette opération n'introduit pas de l'extérieur et arbitrairement une approche religieuse de la vie morale ; elle consiste à déployer les dimensions religieuses inscrites dans la vie morale, mais assumées pour elles-mêmes. Ce que j'ai fait, l'ai-je fait selon Dieu, ou conformément à l'Esprit du Christ, ou en fidélité à l'enseignement de l'Église ? Par là, la densité humaine des actes (ou l'historicité humaine) n'est nullement affaiblie ou relativisée ; bien au contraire elle trouve une profondeur nouvelle. Lecture de l'après-coup, elle dévoile les dimensions souvent cachées de la réalité historique. N'est-elle pas celle qui préside au récit du Jugement dernier au chapitre 25 (v. 31 à 46) de l'*Évangile selon saint Matthieu*, lorsque le Christ en gloire dévoile que dans le prisonnier visité, l'affamé nourri, l'étranger accueilli c'était Lui qui était concerné ? La surprise des hommes ainsi jugés montre assez que leur intention morale portait droitement sur le contenu strictement humain de l'acte, que le service d'autrui n'était pas relativisé ou banalisé dans une référence immédiate au Christ, mais que c'est en somme l'objet d'une révélation que de découvrir la profondeur divine ou religieuse de ce qui est strictement humain.

Et dans la cohérence avec une religion de la Parole, on pourrait ajouter, à la suite de MacIntyre, que le mal est précisément l'anti-parole, ce qu'on enfouit dans les bas-fonds faute de pouvoir le faire monter à la surface du récit. Mais il faut alors se demander : tout de la vie morale peut-il remonter dans le discours ? Tout peut-il être intégré au récit ? N'y a-t-il pas des actes à jamais exclus de la reprise narrative ? Lesquels, et pourquoi un tel échec de la narration ?

CHAPITRE 5

La conscience incertaine

Supposer une conscience délestée de son passé et du poids de la culpabilité, prête à de nouveaux départs sans handicaps, susceptible de se reprendre sans reste dans le récit de sa vie, voilà sans doute une tentation, et peut-être un trait caractéristique de l'idéalisme moral. Et pourtant le doute peut s'insinuer. Est-il sûr que la conscience surgisse et se forme dans l'expérience de l'intolérable ou de la barbarie, que l'inacceptable soit la source du jugement moral, comme nous l'avons prétendu ? Il en serait assurément ainsi si l'inacceptable ou la barbarie, le mal en un mot, pouvaient être déchiffrés avec clarté et certitude dans les événements de l'histoire ou dans la vie personnelle. Malheureusement il n'en est rien : la vie morale reste inéluctablement marquée, semble-t-il, par une sorte de claudication permanente, et c'est cette tare liée à la conscience qu'il faut envisager maintenant. Car elle prend diverses formes, dont l'analyse constituera l'ossature des pages qui suivent : c'est un fait d'abord, sur lequel il faut se pencher, que la conscience morale ne voit pas toujours le mal là où il est ; pourquoi ? C'est un fait encore que la conscience peut juger à tort, qu'elle peut donc être erronée : doit-on cependant se soumettre à sa sentence ou tenir celui qui la suit pour responsable ? Vaste débat qui a profondément marqué la tradition théologique et qui débouche aussi sur la nature des actes dits intrinsèquement mauvais : y a-t-il quelque chose comme des actes devant lesquels la conscience doit ou devrait inconditionnellement dire non, mais le peut-elle si elle ne perçoit pas la nocivité de tels actes ? Et le recours à l'objection de conscience est-il fondé ou à quelles conditions l'est-il ?

179

La conscience devant le mal

Nous l'avons dit précédemment : toute conscience droite devrait s'insurger devant le mal, sous quelque forme qu'il apparaisse, injustice sociale, écrasement des faibles, mensonge des propagandes, violation des engagements pris, lâchetés personnelles... La présence du mal devrait même être le foyer à partir duquel la conscience s'affirme en niant la barbarie. Or ce qui devrait être est à grande distance de ce qui est.

Bonne éducation contre mal ?

Devant ce qu'il faut bien appeler un scandale, diverses « explications » sont possibles. On dira sans doute que l'incapacité à discerner le mal en soi ou dans le monde provient d'une conscience mal éclairée ou mal formée : une juste saisie des interdits, ou des commandements de Dieu, ou de la hiérarchie des valeurs ne devrait-elle pas être la conséquence inéluctable et bienheureuse d'une bonne éducation morale ? Dès lors, quiconque erre en ce domaine ne peut-il être tenu pour responsable ou pour victime d'une éducation lacunaire ou fautive ? Cet argument fait reposer la charge de la preuve sur la formation de la conscience ; à le suivre, une conscience bien formée ne peut que voir clairement où est le mal, et si elle ne le voit pas nettement, la responsabilité en incombe à des malformations qu'une meilleure éducation eût évitées. Une éducation morale correcte devrait en quelque sorte immuniser la conscience des dérives et la fixer sur le bien.

Malheureusement l'argument ignore les aveuglements et les égarements de la vertu : non seulement l'hypocrisie ou le pharisaïsme dont elle se révèle souvent coupable, mais son incapacité à voir le mal là où il est, notamment dans le monde social et politique, sont des phénomènes moraux trop répandus pour qu'on les ignore.

La surenchère moralisatrice a du moins le mérite de nous alerter sur un fait troublant : l'éducation morale, si nécessaire soit-elle, n'est point suffisante là où fait défaut la prise en considération des médiations historiques à travers lesquelles passe l'action humaine, et où peut se nicher la présence du mal. Il ne suffit pas de savoir où est théoriquement le mal pour en discerner la présence effective en soi ou dans le monde : encore faut-il en détecter la présence souvent cachée ou peu visible ou encore voilée par les bonnes intentions et les belles apparences. Une conviction ferme concernant les principes ne suffit pas, et à beaucoup près, pour éveiller à une rigoureuse appréciation de telles médiations ; or sans elle la profession des principes ou des valeurs risque de couvrir les plus graves aveuglements et de justifier les hypocrisies de la belle âme.

Cette remarque conduit à une objection autrement plus redoutable que la précédente. Une conscience même avertie peut ne pas discerner le mal, parce que celui-ci n'est pas toujours clairement identifiable. Il l'est d'autant moins qu'il se donne parfois sous les apparences du bien, et qu'ainsi il devient indiscernable. A cet égard, les moralistes auraient grand intérêt à renouer avec la tradition mystique qui a longuement et profondément médité sur ce mystère d'un mal dissimulé sous les apparences du bien, ou, selon le vocabulaire utilisé par cette tradition, du démon travesti en ange de lumière [1]. Les Évangiles mettent d'ailleurs en garde contre le loup déguisé en agneau, selon une claire dénonciation d'une apparence trompeuse qui cache l'inverse de ce qu'elle énonce [2] ; le récit dit des tentations de Jésus développe toute une stratégie qui inspirera la tradition mystique, selon laquelle il faut dénoncer les offres alléchantes et apparemment morales de Satan pour suivre fidèlement la Parole de Dieu [3]. Reprenant cette longue tradition, Ignace de Loyola la systématise dans ses fameuses « Règles du discernement

---

1. Déjà chez saint Paul dans la *Seconde Épître aux Corinthiens*, ch. 11, verset 14.
2. *Évangile selon saint Matthieu*, ch. 7, v. 15 à propos des faux prophètes, mais le contexte vise clairement la conduite morale.
3. Surtout *Matthieu*, ch. 4, versets 1 à 11, et *Luc*, ch. 4, versets 1 à 13.

des esprits » ; il analyse avec subtilité les ruses et les stratagèmes de « l'ennemi de la nature humaine », et note que « c'est le propre de l'ange mauvais » que « d'entrer dans les vues de l'âme fidèle et de sortir avec les siennes, c'est-à-dire en présentant des pensées bonnes et saintes, en accord avec cette âme juste, et ensuite d'essayer peu à peu de faire aboutir les siennes en entraînant l'âme dans ses tromperies et ses intentions perverses [1] ». Ainsi donc, *prima facie*, la volonté de bien faire ou l'apparence du bien peut être trompeuse, et même sous un bien proposé peut se cacher une suggestion mauvaise. Il ne faut pas minimiser la radicalité de ce piège, car il met à mal les distinctions faussement claires selon lesquelles on tient qu'un abîme sépare le bien du mal pour une conscience bien formée et fixée dans sa volonté de bien faire.

L'allusion aux anges ou aux démons ne doit nullement conduire à renvoyer cette sagesse au musée des idées révolues, car la vérité expérimentale qu'enrobe ce langage ne peut faire de doute. La transposition philosophique du vocabulaire mystique est aisée et les philosophes ne s'y sont pas trompés, qui, par d'autres voies et dans un autre langage, ont bien vu, tel Kant, la présence d'un « mal radical » à la racine de la volonté morale. Hegel lui-même parle d'un « mystère » à propos de l'origine du mal, qu'il discerne dans l'inéluctable dédoublement de la volonté dès lors que, sortant de l'immédiateté, elle veut agir [2]. Même si Hegel ne rapporte pas cette « mauvaiseté » à autre chose que la volonté elle-même, alors que la tradition mystique en attribue la source aux flatteries du démon, la parenté est grande, car des deux côtés la division marque bel et bien la volonté elle-même ; en un sens, la perspective hégélienne est plus tragique, car, faute de délester la volonté sur autre chose qu'elle (pour Ignace elle est jouée par l'« ennemi », même si elle se prête au jeu), il est de l'essence de la volonté de vivre un dédoublement, l'homme étant alors « mauvais à la fois en soi ou par nature et par sa réflexion en soi-même ». Aussi Hegel parle-t-il d'une

1. *Exercices spirituels*, in *Écrits*, Paris, Desclée de Brouwer, 1991, par. 332, p. 234.
2. *Principes de la philosophie du droit*, par. 139 et la remarque.

«nécessité du mal», nécessité qui pourtant, remarque-t-il, ne devrait pas être...

Banalisation du mal

Cet argument sur l'égarement d'une volonté, jouée par l'«ennemi» ou divisée fondamentalement avec elle-même, trouve des aliments nouveaux de nos jours. Que le mal puisse se donner pour un bien, ou que la volonté soit essentiellement faillible, nos traditions, mystiques ou morales, le savent et l'enseignent, si du moins on accepte de les entendre dans toutes leurs dimensions. Mais la modernité ajoute sans doute à cette faillibilité, en ceci que dans une société complexe le mal se trouve en quelque sorte dilué et insaisissable ; à la limite, il devient même inconvenant d'en parler, comme si une société postconventionnelle ou de l'après-devoir, pour parler comme Lipovetsky, avait congédié ces vieilles lunes moralisantes. Peut-être n'est-ce là après tout qu'une nouvelle ruse du mal (du démon?) pour apparaître en ange de lumière et prendre les esprits superficiels à ses enchantements. Mais peut-être aussi pour nous le mal est-il devenu plus indiscernable que jamais. Hannah Arendt, rendant compte du procès de Eichmann, a beaucoup scandalisé en parlant de la «banalité du mal», alors même qu'il s'agissait de juger les crimes sans précédent d'un nazi. Comment devant l'horreur absolue un tel propos est-il soutenable? Mais Arendt avait raison, et elle a encore raison parce que, moins superficielle que les apologistes de l'ère du vide, elle saisit à quel point une conscience prétendument postconventionnelle peut être le jouet et la victime consentante de l'horreur, justement parce qu'elle tient pour acquis que ne règnent plus désormais qu'une morale cool ou le bonheur light.

De ses analyses, on ne retiendra que deux raisons données pour expliquer cette thèse d'une banalisation du mal. Parlant des pratiques totalitaires, elle explique d'abord que l'énormité du crime jette le doute sur sa réalité, et que la conscience bien élevée ne peut en quelque sorte pas croire à l'horreur ; non, dit-elle, ils ne sont pas capables de ce qu'ils disent, ou de ce qu'on colporte à leur propos ; voulant en somme trop croire au bien, ou doutant que le mal soit à ce point possible (et réel), la bonne conscience finit par minimiser systématiquement les signes de la barbarie régnante. Elle ne peut pas prendre au sérieux les propos radicaux et pourtant clairs de la propagande totalitaire, et devant le caractère inexplicable de ce nouveau « mal radical », elle cherche encore des causes explicatives, qui ne font que banaliser la réalité [1]. Propos dépassé, maintenant que la barbarie brune ou rouge a sombré ? Ou appel à une vigilance morale de tous les instants, condition pour échapper aux amollissements d'une conscience narcotisée à force de croire que « nous sommes entrés dans la période postmoraliste des démocraties [2] » ? L'analyse de Arendt doit être reprise pour le cours ordinaire des choses, car elle met le doigt sur une source grave d'aveuglement de la conscience : ne pas vouloir croire à la réalité du mal, tenter d'en atténuer la présence, donc le banaliser.

A cette première raison de la banalisation du mal, Arendt en ajoute une autre, sans doute plus essentielle. Elle note à propos de Eichmann que celui-ci ne recule pas devant la mort à donner au nom de ses fonctions, tandis que le cœur lui manque devant des souffrances inutiles ; autrement dit, une sensibilité exacerbée devant une souffrance banale efface l'horreur d'infliger la mort, laquelle devient un acte quelconque, accepté, perpétré, alors même que la souffrance est intolérable, repoussée, condamnée, source de l'indignation vertueuse... Un sens perverti du mal se mue alors en une hypertrophie de la sensibilité, l'accessoire tenant lieu de l'essentiel et finissant par l'effacer. La substitution est d'autant plus aisée, note également Arendt, que les « règles du langage » sont elles-mêmes trafiquées pour donner le change : ainsi le mot « meurtre » était-il remplacé par l'expression : « faire bénéficier d'une mort de pitié » *(to grant a mercy death [3]).*

1. Hannah Arendt, *Le Système totalitaire*, Paris, Éditions du Seuil, 1972, p. 112 et p. 201.
2. Gilles Lipovetsky, *Le Crépuscule du devoir*, Paris, Gallimard, 1992, p. 49.
3. Hannah Arendt, *Eichmann in Jerusalem. A Report on the Banality of Evil*, New York, The Viking Press, 1963, p. 96 (tr. fr. *Eichmann à Jérusa-*

La résistance que provoque normalement l'acte de donner la mort est tournée puisque, grâce à l'artifice du langage, on se trouve devant un acte généreux et positivement valorisé : on « donne » la mort sans doute, mais c'est un don, et il est fait par pitié ou au nom du sens de la dignité humaine... De ce point de vue, Eichmann ne fut nullement un monstre, contrairement à ce que beaucoup auraient souhaité, c'est même sa « normalité » qui était « terrible et plus terrifiante que toutes les atrocités commises ensemble [1] », car ce nouveau type de criminel commet ses crimes dans des circonstances « qui le rendent incapable de savoir ou de sentir qu'il commet le mal ». Un ennemi du genre humain qui se croit impeccable...

L'exceptionalité de Eichmann ne peut détourner l'attention de ce dont il est le symbole effrayant : le travestissement du mal en bien qui porte insensiblement à le commettre en se croyant bienfaiteur de l'humanité. De nos jours où il est plus facile de se mobiliser pour empêcher les expérimentations sur animaux dans les laboratoires ou culpabiliser les restaurateurs qui ébouillantent des homards que pour faire reculer la guerre ou la famine dans le monde, ou pour dénoncer une pratique banalisée de l'avortement, l'analyse de Arendt reste d'une troublante lucidité, comme elle attire l'attention sur les dérèglements du langage qui par glissements successifs (passer d'euthanasie à mort dans la dignité) travestissent un mal en bien... Elle montre non point que la conscience du mal a disparu, mais que le discernement et l'identification entre tel geste ou tel comportement et le mal deviennent problématiques. Arendt note encore que la technicité des gestes professionnels crée une distance telle que la sensibilité au mal ou la perception des effets néfastes de la décision est de plus en plus difficilement appréhendée. Si, selon Rousseau, la sensibilité, c'est-à-dire la saisie immédiate des effets de ses actes, crée une condition essentielle pour susciter

---

lem, Paris, Gallimard, 1966, p. 125) ; voir aussi p. 80 : les documents officiels ne parlent jamais d'extermination ou de meurtre, mais d'« évacuation », de « traitement spécial », de « changement de résidence », etc.
1. Ibid., Épilogue, p. 253 (tr. fr. p. 303).

le sens du mal, la disparition de la visibilité crue et parfois sanglante des gestes éteint le sens moral ou du moins rend insensible aux conséquences néfastes de ses actes.

Dilution des responsabilités

Cette remarque conduit d'ailleurs tout naturellement à une constatation souvent faite à propos des sociétés modernes. L'entremêlement des décisions ou leur portée souvent inaccessible ou invisible tendent à éteindre le sens de la responsabilité ; on le voit dans le cas de la fraude sur l'impôt (en quoi un « oubli » dans sa déclaration va-t-il grever le budget de l'État ?), du vol dans les grands magasins ou des larcins dans les transports publics, et notamment dans l'extension fulgurante de la corruption en affaires. Comment croire qu'une décision économique (l'achat d'une voiture ou un léger coup de pouce sur les étiquettes au moment des vacances) puisse avoir des effets graves et à la limite non maîtrisables sur l'emploi, l'équilibre du budget de l'État, ou contribuer aux déséquilibres internationaux ? Et pourtant...

A cet égard, il convient de parler d'une contradiction sociale préoccupante : la dilution des responsabilités n'éteint pas pour autant dans l'opinion publique la soif d'identifier des coupables, bien au contraire ; la perte du sens de la responsabilité semble même aviver la recherche de culpabilités. Il devient de plus en plus difficile de s'avouer responsable, mais on veut cependant identifier des boucs émissaires. L'affaire dite du sang contaminé est dans tous les esprits. A la fin de 1992, une grève imprévue a paralysé le trafic SNCF, parce que le conducteur d'un train fou qui avait fait plusieurs dizaines de morts et de nombreux blessés à la gare de Lyon (Paris) venait d'être condamné à la prison ferme ; le sociologue Michel Crozier déclarait dans les colonnes de *Libération* (16 décembre 1992) que « quelqu'un qui ne fait qu'obéir à des consignes comme un automate n'est pas responsable [1] » ; il expli-

_____

1. Phrase qui fournit le titre suivant à l'entretien : « Celui qui ne fait qu'obéir n'est pas responsable. » L'omission d'un membre de phrase (« comme un auto-

quait que la hiérarchisation complexe finissait par noyer la responsabilité individuelle. Mais ce qui est vrai, si c'est vrai, pour la SNCF ne l'est-il pas en bien des domaines ? Hiérarchisation des rapports et technicisation des décisions transforment-elles les individus (tous les individus ?) en robots irresponsables ? De telles déclarations ouvrent de toute façon un vide immense : car si la responsabilité est annulée, le désir de trouver des coupables à des catastrophes disparaît-il pour autant ? N'en est-il pas au contraire avivé et même rendu fou ? N'est-il pas extrêmement dangereux de répandre l'idée que nous sommes devenus des robots, en s'évitant de déterminer en quoi et comment la responsabilité humaine reste engagée, même s'il convient de la limiter ?

La justification des philosophes

Si la dilution du sens de la responsabilité restait au niveau d'une sensibilité publique, étayée sur une vue sommaire des réalités sociales, ou d'une démagogie, somme toute assez visible, ce ne serait pas encore trop grave. Mais il se trouve que des philosophes reprennent et systématisent ces intuitions. Dans son livre précisément intitulé *Le Principe responsabilité*, Hans Jonas, cherchant à fonder les tâches d'«une éthique pour la civilisation technologique», notamment dans le contexte des atteintes à l'environnement, explique que nous nous trouvons devant une situation sans précédents ; devant les désastres prévisibles et prévus par les écologistes, il convient, dit-il, de prendre acte d'une transformation du sens traditionnel de la responsabilité. Car qui est à proprement parler «responsable» du chaos écologique ? «L'homme» assurément, grâce aux nouveaux pouvoirs qu'il a acquis ? Mais, demande alors Jonas, «"lui", qui est-il ? Non pas vous ou moi : c'est l'acteur collectif

---

mate») indique bien dans quel sens le quotidien fait pencher l'avis du sociologue. On frémit en rapprochant ces propos généreux et apparemment anodins des analyses de Arendt, montrant que dans le cas des nazis l'obéissance aux ordres de Hitler tenait lieu de conscience morale (*op. cit.*, p. 133-134 ; tr. fr. p. 167-168).

et l'acte collectif, non l'acteur individuel ou l'acte individuel qui jouent ici un rôle ; et c'est l'avenir indéterminé, bien plus que l'espace contemporain de l'action, qui fournit l'horizon pertinent de la responsabilité [1] ». Cette situation, estime le philosophe, ne va pas sans obliger à poser « des impératifs d'un type nouveau » et sans transformer la politique : « En effet, l'essence transformée de l'agir humain modifie l'essence fondamentale de la politique. »

Ce diagnostic est intéressant : il s'appuie d'abord sur l'idée qu'il n'est plus possible de parler de responsabilité individuelle (« ni vous ni moi ») à laquelle Jonas substitue cet être indéterminé qu'est un « acteur collectif » ; par là même le philosophe accrédite le sentiment populaire selon lequel c'est à cet être fictif qu'est « la société » qu'il faut désormais attribuer la responsabilité, mais bien évidemment à aucun acteur repérable et identifiable. Ce diagnostic s'accompagne également et logiquement d'une surévaluation du politique à propos duquel Jonas déclare tout de go qu'il doit fondamentalement changer d'« essence », donc qu'il sera d'une identité et d'une structure tout autres que ce qu'on a connu... Mais comme on cherche en vain dans l'ouvrage l'analyse de cette « essence » nouvelle du politique, il y a tout à craindre que cette inflation verbale ne cache une dilution de la responsabilité politique effective : qui devient réellement responsable de l'« acteur collectif » ? Faute de réponse, la proposition grandiloquente aboutit à l'impuissance, qui se trouve paradoxalement justifiée : non seulement Jonas ne fournit aucun début d'analyse de cette politique nouvelle, mais il dévalorise de fait par son propos les instances politiques existantes, qui seraient aptes à endiguer les méfaits contre l'environnement. Ainsi le présent n'offre-t-il aucune prise réelle pour infléchir l'avenir.

Ce n'est pas tout : Jonas soutient, contrairement à ce qu'on a affirmé plus haut, que le mal est désormais plus connu que le bien [2] et que

1. *Le Principe responsabilité, op. cit.*, p. 28.
2. « La reconnaissance du *malum* nous est infiniment plus facile que celle du *bonum* ; elle est plus immédiate, plus contraignante, bien moins exposée aux différences d'opinion et surtout elle n'est pas recherchée : la simple présence du mal nous l'impose... Par rapport au mal nous ne sommes pas dans l'incertitude... » (*op. cit.*, p. 49).

sa perception échappe aux fluctuations de l'opinion. Il va de soi que si l'appréhension du mal avait la force d'une évidence, aucune analyse de situation n'aurait à être entreprise, pas plus que ne s'imposerait une mise en place laborieuse de stratégies politiques, nationales ou internationales pour détecter ce qui sauterait aux yeux de tous. La politique pourrait être écartée et particulièrement ses médiations longues, hasardeuses, incertaines. Mais peut-on accorder ce point à Jonas ? Le diagnostic pessimiste des écologistes radicaux, auxquels semble se rallier Jonas, est sujet à caution ; à moins de s'en remettre sans examen à leurs conclusions, leur analyse demande vérification et débat contradictoire. En conséquence, l'appréciation du mal prêtant à divergence de vues, on ne peut se passer de la confrontation et de la discussion des opinions. Faire croire que la saisie du mal irait désormais de soi est une illusion inquiétante, ou elle suppose une surprenante démission de l'esprit devant les propositions écologiques tenues pour indiscutables. Or, justement parce que les dimensions du mal ne sont pas claires, la discussion s'impose. En outre, loin de déboucher sur un hypothétique changement d'essence du politique, la discussion reconduit aux voies les plus classiques et les plus urgentes du débat politique. Cette discussion oblige aussi et surtout à ne pas noyer les responsabilités des individus et des groupes derrière l'appel mythique à un « acteur collectif », dont aucun pouvoir politique, aux dires mêmes de Jonas, ne peut être réellement en charge [1]. Il est donc particulièrement grave qu'une réflexion philosophique qui cherche à fonder « le principe responsabilité » contribue en fait à sa dilution, justifiant les préjugés d'une opinion publique que le philosophe devrait au contraire « éduquer » au sens le meilleur du mot, c'est-à-dire aider à sortir de ses peurs et à entrer dans les tâches concrètes d'une responsabilité politique précise. Mais, fidèle en ce point du moins à

1. Et l'appel de Jonas à une élite de technocrates experts pour se substituer aux décisions politiques fait craindre le pire derrière le mirifique projet d'un changement d'essence. D'autant plus que, en contradiction avec lui-même, Jonas justifie cette tyrannie transitoire par le fait que le sens de l'urgence du mal n'est pas donné à tous, mais seulement à quelques-uns (cf. entretien dans *Libération* du 12-13 février 1992). Comprenne qui pourra !

Heidegger, Jonas préfère la dramatisation prétendument radicale aux tâches concrètes de la morale et de la politique.

La position de Jonas n'est malheureusement pas isolée. Il semble même que les philosophes aient quelque peine à proposer une théorie responsable de la responsabilité, ce qui devrait pourtant être une exigence minimale pour la pertinence d'une telle théorie. Tout se passe comme s'ils ne parvenaient pas à cerner cette notion dans sa portée pratique et la méconnaissaient, tantôt en la sous-évaluant, tantôt au contraire en la surévaluant. La sous-évaluation vient d'être évoquée, mais elle a partie liée, on l'a vu, à une surévaluation implicite puisque l'acteur individuel est éliminé au profit d'un fictif acteur collectif indéterminé et indéterminable. C'est d'ailleurs plus souvent l'inflation et l'enflure qui menacent un sens juste de la responsabilité. Ainsi en était-il dans la philosophie de Jean-Paul Sartre : chez lui le thème de la « liberté-condamnation » s'alliait à celui d'une universelle responsabilité, avant même tout engagement et, à ce titre, nécessitant un engagement lucide devant l'inéluctable [1] ; or l'appel sartrien à l'engagement non seulement n'a jamais pu s'articuler sur une action politique cohérente, et chacun connaît les oscillations politiques du philosophe qui sont allées jusqu'aux justifications les plus invraisemblables du terrorisme, mais il n'est pas parvenu non plus à l'élaboration de cette morale de la liberté responsable qu'on attendait et dont les *Cahiers pour une morale* ne sont que l'esquisse laborieuse et, en toute hypothèse, peu convaincante.

Selon des prémisses totalement différentes et à partir du projet ambitieux de donner à l'éthique la place primordiale par rapport à l'ontologie, Emmanuel Lévinas aboutit en réalité à une dilution analogue de la responsabilité. Lui conférant un statut originaire, il l'analyse comme une passivité radicale et une servitude antérieure à toute prise de conscience et à tout sens concret de la liberté ; sorte de nécessité constitutive de l'éthique, la responsabilité devient un « ne pas pouvoir se soustraire », inéluctable et fondateur [2] en tant

1. Sartre s'est expliqué sur son célèbre « Nous sommes condamnés à être libres » dans *Cahiers pour une morale*, Paris, Gallimard, 1983, p. 447-448.
2. Par exemple dans *Humanisme de l'autre homme*, Saint-Clément-la-Rivière, Fata Morgana (Livre de Poche), p. 84.

qu'assignation venant d'autrui, et constituant proprement la conscience. « Condition d'otage — non choisie : s'il y avait choix, le sujet aurait gardé son *quant à soi* et les issues de la vie intérieure, alors que sa subjectivité, son psychisme même, est le *pour l'autre*, alors que son *port d'indépendance même consiste à supporter l'autre — à expier pour lui*[1]. » On comprend bien qu'une telle position philosophique ne prend sens que dans une volonté farouche de sortir des rets de l'ontologie, mais si l'on se place au niveau de la portée pratique, donc effectivement éthique, de ce discours, on est en droit de s'interroger : cette exaltation de la responsabilité, cette inflation qui fait de chacun un otage sommé d'expier pour autrui n'aboutissent-elles pas paradoxalement à la même dilution que chez Sartre (ou Jonas) ? Du coup ne reste-t-on pas piégé dans les filets du « même », puisque l'éthique ne débouche sur aucune tâche concrète saisissable ? En quoi même un otage peut-il être tenu pour responsable de ses bourreaux ? La métaphore égare le nécessaire effort conceptuel, car si la pensée paradoxale est parfois féconde, ce ne peut être au prix de la contradiction. En outre, l'identification entre responsabilité et expiation ne va nullement de soi ; l'imbrication d'un registre philosophique et d'un registre religieux sacrificiel conduit à se demander si la théorie ne mélange pas les genres, et si, sous l'inflation, la réalité de la responsabilité morale n'est pas méconnue.

Or le sens de la responsabilité doit être fortifié, non dans l'exagération verbale, créatrice d'illusions, mais dans une analyse sobre et limitée. Il n'est pas vrai que nous soyons responsables de tous et de tout ; la philosophie devient source de déception quand elle inculque des doctrines irréalistes. Car, selon une loi assez impitoyable, l'inflation provoque la déflation : pour parler comme Nietzsche, l'arc trop tendu finit par se relâcher, et en demandant ou en attendant trop de l'homme, on contribue à son impuissance, ou, pire encore, à ce qu'il trouve quelque complaisance à se dire impuissant ou à s'identifier à un robot. Un sens juste de la res-

1. *Autrement qu'être ou au-delà de l'essence, op. cit.*, p. 214 (souligné dans le texte).

ponsabilité implique qu'on soit mis devant une tâche précise en fonction d'une mission à accomplir, et qu'on puisse ainsi assumer concrètement ce à quoi l'on est appelé [1], donc qu'on puisse en répondre.

Ce n'est qu'en militant pour une théorie « faible » de la responsabilité qu'on fortifiera le goût de la responsabilité, et qu'on mettra la conscience en état de discerner le mal qu'elle fait, donc aussi en état d'en corriger les effets, pour autant qu'ils dépendent d'elle. Une règle peut d'ailleurs être posée au terme de ces développements. Si au point de départ l'incertitude quant à la portée de nos actions nous a paru légitimer une inquiétude et un doute sur le sens de la responsabilité, c'est sur ce doute et sur cette inquiétude qu'il faut repartir pour fonder un sens juste des choses. Il est sain que la volonté morale découvre ses propres fragilités et son incertitude à promouvoir le bien en soi et dans le monde. Il est sage qu'elle se sache sujette à prendre le mal pour un bien. Par là elle échappe aux vertiges de la fabrication et se dispose à comprendre selon de plus exactes perspectives en quoi consiste l'action morale, frappée d'une essentielle précarité. Par là encore elle est provoquée à la vigilance, à ne pas trop vite accorder confiance à ses intuitions ou à ses évidences, donc à entrer dans le processus difficile de l'élaboration d'un jugement droit.

Dans son langage particulier, Ignace de Loyola parle de « désolation » à propos de celui qui découvre son impuissance à vivre à hauteur de son idéal et même à vouloir le bien plutôt que le mal. Avec une grande sagesse, il s'emploie à transformer cette « désolation » en instrument de progrès moral et spirituel. A la neuvième des « Règles pour sentir et reconnaître en quelque manière les diverses motions qui se produisent dans l'âme, les bonnes pour les recevoir, les mauvaises pour les rejeter », il explique que la « désolation » est bonne « pour nous donner véritable savoir et connaissance —

---

1. Paul Ricœur développe une analyse de ce type dans la conclusion au livre d'«Entretiens sur l'éthique », *Le Temps de la responsabilité*, Paris, Fayard, 1991, p. 290 notamment. Pages reprises dans *Lectures 1* (Paris, Éditions du Seuil, 1992, p. 270-293).

en sorte que nous le sentions intérieurement, de ce qu'il ne dépend pas de nous de faire naître ou de conserver une grande dévotion, un amour intense (...) mais que tout est don et grâce de Dieu [1] ». A sa suite, nous pouvons retenir que l'incertitude où se trouve la conscience devant son aptitude au bien la constitue dans une bénéfique passivité où elle découvre son mode propre d'agir (non mécanique et non assuré) ; et cette passivité en perspective croyante fonde encore la possibilité d'une remise de soi et d'une disponibilité, source de vérité et de fidélité à la finitude humaine. Le bien n'est pas en notre possession et y accéder est une tâche plus rude qu'on ne pense...

On peut d'ailleurs énoncer une seconde règle. Nous avons vu à quel point la conscience contemporaine est tantôt sommée de se sentir responsable de tout, et même de l'avenir le plus indéterminé, tantôt blanchie de toute responsabilité à cause du carcan bureaucratique et technocratique dans lequel, dit-on, elle est prise. Cette oscillation fait toucher une des contradictions de l'individualisme ambiant : l'individu impuissant est en même temps tenu de porter le poids du monde. Qu'il soit écrasé dans l'un et l'autre cas par ces analyses unilatérales, qui s'en étonnerait ? Aussi bien convient-il de sortir de cette contradiction qui met l'individu isolé et la totalité indéterminée (de la société, du cosmos ou de l'avenir) dans un face-à-face accablant. On l'a dit à propos du politique : il faut redonner leur place aux médiations, sans lesquelles les proclamations les plus radicales s'abîment en impuissance. La règle énonçable ici consiste à retrouver l'importance de la médiation du langage : l'individu ne sort de son nombrilisme que dans le milieu du langage, et il ne peut saisir où et comment il est responsable du cours des choses que dans l'appréciation parlée de la portée de ses actes, donc dans le discours socialement entretenu. Ignace de Loyola note dans ses Règles de discernement que l'« ennemi de la nature humaine » ne recherche rien tant que le secret et l'enfermement de l'individu sur lui-même, et ne redoute rien tant que l'échange de la parole, par exemple avec un conseiller spirituel [2] ;

1. *Exercices spirituels, op. cit.*, par. 322, 3ᵉ alinéa.
2. *Ibid.*, par. 326.

à la façon d'un «amoureux frivole», dit-il non sans humour, il ne tient pas à ce qu'on proclame sur la place publique ses propositions malhonnêtes car il ne veut pas être découvert. Par contre l'échange de paroles fait passer à la visibilité publique, donc à la clarté et à l'objectivation, ce qui, restant secret, empoisonnait la vie intérieure. Ces conseils sont de grande actualité. Le propos grandiloquent sur l'universelle responsabilité ou le discours déprimant sur l'impuissance n'ont chance de céder que si l'on rentre dans l'appréciation raisonnée et raisonnable de ce dont on peut et doit être tenu pour responsable à chaque fois. Le passage à l'expression désensorcèle déjà en tant que tel, et pose l'une des conditions pour sortir de la logique mortelle du tout ou rien. Il oblige à dire et à entendre, donc à entrer dans un entretien où une plus exacte perception des choses devient possible. Comment éviter l'une ou l'autre dérive sans se soumettre au feu de la conversation réglée, lieu d'accès à la raison, donc à la décision responsable? Comment sortir des sommeils où la conscience troque le mal pour le bien sans se soumettre au jeu de la relation humaine et à la sommation d'autres consciences plus éveillées que soi?

La conscience erronée

Que la conscience soit dupée et prenne le mal pour le bien semble relever encore de circonstances extérieures, et les fautes de jugement sont dès lors plus ou moins imputables à un contexte culturel ou social défavorable. Plus grave le cas où la conscience paraît prisonnière d'elle-même, comme entravée par une incapacité propre à discerner le bien et le mal, comme invinciblement et intimement liée à l'erreur. Ce cas a largement retenu l'attention des moralistes, particulièrement dans la tradition catholique : comment au confessionnal acheminer vers la réconciliation une conscience qui ne paraît pas être avertie des commandements de Dieu ou ne pas se sentir liée par des obligations pourtant normalement tenues pour impératives ? Saint Alphonse de Ligori, confessant des paysans de Calabre, fut décontenancé au début de son ministère en découvrant que ces populations ne semblaient voir aucun péché dans l'adultère ; comment aider de telles consciences aveugles sur le péché dans lequel elles vivent, alors même que des mandements épiscopaux condamnaient ces âmes aux pires tourments éternels, et donc que le confesseur ne pouvait pas leur accorder la réconciliation demandée ? La contradiction est nette : informer ces pénitents risque de les écraser s'ils réalisent la portée de leurs actes, ou les précipiter dans une culpabilité d'autant plus redoutable qu'ils ne verront pas nécessairement comment renoncer à une pratique habituelle ; en revanche, ne rien dire équivaut à se faire le complice du péché et à entretenir les consciences dans l'illusion, donc à nouveau à banaliser le mal et à trahir l'enseignement de la foi catholique. On ajoutera encore au paradoxe en notant que la même tradition religieuse tient, selon un enseignement largement partagé, qu'une conscience même erronée oblige, et donc qu'elle demeure l'instance de jugement à laquelle la personne est tenue de se conformer... N'est-ce pas ouvrir la voie au laxisme de manière bien surprenante pour une confession religieuse qui, dit-on souvent, fait si peu de cas de l'individu ? Derrière les proclamations inflexibles, le catholicisme ne pourrait-il pas dès lors être accusé de capituler devant la conscience individuelle jusque dans ses errements, donc de favoriser en fait l'individualisme sous un de ses aspects le plus sujet à caution ? Sur quelle base une telle doctrine a-t-elle été établie et quels enseignements fournit-elle sur la nature de la conscience ?

L'enseignement de saint Thomas d'Aquin

Si l'on s'arrête aux positions de Thomas d'Aquin, ce n'est pas pour minimiser le long travail de réflexion qui l'a précédé sur ce point, ni non plus parce que la discussion théologique aurait atteint là son sommet et son point final indépassables. La théologie thomiste représente plutôt un point d'équilibre, en même temps qu'elle illustre assez bien la position la plus classique dans le catholicisme. On s'intéressera particulièrement aux thèses défendues dans la *Somme théologique*, sans oublier que saint Thomas, notamment sur la question précise de la conscience, n'a pas toujours eu une position uniforme, et même que son vocabulaire hésite à intégrer ce terme de « conscience », qu'il utilise soit en l'identifiant à celui de raison pratique [1], soit en le distinguant nettement. Il aborde le sujet au cours de la longue méditation qui structure la première section de la deuxième partie de la *Somme* (Ia IIae) et qui s'organise autour d'une philosophie des actes humains. Car si la perspective globale inscrit cette méditation dans la visée eschatologique de la béatitude à laquelle l'homme en Christ est appelé et qui dynamise du dedans l'expérience humaine, Thomas analyse les structures de l'agir humain en tant que tels. Contrairement à ce qu'on affirme souvent avec légèreté, la morale thomiste, pleinement catholique en cela, n'est pas *immédiatement* rapportée à une Révélation pour en recevoir ses constituants et ses déterminants, mais elle se déploie à partir d'une minutieuse prise en compte des moments essentiels du déploiement intrinsèque de l'action. Si Dieu meut bien la volonté, c'est en respectant le mouvement propre d'une liberté contingente [2].

Dans la logique de cette étude immanente de la volonté, Thomas aborde la question de la conscience erronée dans la section qui traite des actes humains propres à l'homme, et plus précisément dans le chapitre (Question 19) qui étudie la bonté et la malice des actes de la volonté *intérieure*. Il s'agit donc bien de s'interroger sur ce qui fait qu'une volonté se trouve en elle-même entraînée à l'erreur, indépendamment des circonstances extérieures, abordées seulement à la Question 20. La position thomiste n'est intelligible que resituée dans la philosophie générale de la volonté qu'ont développée les Questions précédentes. Il est significatif que cette

---

1. Ainsi dans la *Somme*, Thomas parle plus souvent de *ratio* que de *conscientia*; celle-ci est définie comme *dictamen rationis* (Q. 19, art. 5, conclusion).
2. Ia IIae, Q. 10, art. 4.

philosophie déploie une sorte de phénoménologie de la volonté, en partant du plus général (le volontaire et le non-volontaire en général : Q. 6) et en descendant progressivement vers le plus déterminé, c'est-à-dire le choix lui-même (Q. 13), jusqu'aux conséquences des actes (Q. 21). Cette approche indique que le modèle de la raison spéculative reste la référence pour penser la raison pratique, donc la volonté, puisque le choix consiste à appliquer à un acte donné la connaissance de ce qui est à faire, fournie par la raison. Ainsi la conscience *(conscientia)* est-elle définie (Q. 19, art. 5) comme « l'application de la connaissance *(scientia)* à un acte déterminé ». Cette position est en pleine cohérence avec ce qu'on peut appeler le rationalisme de saint Thomas : la volonté est inséparablement appétit sensible et appétit rationnel, elle n'est même humaine qu'en tant qu'elle est structurellement liée à la raison. C'est la raison qui représente la « forme » de l'objet à vouloir, qui permet d'appréhender que ceci est un bien légitimant la volonté à le vouloir, donc qui élève l'appétit spontané ou aveugle à un appétit humainement (raisonnablement) assumé. Car si la volonté est mue par le désir du bien et si elle ne peut être droite qu'en voulant le bien ontologiquement donné, Thomas échappe à un réalisme objectiviste strict, en ce sens que la volonté n'est informée de la bonté de ce bien ontologique que par la médiation de la raison. La volonté est bonne quand elle veut un objet bon, mais cet objet bon n'est appréhendé par elle qu'en tant que la raison le lui représente tel (la « forme »). Le mal d'une action tient donc à la fois à ce que l'objet voulu est en lui-même mauvais, mais aussi et surtout, à ce que la forme sous laquelle il est saisi est inadéquate[1] : on tient déjà là la clé de la position sur la conscience erronée.

En effet un objet ou un acte n'est bon ou mauvais que d'après la « forme » que la raison appréhende. Et un acte de volonté n'est humain qu'en tant qu'il obéit à la raison, donc en tant qu'il se déploie en conformité avec la « forme » représentée. Par conséquent la conscience est bonne dans la stricte mesure où elle se conforme aux propositions de la raison ; elle est mauvaise si elle s'en détourne.

1. Ia IIae, Q. 18, art. 2.

Si donc la raison « erre », appréhendant mal l'objet qui est à vouloir, ou s'en faisant une fausse représentation, ou saisissant mal le lien entre les principes premiers de la morale (ce que Thomas appelle la « loi naturelle ») et la décision concrète, la conscience se trompera de bonne foi, et elle sera tenue de suivre les injonctions de cette raison « errante [1] ». Une telle conscience *oblige* donc. Cette position très ferme met Thomas à distance de théologiens franciscains qui estimaient (le corps du texte de Thomas y fait explicitement allusion) que seulement en matières indifférentes, là où aucun enjeu moral sérieux n'est impliqué, une conscience erronée oblige, mais que dans le cas où un bien en soi ou une matière objectivement mauvaise sont engagés, une telle conscience ne commande pas.

Position rationnellement inconséquente, rétorque Thomas : on ne peut exiger de suivre la raison en certains cas seulement ou selon les objets, car comment accéder à un bien ou à un mal en soi sans passer encore par la raison, donc comment la déjuger dans le temps même où l'acte à faire est proposé par elle ? Comment en certains cas pourrait-on savoir qu'on est devant le bien ou le mal en soi, en donnant son congé à la raison ? Cette critique montre à quel point Thomas lie intimement raison et volonté, et refuse une séparation qui mettrait la volonté au-dessus de la raison, ou en rupture avec elle ; elle témoigne combien il s'oppose à toute désarticulation des structures anthropologiques fondamentales, et rejette l'idée que la Loi éternelle pourrait être saisie en quelque sorte immédiatement ou prévaloir sur la raison indépendamment d'elle (Réponses 1 et 2). Et Thomas de prendre un exemple quasiment scandaleux : croire au Christ est incontestablement chose bonne et nécessaire au salut ; toutefois si quelqu'un est persuadé qu'adhérer au Christ est une chose mauvaise, il est tenu de suivre sa conscience, et même il pécherait dans le cas contraire. Qui niera pourtant que la volonté de Dieu soit que tout homme adhère au Christ ? Mais

1. Ia IIae, Q. 19, art. 5 : *Et quia objectum voluntatis est id quod proponitur a ratione ut dictum est, ex quo aliquid proponitur a ratione ut malum, voluntas, dum in illud fertur, accepit rationem mali.*

pour Thomas l'homme ne peut désobéir à sa raison... sans désobéir à Dieu même. Car la position philosophiquement fondée (importance de la raison dans la constitution des actes humains comme tels) s'articule sur une position théologique : la lumière de la raison est le reflet de la Lumière divine en l'homme, s'y refuser c'est équivalemment refuser la Lumière divine. Et donc quand la raison représente quelque chose comme un mal, même si c'est à tort, la conscience doit y voir une obligation fondamentale [1].

Cette position très ferme ne varie pas quand Thomas passe sur un registre proprement théologique, par exemple quand il commente l'*Épître aux Romains* (ch. 14, v. 14) où Paul demande de ne pas troubler celui qui s'estime tenu de manger des aliments impurs, car « rien n'est impur en soi. Mais une chose est impure pour celui qui la considère comme telle ». Thomas commente : « Quand l'Apôtre déclare : aucun aliment n'est impur, il faut l'entendre avec cette restriction : si ce n'est pour celui qui, dans sa conscience erronée, estime cette chose, c'est-à-dire cet aliment, commun, c'est-à-dire impur... Ainsi l'on voit que ce qui en soi est licite devient illicite pour celui qui agit selon sa conscience, bien que sa conscience soit erronée [2]. » Par conséquent, même devant Dieu ou face à des prescriptions religieuses, la conscience, quoique erronée, doit être suivie. La *Somme* (Q. 19, art. 10) donne d'ailleurs une belle justification théologique de ce respect de la conscience : certes celle-ci doit toujours rechercher le bien universel, tel que Dieu le veut, mais ce bien n'est saisi que dans la contingence des situations et des biens particuliers ; dès lors on n'est jamais absolument certain de l'adéquation pleine et entière entre ce bien particulier et le bien universel ; cette fragilité et cette incertitude structurelles sont à respecter en tant que telles parce qu'elles sont liées à la condition créée de l'homme ; comme telles, elles sont donc les voies par lesquelles l'homme se rapporte à Dieu. On trouve la volonté de Dieu quand on recherche de toutes ses forces de raison les chemins de l'action

---

1. *De Veritate*, Q. 17, art. 3 et 4.
2. *Super Epistolas s. Pauli Lectura. Ad Romanos*, Marietti, 1953, *Lectio II*, par. 1119, p. 208.

bonne, mais une incertitude fondamentale frange toujours la décision. Ce qui, peut-on commenter, ouvre à une pudeur et à une liberté spirituelle authentique : ni Dieu ne se substitue à la volonté, ni celle-ci ne peut prétendre en tout cas à une adéquation sans faille avec la volonté divine...

L'obligation et l'excuse

On peut toutefois se demander si la position thomiste ne souffre pas d'une contradiction. Avec l'article 5 de la Question 19 dont nous venons de développer l'argument, on demandait : une volonté en désaccord avec une raison « errante » est-elle mauvaise ? Et l'on répondait par l'affirmative, tout en concluant qu'une telle volonté oblige puisque la volonté doit suivre la raison. Avec l'article 6, on demande : une volonté qui s'accorde avec une raison « errante » est-elle bonne ? Ou, en d'autres termes, est-elle *excusable* ? La réponse est qu'une conscience erronée oblige, mais n'excuse pas. Cette réponse est argumentée à partir de l'idée d'ignorance volontaire ; tout dépend en effet pour fonder une excuse de savoir si cette ignorance rend l'acte involontaire, soit directement quand elle porte sur l'acte même, soit indirectement quand l'ignorance résulte d'une négligence. Dans le cas où la conscience se trompe sur ce qu'elle est tenue de savoir, il n'y a pas d'excuse ; seul est excusable l'acte commis dans l'ignorance des circonstances, et sans qu'il y ait eu négligence.

Cette réponse est surprenante. Comment tenir à la fois que la conscience erronée oblige et qu'elle n'est pas excusable ? Devant quel tribunal n'est-elle pas excusable et qui est en droit de refuser l'excuse de son errement, quand celui-ci n'est pas volontaire ? Ici saint Thomas semble tout à coup rallier la thèse franciscaine repoussée à l'article précédent : la conscience est en effet tenue de connaître la Loi divine, elle n'est pas excusable, selon l'exemple donné dans le corps du texte, de considérer l'adultère comme un devoir puisque la Loi divine l'interdit, elle a donc le devoir de s'informer de ses obligations et des interdits moraux, elle peut être tenue pour responsable (ici coupable) de les ignorer. On voit bien une inter-prétation possible : saint Thomas ne faisant nullement de la conscience un absolu explique que l'on est responsable de la droiture de sa conscience et donc de sa formation tout autant que de son information.

Mais, ceci étant admis, comment dans l'acte même (ce qui est le sujet de l'interrogation en ce point de la *Somme*) la conscience pourra-t-elle surmonter son ignorance et être tenue pour inexcusable ? On peut se demander si Thomas ne tient pas à préserver le rôle de l'Église, notamment du confesseur, qui peut et doit, au nom de la Loi divine connue par les Écritures et la Tradition, débusquer une conscience erronée, la sortir de son ignorance, en lui signifiant que le lien moral qu'elle pose en toute rigueur pour elle n'est pas le dernier mot ; d'autres instances que la raison peuvent et doivent en effet aider la conscience à s'ouvrir à d'autres approches que celles auxquelles elle s'arrête. Cette position aboutirait à fermer les perspectives de sagesse ouvertes par l'article 10, et postulerait une possible adéquation parfaite entre volonté humaine et volonté divine, avec tous les risques d'obturation du manque (comme nous dirions aujourd'hui). Ce soupçon n'est pas gratuit ; il trouve à s'étayer sur les thèses défendues dans les pages consacrées à la loi, où le statut de ce que Thomas appelle « Loi divine » fait problème. Cette Loi vient en quelque sorte compléter et supprimer les lacunes de la loi naturelle et des lois humaines [1] ; elle est analysée non pas seulement comme achèvement, mais comme comblement et obturation des incertitudes inhérentes aux autres catégories de lois. Elle apporte des réponses fermes, pouvant sanctionner ce que les lois humaines échouent à aborder, et même concerner une intériorité qui échappe comme telle aux lois des hommes.

Comme souvent dans le catholicisme, ces propositions sont assez massivement posées sur le plan théorique, alors même que concrètement elles restent largement indéterminées. Ainsi saint Thomas lui-même, tout en caractérisant d'un côté la Loi divine comme ce

---

1. Ia IIae, Q. 91, art. 4.

qui complète lois naturelle et humaines, affirme d'un autre côté que la loi ancienne (celle de Moïse subsumée comme l'une des modalités de la Loi divine [1]) recouvre pratiquement la loi naturelle [2] et que la loi évangélique nouvelle (autre modalité de la Loi divine) «n'a presque rien ajouté en fait de préceptes à la loi naturelle [3]»; en toute hypothèse la loi nouvelle, loi de charité, étant essentiellement intérieure, vient de l'inspiration de l'Esprit Saint, et elle ne doit pas multiplier les préceptes extérieurs venant de l'Église. Ce qui revient à dire en clair que le régime de la liberté chrétienne selon l'Esprit ne peut pas s'accommoder d'un régime légaliste qui fixerait par les règlements l'ensemble du comportement humain. A suivre cette ligne de pensée, la Loi divine évangélique est alors tout le contraire d'une obturation, mais bien plutôt une ouverture à l'Esprit qu'aucune règle inutile ne doit surcharger.

En réalité, derrière ces hésitations se cache un problème déjà abordé dans un chapitre précédent. Si la conscience n'est pas l'instance première et dernière, que se passe-t-il quand telle conscience semble ignorer les préceptes de la loi naturelle, et pas seulement de la Loi divine, proposée par l'Église? Faut-il la tenir pour peccamineuse, malgré son ignorance, selon la ligne janséniste d'ailleurs condamnée par l'Église [4], ou tenir qu'agissant en bonne foi elle ne commet pas de péché? La première ligne d'interprétation présentant la Loi divine sous le mode d'un complément comblant fonde évidemment l'intervention de l'autorité religieuse par rapport à la conscience hésitante ou erronée. Elle laisse non résolue la question de savoir sur quoi s'appuie ladite autorité pour proposer ainsi des lois morales supplémentaires, puisqu'il est dit en toute clarté que la Loi divine, ancienne et nouvelle, ne peut éteindre la liberté chrétienne fondée sur le don de l'Esprit. Mais l'hésitation montre le point délicat d'une problématique qui doit bien situer un au-delà de la conscience, puisque celle-ci n'est pas nécessaire-

1. Ia IIae, Q. 91, art. 5, *sed contra*.
2. Ia IIae, Q. 100, art. 1 et 3.
3. Ia IIae, Q. 107, art. 4 : *paucissima superaddit*.
4. Proposition condamnée par Alexandre VIII le 7 décembre 1690 (Denzinger, n° 1291 *sq.*).

ment adéquate à la Loi divine et doit donc être à la fois respectée et « dépassée ». Cette problématique qui relativise la conscience dans le même temps où elle l'honore puisqu'elle y voit une instance d'obligation même erronée, peut être dite « classique » ; à en restituer toute la cohérence, on mesure mieux aussi quels déplacements se sont opérés depuis quelques siècles et pourquoi de nos jours des transformations fondamentales de problématique se sont opérées.

Contraindre ou respecter la liberté ?

La position thomiste ne peut pas être identifiée de près ou de loin aux positions jansénistes ou tutioristes que nous avons analysées précédemment. Incontestablement respectée, la conscience reste encadrée dans un système de lois (divine, naturelle et humaines), qui n'en font pas une référence inconditionnelle. C'est sans doute pourquoi saint Thomas peut distinguer obligation et excuse : la conscience doit être aidée à découvrir ses erreurs, et elle le peut si d'autres personnes ou d'autres institutions, l'Église par exemple, la mettent devant les exigences objectives de la loi morale. La position tutioriste se situe dans cette même problématique, mais elle relativise considérablement le lien que la conscience constitue pour l'agir moral, au point même, dans ses versions les plus extrêmes, d'en nier le rôle ; en revanche, elle insiste infiniment plus sur la référence à la Loi, en durcissant les thèses volontaristes franciscaines auxquelles s'oppose Thomas. Mais dans tous les cas, la conscience est rapportée à une extériorité qui la juge, plus qu'elle ne la juge elle-même. La société ou l'Église sont donc en droit de peser de tout leur poids pour détourner une conscience de ses erreurs, même si (il ne faut jamais l'oublier) cette contrainte ne doit pas introduire de contradictions fondamentales avec le régime de la liberté morale du chrétien. D'où la place d'un magistère ecclésiastique pour rappeler les consciences à leurs devoirs, le rôle éventuel de sanctions pour celui qui persiste dans l'erreur, la place des lois civiles pour enforcer le respect des lois morales... Mais cette position ne justifie pas toute forme de contrainte, bien loin de là.

Car se trouve posée la question de la tolérance au mal, question abordée par saint Thomas lui-même, par exemple à propos de la prostitution, et plus généralement quant aux rôles des lois humaines dans la « moralisation » de la société ; ici la thèse est qu'un excès de contrainte en faveur du bien risquerait d'engendrer toutes sortes de désordres pires que le mal que l'on cherche à éradiquer. La loi doit donc savoir tolérer ce qu'elle ne peut pas supprimer, et par là se trouve fondée une différence essentielle entre droit et morale [1].

Ces ambiguïtés conduisent à mettre en doute le bien-fondé de l'expression de « conscience erronée ». Karl Rahner estimait qu'il ne convient pas de parler en rigueur de terme de jugement de conscience erronée [2] ; en effet la conscience qui se lie par ce qu'elle tient pour juste de faire oblige absolument la personne, et si du point de vue « catégorial », comme dit Rahner, c'est-à-dire quant au contenu de ce qu'elle décide, elle peut se tromper, à travers ce « catégorial », elle se sent et se sait liée par un « transcendantal », saisi à même la catégorie mais la chargeant en quelque sorte d'une densité et d'une exigence inéliminables. Elle se trouve devant un devoir-être qui la structure et l'oblige absolument. Pour un jugement extérieur, la catégorie à laquelle s'arrête la conscience peut être estimée fausse ; mais pour la conscience même, sa fidélité à la catégorie entraîne une fidélité à un absolu, qui « n'est possible que par la transcendantalité de l'esprit et de la liberté » ; cette ouverture du sujet à l'Être ou à une telle transcendantalité illimitée témoigne d'une ouverture à « un mystère infini et incompréhensible *(unumfassbare)* que nous pouvons appeler Dieu ». Le théologien discerne donc à même l'immanence de la conscience à soi « le caractère théonome de la conscience ». Et il faut bien avouer en effet qu'une conscience capable d'une fidélité totale au devoir sur lequel elle s'engage, même si elle se trompe, capable de sacrifier beau-

---

1. Ia IIae, Q. 96, article 2, notamment la réponse 2. Voir aussi Q. 95, article 3.
2. K. Rahner. « Vom irrenden Gewissen. Ueber Freiheit und Würde menschlicher Entscheidung », in *Orientierung*, n° 22, du 30 novembre 1983, p. 246-250.

coup, voire tout, sur de tels choix, témoigne d'un lien avec une réalité suprahistorique, qu'elle saisit du dedans même des décisions les plus personnelles.

Il n'en reste pas moins que dans la perspective thomiste la conscience doit toujours se rapporter et peut être rapportée à une « extériorité », que la loi qu'elle reconnaît pour sienne est mesurée par d'autres lois, donc que l'individu en son individualité ne constitue pas une référence à suivre en toute occasion. Or l'individualisme moderne change profondément les termes de l'équation et introduit à une tout autre problématique. Dans la perspective moderne, c'est plutôt la société qui doit se justifier d'intervenir pour détourner l'individu de ses options, c'est elle qui est mise en demeure d'exhiber ses raisons, à la limite ce sont même ses valeurs et ses réglementations qui sont suspectées d'être « erronées », en tout cas susceptibles de véhiculer des violences, des injustices, des préjugés que la conscience ne peut certes pas accepter sans examen. Dans cette logique, inverse de la logique classique, les options de l'individu sont à respecter inconditionnellement; est-il même possible d'affirmer qu'il peut « errer » et que sa conscience est erronée ? De quel droit et à partir de quelle justification ordonnerait-on à l'individu de ne pas se nuire à lui-même ? Qui juge de la nuisance, hormis les cas où le comportement individuel nuit à autrui ? Et même alors comment fonder l'interdit d'actes réputés moralement mauvais si autrui est consentant ? Ne serait-ce pas s'opposer au plein régime de la liberté individuelle ? D'où la difficulté de la notion de devoir envers soi-même, l'individu étant censé pouvoir disposer librement de soi (suicide, avortement, toxicomanie, alcoolisme). D'où la difficulté actuelle à fonder des lois restrictives des libertés individuelles posées comme normes indépassables. Pour emprunter le langage de Rahner, on pourrait dire que la perspective dite moderne valorise la catégorie en tant que telle à laquelle s'arrête la conscience et refuse le jeu possible entre catégorie et transcendantalité.

La position de Pierre Bayle, écrivant son *Commentaire philosophique sur ces paroles de Jésus-Christ : contrains-les d'entrer* en 1686, est caractéristique de ce tournant. Se dressant comme le titre de son livre l'indique contre toute forme de contrainte religieuse imposée au nom d'une vérité absolue, il développe une interprétation minutieuse et subtile du *logion* évangélique. Dans sa perspective, il est clair que la référence à la conscience est fondamentale et indépassable, puisque «les droits de la conscience sont directement ceux de Dieu même [1]»; «la conscience est la voix et la loi de Dieu, connue et acceptée pour telle par celui qui a cette conscience : de sorte que violer cette conscience est essentiellement croire que l'on viole la loi de Dieu [2]». A la différence de saint Thomas, la loi éternelle et la conscience ne font qu'un, et respecter la conscience équivaut à respecter la loi éternelle. La conséquence en est que Dieu ne juge pas l'homme sur autre chose que sur le contenu de la conscience, ou ce que Bayle appelle sur les «modifications de l'âme [3]», non sur les conséquences des actions ou sur leur conformité à la loi humaine ou à la raison. Ce subjectivisme très radical a d'ailleurs pour conséquence qu'une action même mauvaise posée au nom de la conscience a plus de valeur morale qu'une action même bonne opposée à la conscience; Bayle énonce cette thèse en toute clarté, malgré «la répugnance que l'on ait d'abord à l'avouer» : «Un homme qui fait un meurtre en suivant les instincts de sa conscience, fait une meilleure action que s'il ne le faisait pas, et les juges n'ont point droit de le punir, puisqu'il ne fait que son devoir [4].» Selon les principes reconnus par l'auteur, la fidélité à la conscience rend une action moins mauvaise que faite contre la conscience : position extrême que n'eût évidemment pas admise saint Thomas, puisqu'elle confère à la conscience erronée mais de bonne foi une sorte de pouvoir de transmuer le mauvais en bon, excluant même qu'elle soit traduite en justice... Ce subjectivisme aboutit à l'idée que la vérité n'est rien d'autre que ce que nous sentons, la conscience devenant ce «sentiment intérieur» qui confère à la conduite un «caractère certain [5]». Certes, le

1. Paris, Presses Pocket 15/1992, 1re partie, ch. V, p. 129.
2. *Ibid.*, ch. VI, p. 146.
3. *Ibid.*, 2e partie, ch. IX, p. 318.
4. *Ibid.*, p. 316, conclusion cohérente avec les «principes avoués» posés au ch. VIII, p. 291-292.
5. *Ibid.*, 3e partie, ch. X, p. 346-347.

rationalisme de Bayle serait incohérent si dans le même temps n'était pas demandé un effort permanent à l'homme pour chercher une vérité dont il ne peut jamais se prévaloir, mais en définitive le sens intime et individuel reste le critère ultime du jugement moral.

Deux siècles plus tard, John Stuart Mill développera la logique de cette valorisation de la conscience sur le terrain proprement éthique[1]; il opérera le passage d'une valorisation de la conscience comme telle à l'idée que l'individu pose une limite infranchissable au pouvoir social ou politique. Inscrivant sa réflexion dans une vive critique du conformisme social et des pressions exercées par les puritains (plus généralement d'ailleurs par les Églises, ce qui rapproche du contexte théologique de Bayle), Mill oppose à « la tyrannie de l'opinion », qu'il considère comme la véritable menace moderne contre la liberté, le respect inconditionnel de la liberté individuelle. Seul l'individu est source de créativité et d'initiative; plutôt que d'éteindre ou de limiter ses désirs, il faut au contraire les exalter et les favoriser, par conséquent promouvoir la spontanéité individuelle; exerçant librement ses facultés, l'individu est d'ailleurs le mieux placé pour savoir quel est son bien[2]. Il faut donc sauvegarder le plus possible cette liberté contre l'intervention sociale, car « toute restriction en tant que telle est un mal[3] ». Et si la société doit bien se protéger, si même elle peut interdire certaines actions, il faudra que ce soit dans les plus strictes limites et seulement dans la mesure où les actes sont préjudiciables à autrui. On ne peut empêcher quelqu'un de se nuire (alcoolisme, fornication) ni le contraindre au bien; toutefois la société doit intervenir par exemple pour punir le policier ivre ou pour restreindre le commerce des poisons en aver-

---

1. *On Liberty* (1859), Collins Fount Paperbacks, 1962 (tr. fr. : *De la liberté*, Paris, Gallimard, 1990).
2. Thèse défendue au ch. III contre la « théorie du calvinisme » pour qui « le plus grand péché de l'homme est d'avoir une volonté propre » (*self-will*, p. 190).
3. *Ibid.*, ch. V, p. 227 : « *all restraint*, quia *restraint, is an evil* ».

tissant de la nocivité des produits, ou celui de la fornication en refusant la publicité racoleuse. Mill cependant reste hésitant sur le droit de la société à interférer avec la vie privée dans certains cas extrêmes : il récuse les contrats entraînant esclavage [1], mais faut-il limiter temporellement le contrat de mariage et admettre que l'individu s'en dégage dès lors qu'il n'y trouve plus son intérêt [2] ? l'État doit-il protéger les conjoints de leur éventuelle violence réciproque et les enfants des abus des parents, donc s'introduire dans la vie privée et les relations personnelles ? Est-ce même de son rôle que d'imposer l'éducation généralisée ? Dubitatif en ces cas, Mill tient paradoxalement qu'un État n'outrepasse pas son pouvoir légitime quand par la loi il interdit le mariage « aux couples qui ne peuvent pas prouver qu'ils ont les moyens de nourrir une famille [3] »...

Y a-t-il encore place dans un tel système de pensée pour une conscience erronée, comme il y en a une chez saint Thomas ? La raison censée mesurer la moralité de l'acte n'est-elle pas ici ramenée à la pleine disposition de soi de l'individu, à la satisfaction de ses désirs et à l'accomplissement de ses capacités ? Loin d'être une instance mesurante, elle devient une référence mesurée, et même si Mill déclare clairement que l'individu n'est pas « un être entièrement isolé », sa relation à autrui est de juxtaposition et d'extériorité. Alors que saint Thomas maintient qu'il y a des devoirs envers soi-même parce que l'homme doit pouvoir se justifier devant sa propre raison et s'élever à un comportement raisonnable [4], Mill semble étranger à cette notion, comme l'est l'individualisme contemporain, sous le prétexte que du moment

1. « Le principe de la liberté ne peut pas impliquer qu'on soit libre de ne pas être libre. Ce n'est pas la liberté que d'avoir la permission d'aliéner sa liberté », ch. v, p. 236.
2. Contre Humboldt qui défendait cette position, Mill répond négativement à cause des enfants. Mais son hésitation est symptomatique...
3. Est-ce le réflexe du bourgeois qui, sous la belle exaltation de l'individualisme inconditionnel, justifie un malthusianisme étatique pour les classes pauvres ? Les hésitations sur les limites à apporter au principe de la liberté mériteraient toute une analyse...
4. Ia IIae, Q. 18, art. 9, ad. 2, et Q. 21, art. 3.

qu'on ne nuit pas à autrui ou qu'autrui est consentant, aucune question morale ne se pose ; on est donc fondé à faire ce qu'on croit bon de faire, la raison n'étant que calcul rationnel de ses désirs, selon une définition célèbre de Hobbes [1]. L'individu n'a pas d'autre mesure que soi ; de ses convictions et de ses options propres il n'a pas à rendre compte ; et si la société peut chercher à l'éduquer (ce qu'admet Mill), c'est pour l'aider à prendre possession de soi plutôt que pour lui inculquer une doctrine morale particulière [2].

On pourrait donc soutenir la thèse selon laquelle pour le libéralisme moral, dont Mill est un représentant éminent, c'est la société qui peut être suspectée d'avoir une « conscience erronée » ; dès lors une telle conscience ne fonde aucune « obligation », encore moins aucun droit à faire valoir ses conclusions ou à les imposer. Bien plutôt doit-elle se justifier devant la souveraineté individuelle si elle lui impose des charges ou des restrictions qui contreviennent à sa libre décision. Le retournement de position par rapport à saint Thomas est à cet égard tout à fait net. Ces perspectives donnent de nos jours toutes sortes de conséquences intellectuelles, notamment dans le domaine de l'éthique médicale.

De ce point de vue, les positions de Tristram Engelhardt [3] déploient toute la logique de cet individualisme radical, en disciple assez conséquent de Robert Nozick [4]. Non seulement les morales religieuses (donc la Loi divine dans le vocabulaire thomiste) sont à repousser dans les marges d'une société pluraliste, bien qu'elles restent valables pour ceux qui y adhèrent encore, mais une éthique séculière ne peut trouver d'autres fondements que « le prin-

---

1. Hobbes, *Le Citoyen ou les Fondements de la politique*, section première, ch. II, par. 1, remarque.
2. Il y a d'ailleurs une incohérence : Mill estime que la discussion, donc la confrontation argumentée avec autrui, est indispensable dans la recherche de la connaissance et pour atteindre à la vérité (ch. II), mais dans le domaine moral l'individu semble pouvoir juger seul et sans relation à autrui. En morale l'individu sait ce que partout ailleurs il ne peut que laborieusement rechercher...
3. H. Tristram Engelhardt, Jr, *The Foundations of Bioethics*, New York-Oxford, Oxford University Press, 1986.
4. Robert Nozick, *Anarchy, State and Utopia*, New York, Basic Books, 1974 (tr. fr. : *Anarchie, État et Utopie*, Paris, PUF, 1988).

cipe d'autonomie» et le «libre consentement» entre individus. Allant bien plus loin que Mill et rejoignant Bayle sans doute à son insu, Engelhardt admet que la liberté soit liberté de choisir le mal ou des options nuisibles, car une liberté ordonnée à un bien serait une liberté hétéronome, ou encore prescrire au nom du bien reposerait sur «une présomption monothéiste», source de tyrannie et d'oppression. Si donc tel individu choisit de ne pas être soigné, ou de se suicider, ou de pratiquer l'avortement, ou de vendre tel ou tel de ses organes, la société doit absolument respecter ses décisions, car le «principe d'autonomie» a priorité sur le «principe de bienveillance». Le respect de la liberté individuelle est pensé comme une contrainte imposée à la politique publique *(«a side constraint»)* : c'est cette politique qui doit se justifier quand elle intervient dans la vie privée, et les bases de cette justification sont on ne peut plus limitées. De même c'est l'intervention médicale qui doit exhiber ses raisons pour soigner contre le vœu du malade (faire une transfusion sanguine à un mormon est immoral). Pour les mêmes raisons, doivent être récusés les systèmes d'assurances sociales étatiques qui imposent une solidarité contraire à la libre décision individuelle de dépenser ou non de l'argent pour les soins de santé.

La discussion de cet individualisme radical nous entraînerait loin. Par rapport à l'interrogation qui nous conduit dans ces pages, on peut au moins affirmer que la peur de toute contrainte, religieuse, étatique, médicale... justifie abusivement une sorte d'idolâtrie de la libre disposition de soi qui livre l'individu au risque de ses caprices et de la déraison, dès lors que toute intervention, même sous la forme de la discussion, est jugée inacceptable. Cette idolâtrie risque de fonder les injustices les plus graves : non seulement parce que la solidarité sociale est limitée à l'extrême, mais parce que la libre disposition de soi (des organes de son corps) justifie allègrement la mise en circuit commercial du corps des déshérités au profit des plus fortunés, ce que très vraisemblablement un Mill n'eût point accepté. Il faut d'ailleurs contester d'un point de vue anthropologique cette dissociation opérée entre individu et société, et réintroduire l'idée d'une intériorité réciproque : comme on l'a vu plus haut, l'individu est socialisé par le langage et déjà par son corps né d'une union sexuelle ; la société de son côté est lésée quand l'un de ses membres est lésé, méprisé, souffrant, abandonné, ou qu'elle le laisse se vendre comme une marchandise, car elle accepte alors que se développent en son sein des attitudes et des valeurs indignes d'une « société bien ordonnée », pour parler comme Rawls. Si cette anthropologie ne justifie nullement la contrainte sociale et étatique, encore moins l'idée que l'individu en son corps appartient à la société (selon l'idolâtrie sociale inverse qu'on a vu professer en France à propos des dons d'organes *post mortem* avec la loi dite Caillavet), elle justifie que l'individu puisse et doive être introduit et maintenu dans l'univers du discours social, donc que ses désirs ou ses options soient mises à l'épreuve de la discussion, de l'argumentation et de la confrontation avec autrui. Faute de quoi, cet individualisme radical conduit à un « respect » qui sonne étrangement comme un mépris concret, puisqu'on abandonne l'individu à lui-même, à sa folie comme à son angoisse. La conscience peut se tromper, et elle oblige en ce cas, mais la conscience se construit et se forme dans le dialogue ; elle se détruit et se pervertit dans l'isolement et le retrait du dialogue social. Mill, qui l'a si magnifiquement démontré dans le cas des vérités spéculatives, l'a étrangement minimisé et méconnu dans le cas de la vérité morale : oubli, déni ou trace d'idéologie ?

Des actes intrinsèquement mauvais ?

On est toutefois en droit de demander : suffit-il de conduire droitement la discussion, de proposer à la conscience d'argumenter ses positions, d'entrer dans le jeu du débat contradictoire pour qu'une universalisation de soi s'opère et que la décision morale trouve un fondement justifié ? La discussion elle-même ne doit-elle pas mettre devant des absolus, des *non possumus*, des interdits inconditionnels, échappant à toute contestation comme à toute discussion, fondant la remise en question des fausses évidences et provoquant le débat contre les affaissements des conformismes ou des sommeils éthiques ? L'objectivité morale ne doit-elle pas triompher de toute forme de subjectivisme, y compris de celui de l'intercommunication entre consciences susceptibles de se laisser emporter dans des aveuglements coupables ?

La polémique entre Constant et Kant

On retrouve bien ici le débat qui opposa jadis les « jésuites » à Pascal. Il ne manque pas de permanence, et il est même surprenant de constater que Kant, le philosophe qui a le plus incontestablement contribué à poser les bases d'une morale honorant pleinement la subjectivité (non le subjectivisme) en proposant au sujet la tâche hautement humaine de l'universalisation de soi, ait aussi défendu âprement l'idée que certains actes devaient être absolument proscrits et jamais posés par une conscience droite.

Le cas du mensonge a alimenté au siècle dernier une polémique célèbre entre Benjamin Constant et Emmanuel Kant ; ce débat illustre magnifiquement la force de deux positions antinomiques. Dans ses *Réactions politiques* (an V, 1797), Constant réfléchissait à l'importance des principes en politique et contestait la thèse de ceux qui prétendaient que la Terreur avait trouvé sa source dans la volonté d'ordonner la réalité sociale et politique selon des principes théoriques, ce qui était en gros la thèse de Burke ou des traditionalistes comme de Maistre. Il ne cherchait donc pas à minimiser les principes (liberté, égalité...) au profit d'un quelconque pragmatisme politique, mais au contraire à les justifier ; c'est dans ce contexte qu'il critique « un philosophe allemand » qui, sous prétexte que la vérité est un devoir, « va jusqu'à prétendre qu'envers des assassins qui vous demanderaient si votre ami qu'ils poursuivent n'est pas réfugié dans votre maison, le mensonge serait un crime[1] ». Outre le

1. Benjamin Constant, *Des réactions politiques*, Paris, Flammarion, coll. « Champs », 1988, p. 136.

scandale qu'éprouve le sens commun devant une telle conséquence, Constant avançait essentiellement l'argument selon lequel « s'il était pris d'une manière absolue et isolée », ce principe « rendrait toute société impossible ». Il ajoutait que si l'on doit en effet concéder que dire la vérité est un devoir, « l'idée de devoir est inséparable de celle de droits » ; « dire la vérité n'est donc un devoir qu'envers ceux qui ont droit à la vérité. Or nul homme n'a droit à la vérité qui nuit à autrui ». Ainsi donc, concluait-il, le principe devient-il applicable par l'entremise d'une sorte de « principe intermédiaire » qui justifie l'acceptation du mensonge. On doit mentir à celui qui se servirait de la chose dite pour nuire à autrui.

« Le philosophe allemand » ne se trompa pas sur l'interlocuteur visé, tout en confessant ne pas savoir où il avait donné l'exemple rapporté par Constant. Mais, sur le fond, Kant ne conteste pas que telle est bien sa position. Et il en renouvelle les termes en critiquant la solution de Constant [1]. D'abord, explique-t-il, il n'existe rien de tel qu'un droit à la vérité, formulation imprécise qui laisse entendre que la vérité serait un bien qu'on possède « et sur lequel un droit serait reconnu à l'un tandis qu'il serait refusé à l'autre » ; « ensuite et avant tout le devoir de véracité ne fait aucune distinction entre les personnes à l'égard de qui on pourrait avoir ce devoir et celles à l'égard de qui on pourrait aussi s'en dispenser, mais constitue un *devoir absolu* dont la validité s'étend à toutes les relations ». Ainsi donc un tel devoir ne doit prendre en considération ni les individus, avec leurs qualités morales ou leurs intentions supposées, ni les circonstances dans lesquelles il s'applique ; on doit le suivre « quelle que soit l'importance du dommage qui peut en résulter pour soi ou pour un autre ». Ce refus de principe s'appuie

---

1. Emmanuel Kant, *Sur un prétendu droit de mentir par humanité*, in *Œuvres philosophiques*, t. III, Paris, Éditions Gallimard, « La Pléiade », 1986, p. 435 *sq*. Saint Augustin a défendu dans son *De Mendacio* (395) des thèses analogues à celles de Kant. Kant a soutenu des positions également rigoristes en d'autres domaines (suicide, sexualité, usage de la nourriture) dans *Métaphysique des mœurs, Doctrine de la vertu*, 1er livre (Paris, Gallimard, « La Pléiade », t. III, p. 705 *sq*.), où il ne craint pas d'aborder les problèmes sous forme casuistique.

sur un autre argument qui touche le fondement même du lien social et politique : le mensonge « nuit toujours à autrui ; même s'il ne nuit pas à un autre homme, il nuit à l'humanité en général en ce qu'il rend impossible la source du droit ». Ainsi « dire la vérité constitue un devoir qui doit être considéré comme la base de tous les devoirs qui sont à fonder sur un contrat, et dont la loi, si on y tolère ne serait-ce que la plus petite exception, est rendue chancelante et vaine ».

Impossible de ne pas être sensible à la force des arguments avancés de part et d'autre. Impossible non plus de ne pas pressentir que l'on se trouve aussi devant un dialogue de sourds. Il suffit de remarquer que le philosophe français comme le philosophe allemand assoient l'un et l'autre leur argumentation sur l'idée que sont en jeu la base même de l'ordre social et les règles de la communication interhumaine. Si l'on ne ment pas à l'assassin potentiel, ne fait-on pas le jeu du crime et donc n'ébranle-t-on pas l'ordre social, demande l'un ? Si l'on admet la moindre exception en faveur du mensonge, rétorque l'autre, ne compromet-on pas la confiance réciproque, fondement de toute vie sociale ? En d'autres termes, la fidélité inconditionnelle à un principe abstrait n'entraîne-t-elle pas des conséquences immorales, directement contraires à une vraie sagesse morale ? Mais l'abandon du principe ne conduit-il pas à la ruine des rapports sociaux et donc à l'introduction d'une violence infiniment plus grave que celle que produira éventuellement la cohérence avec le devoir absolu ?

Actualité du débat

On croirait à tort que de tels débats sont aujourd'hui dépassés. En particulier dans le champ de la théologie morale catholique, ils ont une grande intensité, opposant ceux qui estiment que certains actes portent en eux-mêmes une obligation inconditionnelle (les « déontologistes » pour qui il faut en toute circonstance poser de tels actes), et ceux qui pensent qu'une telle considération, pour légitime qu'elle soit, ne peut faire fi de la considération des fins ou des conséquences de l'acte (les « téléologistes » pour qui le *télos* entre dans l'appréciation morale elle-même). Ce débat, très vigoureux aux États-Unis notamment [1], avait trouvé un élan neuf au cours de la Seconde Guerre mondiale. Pour faire plier les nazis, était-il moralement acceptable de bombarder intensivement les villes allemandes, donc de s'en prendre massivement à la population civile, contrairement à toutes les règles du *jus in bello* ? Répondre par la négative exposait au risque que les nazis parviennent un jour à la mise au point de la bombe atomique qu'ils n'hésiteraient pas à utiliser sans état d'âme contre les Alliés ; le scrupule moral donnerait à l'ennemi une chance non négligeable de victoire. Approuver de tels bombardements allait bien contre des principes sacrés en temps de guerre, mais pouvait contribuer à ruiner le moral de l'ennemi, donc faire avancer la victoire, et par suite épargner à long terme des pertes humaines. Entre deux maux également condamnables, mais également présents en situation de conflits, que choisir ?

Les « conséquentialistes » penchent en faveur des bombardements des villes, non point qu'alors tout massacre indiscriminé soit permis, car la finalité visée est claire : il s'agit de casser le moral de l'adversaire ; et elle limite étroitement les actions à entreprendre. Ce principe dit de « raison proportionnée » subit dans la discussion des raffinements considérables. Mais, même retravaillé et représcisé, ce principe est repoussé par les « déontologistes » qui de manière générale s'appuient plutôt sur des cas relevant de la morale privée ou du domaine de la sexualité (suicide, avortement, union sexuelle hors mariage...) ; ils affirment qu'il est des « biens humains

1. Voir par exemple Richard McCormick, *Doing Evil to achieve Good. Moral Choice in conflict Situations*, Chicago, Loyola University Press, 1978. Pour une présentation claire du débat, faite d'un point de vue « téléologique », voir Bruno Schüller, « La moralité des moyens. La relation de moyen à fin dans une éthique normative de caractère téléologique », *Recherche de science religieuse*, n° 68/2, 1980, p. 205-224 ; ou un débat entre adversaires dans *Ethics*, n° 85/2, 1975, p. 123-135, et n° 86/2, 1976, p. 171-174. L'encyclique Splendeur de la Vérité est entrée elle-même dans cette polémique en affirmant que la position téléologique était contraire à « la » doctrine catholique (par. 75) et donc en donnant aux positions philosophiques dites déontologiques le poids de son autorité.

fondamentaux» qu'aucune décision ne peut détruire; de tels biens sont «incommensurables» et les comparer à d'autres maux de moindre gravité morale aboutit à l'utilitarisme, donc finalement au relativisme; les actes forment ainsi une totalité indivisible quand ils concernent de tels biens; s'ils concernent une vie humaine qu'ils menacent, on devra dire qu'ils sont intrinsèquement mauvais, et donc moralement condamnables.

Comme le fait très justement remarquer Richard McCormick, ce débat met devant le problème du mal; et l'on a beau distinguer subtilement entre «mal ontique» (moralement neutre : par exemple l'ablation chirurgicale d'un organe) et «mal moral» (un bien est engagé ou touché par l'intervention, par exemple si la vie d'un embryon est concernée), on ne peut ignorer qu'en toute hypothèse il s'agit de savoir si oui ou non on compose avec le mal. Or en aucun de ces cas dramatiques on ne peut méconnaître qu'il en résultera quelque mal (massacre de populations, mort d'un embryon ou renforcement, voire victoire de l'ennemi). Toute la question est de savoir, poursuit McCormick, si en n'acceptant pas tel mal apparemment inévitable, on ne provoque pas de plus grands maux, à condition d'être sûr du lien entre telle décision et les conséquences redoutées. Cette rude leçon oblige de nouveau à reconnaître que la vie morale ne se passe pas dans un univers idéal, mais dans des contextes marqués par la violence et le mal[1]. La morale consisterait-elle à ignorer ce mal ou n'est-elle pas ce qui nous aide, par les principes et les valeurs qu'elle inculque, à le repousser autant que faire se peut, mais sans la visée illusoire de garder toujours et partout les mains pures? On a d'ailleurs maintes fois noté qu'au niveau de la décision concrète le déontologiste est bien obligé de «composer» et de prévoir des exceptions où le principe ne joue pas ou ne joue plus, ou encore il se montre miséricordieux envers le pécheur. De son côté le téléologiste n'est jamais strictement fidèle

---

1. C'est pourquoi de notre point de vue l'opposition entre téléologistes et déontologistes a quelque chose d'assez académique. Pour une remise en question de ce débat, voir les justes remarques de Peter Müller-Goldkuhle, «Ein Streit, der nicht sein müsste. Theologie-und moral geschichtliche Beobachtungen zur Kontroverse», *Herder Korrespondenz*, déc. 1982, p. 606 *sq.*

à une perspective du meilleur bien global à maximiser (utilitarisme) sous peine de tomber dans une relativisation de biens essentiels (admettre l'absence de soins du grand nombre pour favoriser une médecine de pointe au profit des individus les plus socialement utiles) [1]. En un mot, chacun doit bien composer avec une réalité résistante et avec sa non-conformité principielle avec le bien visé.

Les principes et la situation

Dans des matières aussi délicates et où tant de valeurs sont engagées, on doit donc se garder de tout manichéisme. Il n'y a pas d'un côté des laxistes seulement portés à s'incliner devant les exigences du siècle et à caresser les hommes dans le sens de leurs passions, et de l'autre de fidèles et inflexibles défenseurs du droit de Dieu et des éternels principes immuables. On n'en continue pas moins aujourd'hui encore d'accuser les «conséquentialistes» d'ignorer les principes (ne pas tuer, ne pas voler...), ou de tenir que la fin justifie les moyens [2], alors que si ces moralistes se posent des cas de conscience, c'est justement parce qu'ils cherchent à honorer concrètement ces principes, sans lesquels on ne verrait même pas qu'il y a un problème moral engageant la conscience ; mais ils se rendent compte aussi que la vie morale ne procède pas *more geometrico*, ou que, contrairement à ce que prétend Kant, tout ce qui

1. Voir, à ce sujet, Anne Fagot-Largeaut, «Réflexions sur la notion de qualité de vie», *Archives de philosophie du droit*, n° 36, 1991, p. 135-153, qui montre les ambiguïtés, voire les contradictions des deux positions sur des cas précis : «Là où le moraliste téléologique aurait tendance à vouloir rendre l'exception compatible avec la règle, en nuançant la règle, le moraliste déontologique préfère garder une règle stricte, et tolérer l'exception sans rien dire.» Mais le téléologiste veut-il vraiment «avancer» la règle ? Rien n'est moins sûr.
2. Par exemple encore John M. McDermott, «Metaphysical conundrums at the root of moral disagreement», dans *Gregorianum*, n° 71/4, 1990, p. 713-742. A noter qu'on peut toujours faire mieux dans le rigorisme : cet auteur reproche aux déontologistes de donner prise à un certain relativisme en proposant huit biens humains fondamentaux sans les hiérarchiser, ni expliquer que le bien du rapport de l'homme à Dieu est le plus décisif (note 11, p. 717) !

en morale est juste pour la théorie ne l'est pas pour la pratique [1]. Fidèles en cela à Aristote, plus qu'à Bentham, contrairement à ce qu'on leur reproche, ils reconnaissent que la décision morale doit honorer le principe dans le fait même et que c'est le fait ou la situation qui sont lourds des exigences morales à honorer [2]. La faiblesse principale des « déontologistes » tient à leur minimisation du poids éthique de la situation ou à une sous-estimation du contexte de l'action : tout a l'air de se passer pour eux comme si la vie morale consistait essentiellement à suivre des principes intangibles, et non pas aussi à mesurer les contraintes et les enjeux impliqués dans la décision à prendre au sein de relations sociales complexes (vie du couple, situation politique nationale ou internationale, etc.). Or, si la référence à des principes est à l'évidence un élément indispensable pour la prise d'une décision éthiquement droite, ce n'est qu'un élément qui doit entrer en dialogue et en relation avec d'autres, donc dans l'analyse du cas concret portant lui-même des valeurs morales à honorer. Ou plutôt c'est du dedans de la situation qu'apparaissent les valeurs et les principes en cause, et qu'il convient de les respecter selon une juste hiérarchie. Si par exemple on admet comme principe fondamental, donc en un sens « incontournable », la célèbre règle d'or qui demande sous sa version négative de ne pas faire à autrui ce qu'on ne voudrait pas qu'il nous fasse, on voit bien que ce principe reste formel : absolument valable, mais trouvant sens et contenu toujours et seulement dans un contexte bien déterminé où chacun doit rechercher activement et intelligemment à quoi engage une telle règle. Ici encore, c'est la situation ou le cas concret qui éclairent la portée des exigences morales rigoureuses.

C'est faute de l'avoir vu que Kant s'enferme dans une position intenable à propos du mensonge. Éric Weil, pourtant généralement si favorable à Kant, s'emploie à « dissiper une erreur qui n'est pas moins erreur pour être celle d'un grand philosophe [3] ». « Ce qui

1. Emmanuel Kant, *Sur le lieu commun : il se peut que ce soit juste en théorie, mais cela ne vaut pas en pratique*, op. cit., p. 268.
2. Aristote, *Éthique à Nicomaque*, livre 1, ch. 4, par. 7, ou livre 6, ch. 5.
3. Éric Weil, *Philosophie morale*, par. 17, c, Paris, Vrin, 1969, p. 113.

décide de la question, écrit-il, c'est que l'assassin de l'exemple a rompu le contrat de la non-violence : l'argument kantien ne porte pas, parce que la rupture est accomplie au moment où le problème se pose (...). Il n'y a plus lieu de parler d'attente légitime [1] là où la violence a déjà nié toute légitimité ; l'assassin lui-même, s'il recevait un renseignement donné sans hésitation, serait probablement si pénétré de la vérité de cette remarque qu'il se méfierait de la réponse. La possibilité de tout contrat, en termes kantiens, serait vraiment abolie si une obligation quelconque pouvait mettre l'être moral au service de la violence. Il n'y a plus d'obligation envers celui qui me traite comme pur moyen en vue de l'obtention de ses fins arbitraires ; en me soumettant, je ne renierais pas seulement la possibilité du discours comme lien essentiel entre les êtres raisonnables, mais encore toute possibilité de morale concrète quelle qu'elle soit.» Autrement dit la morale formelle ou l'appel aux principes ne sont rien sans la référence à une morale concrète, donc sans l'appui sur un contexte où il deviendrait immoral de livrer une personne cachée aux intentions criminelles de quelqu'un. On peut à partir de là dégager les éléments nécessaires à une analyse correcte des «cas de conscience», expression en effet peu prisée par les «rigoristes», puisque à leurs yeux il n'y a pas de conflits réels, mais seulement ou bien un aveuglement coupable sur les principes (enténèbrement produit par le péché, ignorance chez les faibles ou les «rudes»), ou bien incorrecte application du principe, ou encore refus délibéré des principes. Or en réalité la vie morale, en dehors du cours paisible de l'existence, commandé par les habitudes vertueuses, ne connaît que des cas spécifiques où se trouve engagée la responsabilité... La tâche de discernement ne peut être unilatérale, et si elle implique bien la référence aux principes, elle conduit aussi à considérer tout le poids de la situation concrète.

1. Attente de la part de l'assassin qu'on lui dise la vérité, ce concept d'«attente légitime» est analysé longuement par Weil dans les pages qui précèdent cette citation.

Le moralement inadmissible

Ces considérations ne satisferont vraisemblablement pas les rigoristes. N'y a-t-il pas quand même, objecteront-ils, des cas ou des actes intrinsèquement mauvais que l'on ne doit jamais poser, ni même envisager comme possibles ? Donc des cas où la coïncidence entre principe ou interdit et décision concrète est telle qu'aucune marge («laxiste»?) n'est possible ?

La tradition catholique connaît l'idée de «péchés irrémissibles», c'est-à-dire d'actes dont la gravité est telle qu'aucune «rémission» n'est possible, du moins de la part des humains et en laissant à Dieu le secret d'une éventuelle miséricorde. On a identifié de tels actes à l'homicide, à l'adultère, ou à l'idolâtrie. Une tradition réinterprétée de tels péchés consisterait à dire qu'il est des actes sur lesquels aucun pardon ne peut s'exercer, ou que le pardon alors couvrirait un crime et s'en rendrait en quelque sorte complice. Vladimir Jankélévitch a naguère passionnément défendu cette thèse à propos des camps nazis de la mort ; «lorsqu'un acte nie l'essence de l'homme en tant qu'homme, écrivait-il[1], la prescription qui tendrait à l'absoudre au nom de la morale contredit la morale», et il affirmait que «le pardon est mort dans les camps de la mort». Par rapport à l'innommable, ne se trouve-t-on pas devant un impossible compromis ? Face à de tels actes, qui concernent ce qu'on est convenu d'appeler «crimes contre l'humanité», nous nous honorons comme hommes de prononcer un non absolu et définitif. Sans aucunement identifier ce qui ne peut être comparé, certains se demandent si l'on ne peut assimiler à de tels actes impardonnables le pillage des ressources naturelles non renouvelables, ou certaines lésions graves et irréversibles faites à l'environnement, lourdes de conséquences peut-être fatales pour les générations de demain, ou encore le viol, l'assassinat ou le trafic d'enfants.

Chacun de ces exemples demanderait un examen attentif. On

1. Vladimir Jankélévitch, *L'Imprescriptible. Pardonner? Dans l'honneur et la dignité*, Paris, Éditions du Seuil, 1986, p. 25.

peut simplement noter qu'ils sont donnés a posteriori, donc après coup, lorsque le désastre, réel (dans le cas du génocide) ou supposé (dans celui de l'environnement), s'est produit. Ils nous avertissent en alertant sur les risques redoutables qu'entraînent la négligence ou le mépris à l'égard des principes fondamentaux posés par la morale, et que nous retrouvons sous la forme des commandements négatifs du Décalogue ou dans la formule de la règle d'or. Mais notre problème tient plutôt dans les requêtes des décisions à prendre, et dont les conséquences sont encore cachées ou inconnues. Or, dans l'« avant » de la décision, les remarques avancées par Éric Weil restent marquées au coin d'une grande sagesse. Les principes formels, et très largement ce sont ceux qui recouvrent les interdits fondamentaux (meurtre, mensonge, infidélité à son serment...), sont assurément nécessaires, et il doit être clair qu'aucune justification jamais ne peut être raisonnablement avancée de tels actes précédemment évoqués (à l'égard des enfants, ou l'assassinat systématique de populations). Mais, comme on sait, d'un point de vue plus général, les principes sont loin de suffire pour aboutir à une décision moralement juste, quoiqu'ils obligent à une vigilance sans laquelle la décision risquerait bien de glisser vers les abîmes. Sans mettre fin à un débat si difficile, les propos de Weil apportent une lumière vive sur le désir toujours caressé par certains que la vie morale soit identifiée à l'application de principes immuables.

« Il peut paraître décevant que la morale, dès qu'elle regarde la vie, n'apporte pas à la question posée d'autre réponse que celle qui consiste à dire qu'il faut faire pour le mieux (...). La déception est pour ceux qui attendent de la morale ce qu'aucune morale ne saurait fournir ensemble, la conscience de la libre responsabilité raisonnable et une série de prescriptions qu'il suffirait de suivre pour être débarrassé de cette même responsabilité (...). La question morale ne se pose que dans un monde déchiré, et c'est là que les questions morales attendent et exigent leurs réponses. Seule la sagesse pratique les donnera, sentant — ou pesant consciemment, si elle est consciente, car elle ne l'est pas nécessairement — le risque qu'elle accepte en chaque cas et à chaque moment, la responsabilité qu'elle assume, mais aussi la dignité qui, par ce risque même, est la sienne [1]. » Les tragiques événements de Bosnie en ces années 1992-1993 qui, par certains côtés, bombardements systématiques de villages, « purification ethnique », viol organisé de femmes..., dépassent les horreurs nazies, manifestent à quel point la conscience morale internationale se trouve désarmée, non point au niveau de la condamnation de principe, mais au niveau des conséquences pratiques à tirer. On voit où est le mal ; on discerne moins bien les lignes d'une action politique qui n'amplifierait pas encore l'horreur. Devant une telle conclusion, personne ne peut triompher. Situation tragique de la conscience morale déchirée devant un bien inaccessible sans plus de mal encore...

L'objection de conscience

La question des actes intrinsèquement immoraux se repose à travers le problème de l'objection de conscience : devant des ordres ou des collaborations estimés inacceptables moralement, la conscience n'est-elle pas tenue de désobéir ou de marquer son refus de toute complicité ? Le cas du militaire devant la torture ou du médecin dans la participation à un avortement, et bien d'autres, sont connus, et l'on admet généralement qu'une conscience a non seulement le droit, mais le devoir d'objecter devant une décision qui l'engage et qu'elle juge immorale. Nombre de codes déontologiques professionnels prévoient d'ailleurs explicitement de telles clauses de conscience, tout en encadrant les possibilités de l'objection, pour éviter les glissements vers des refus complaisants ou équivoques.

On peut se demander toutefois si l'extension même de la pratique de l'objection de conscience, notamment à l'égard de l'armée, ne dilue pas le sens même de cette référence hautement respectable. On retrouve sans doute ici ce qu'on a évoqué plus haut. En contexte individualiste, un retournement de situation s'opère. C'est la société

1. Éric Weil, *op. cit.*, p. 194-195.

qui doit se justifier d'intervenir sur l'individu, de lui demander un service, de poser une limite à ses désirs ou à ses possibilités, tant l'idée de devoir envers la patrie ou la profession s'est brouillée. Et la société ne peut obtenir ce qu'elle estime souhaitable ou nécessaire que si l'individu y consent. Qu'il s'agisse là d'un retournement de situation apparaît dans le fait que l'objection de conscience « classique » est une résistance ou une protestation de la part de l'individu envers des exigences arbitraires ou immorales, voire même à l'encontre d'un ordre social estimé violent ou imperméable à tout « dialogue ». Dans ce contexte, c'est à lui, l'individu, de justifier son opposition devant une société légitimée comme a priori. Les théoriciens qui de nos jours donnent le primat à l'individu comme référence ultime, tels Nozick ou Engelhardt, partent tout à l'inverse du postulat selon lequel le libre consentement de l'individu est la condition fondamentale de toute action entreprise sur lui ou avec sa participation. C'est à la société de justifier son appel à un intérêt collectif pour surmonter les résistances ou les indifférences de l'individu, et cette tâche est d'autant plus difficile que l'idée même d'intérêt collectif est hautement suspecte pour ces auteurs. L'individu est avant tout considéré comme propriétaire de lui-même (tel est d'ailleurs le postulat fondamental de Nozick), et toute limitation de ce droit de propriété doit être dûment négociée, sur le présupposé que tout empiétement est a priori immoral et violent. Ce n'est plus la conscience qui résiste, comme dans la pensée de Bayle, c'est la conscience qui est installée dans un quant-à-soi dont le dépassement paraît exorbitant, et doit donc être discuté.

Il est significatif d'ailleurs que les penseurs soucieux du politique, comme Hannah Arendt, ou ceux d'une société bien ordonnée, comme John Rawls, distinguent soigneusement l'objection de conscience de la désobéissance civile. A leurs yeux, la société ne peut pas être seulement une collection d'individus ; elle est soit un espace public dans lequel peuvent jouer les différences, soit une organisation ordonnée reposant sur des principes dûment reconnus et légitimement (raisonnablement) fondés. Rawls par exemple, tout en reconnaissant la difficulté de poser une « distinction tranchée » entre objection de conscience et désobéissance civile, comprend la première dans le cadre de la seconde. La désobéissance civile ne contredit pas les principes de justice, fondement d'une société bien ordonnée ou presque juste, elle s'appuie au contraire sur eux pour en appeler publiquement à une meilleure fidélité à des principes que le citoyen estime bafoués. L'objection de conscience par contre refuse d'«obéir à une injonction légale plus ou moins directe ou à un ordre administratif[1]», mais elle ne fait pas appel au sens de la justice de la majorité; elle prend la figure d'une protestation au nom de convictions morales ou religieuses, sans se soucier de faire passer ces convictions dans la sphère politique comme telle. La désobéissance civile est une vertu civique, puisqu'elle fait explicitement jouer les principes de justice qui reposent à la base des convictions sociales communes; elle suppose une certaine unanimité au sujet de ces principes[2] et elle en appelle de leur irrespect actuel à un plus grand respect; elle contribue par conséquent à stabiliser la société bien ordonnée, loin de la déséquilibrer. On comprend alors pourquoi «du point de vue de la théorie de la justice, il n'est pas vrai que les jugements en conscience de chaque personne doivent absolument être respectés; il n'est pas vrai non plus que les individus soient complètement libres de former leurs convictions morales[3]». Certes une telle conscience devra être respectée, et les options morales particulières admises, mais étant sauf le maintien des principes de justice, fondement de la société; quand donc l'objection de la conscience compromet de tels principes, il va de soi que la société est en droit d'en limiter l'effet[4].

Il est clair qu'une théorie sociale ou politique comme celle de Rawls ne peut souscrire aux thèses individualistes extrêmes; elle encadre nécessairement l'appel à la conscience. Qu'en conclure?

---

1. John Rawls, *Théorie de la justice*, Paris, Éditions du Seuil, 1987, par. 56, p. 408.
2. *Ibid.*, par. 41, p. 304 : «Chacun a un sens de la justice semblable et, de ce point de vue, une société bien ordonnée est homogène. C'est à ce consensus moral que fait appel l'argumentation politique». Cf. aussi p. 496 et 501.
3. *Ibid.*, par. 78, p. 562.
4. *Ibid.*, par. 56, p. 410.

Plusieurs remarques peuvent être faites. L'objection de conscience s'appuie certes sur des convictions intimes, morales ou religieuses ; mais elle ne prend tout son sens que si elle conteste un ordre d'habitudes ou de règles jugées contraires à la dignité humaine ou à la justice ; posée comme requête purement individuelle, elle glisse vite à la protestation capricieuse et vide ; elle devient même un acte sans portée dès lors que les lois la favorisent et généralisent une pratique qui devient plus un conformisme tranquille qu'une protestation courageuse et risquée. Ainsi le refus de service militaire de nos jours perd-il beaucoup de son sens, au point même qu'on doit s'interroger : s'agit-il encore d'objection de conscience, ou n'est-on pas devant un abus de terme ?

Ce qui conduit à une remarque plus générale : l'individualisme est crédité de valeurs presque indiscutables dès lors que la menace concernant l'organisation sociale paraît lointaine ou inexistante ; il fait bon développer des théories et favoriser des pratiques qui posent l'individu en ayant droit quasi absolu à l'ombre de sociétés qui paraissent extraordinairement stables ou peu concernées par la désagrégation ; quand la violence perd son visage menaçant, l'individu ne comprend même plus à quel point il est redevable de sa propre vie à un ensemble de règles et de coutumes. Le pacifisme n'est jamais si beau qu'en l'absence d'ennemis, réels ou volontairement ignorés ; dès que la violence surgit, que l'ordre social est ébranlé, le refus de la violence devient autrement plus méritoire, parce que la mort rôde et que tout ce qui a l'apparence d'une complicité avec elle est récusé. C'est alors que l'objection de conscience prend tout son sens, parce qu'elle s'élève contre les aveuglements d'une défense sociale qui se donne tous les droits, et qu'elle rappelle qu'une société se perd à se compromettre elle-même avec la violence.

Mais dans des sociétés qui se croient peu menacées, l'individualisme triomphe. Dans quelles limites supportables ? On conclura que l'objection de conscience n'a la force d'une contestation morale que si elle est réellement contestation d'un ordre injuste, que si elle refuse de suivre ou d'avaliser une loi manifestement contraire aux droits fondamentaux de la personne humaine, non si elle glisse dans le sens des facilités que s'accordent des individus inconscients des enjeux globaux et repliés sur leur quant-à-soi. Ou encore elle n'est plus qu'une opinion que « rien ne distingue plus des autres opinions », comme le constate assez froidement Hannah Arendt ; en ce cas « la force d'une opinion ne dépend pas de la conscience, mais du nombre de ceux qui la partagent [1] ». Mais on n'est plus alors dans la logique de l'objection proprement dite.

Enfin, dernière remarque, l'objection de conscience reste un recours nécessaire, mais à la condition qu'elle soit marquée par la volonté de passer dans le domaine public et d'exhiber ses raisons de protester ou de refuser : l'affirmation obstinée de convictions intimes est une infirmité morale et politique, et nous pourrions appliquer à l'objection de conscience ce qu'écrit Rawls à propos de la désobéissance civile ; elle ne se justifie que si elle a d'abord fait appel, de bonne foi, à la majorité politique, ou aux principes fondamentaux (par exemple les Droits de l'homme), et que cela a échoué, qu'elle n'a pas été entendue ou qu'on lui a opposé un refus qu'elle estime illégitime. Sa légitimité, ici encore, implique le passage par la parole publique, donc par la manifestation des raisons que telle personne trouve de ne pas suivre un ordre ou une réglementation. Cette règle sauve la conscience de son psittacisme, et sans la violenter l'oblige à devenir raisonnable, c'est-à-dire à expliciter ses raisons et à entendre celles d'autrui. Elle la provoque aussi à faire bouger l'opinion publique en avançant des contestations fondées de l'ordre des choses. Mais il va de soi qu'en définitive c'est bien à la personne concernée de prendre ses responsabilités, y compris contre l'avis d'autrui, et de suivre les perceptions de la conscience, quoiqu'il lui en coûte. Seulement elle n'est moralement justifiée à le faire que quand elle n'a pas minimisé d'abord l'importance de la relation humaine, lieu de la socialité et de la raison.

---

1. Hannah Arendt, « La désobéissance civile » dans *Du mensonge à la violence*, Paris, Calmann-Lévy, 1972, p. 75.

CHAPITRE 6

La conscience promue

Les pages qui précèdent n'ont pas manqué de souligner à quel point dans la tradition chrétienne, notamment catholique, l'avènement de la conscience ou de la subjectivité moderne avait suscité d'incompréhensions, d'inquiétudes, voire de refus. Il est temps de s'interroger en terminant : en tant que tel, le christianisme marquerait-il une hostilité de principe envers la conscience, ou aurait-il au contraire contribué de manière décisive à sa promotion ? Plus précisément encore, aujourd'hui l'Église catholique constitue-t-elle un milieu formateur et porteur pour des consciences morales adultes ? Car, après tout, même si pour des raisons compréhensibles quand on les rapporte à une situation historique déterminée l'Église s'est montrée réticente devant la montée de la subjectivité, elle peut être aujourd'hui un lieu éminent de promotion de l'idée de conscience, et de formation des consciences. Est-ce le cas, et quel est donc son enseignement officiel en la matière ?

La révolution chrétienne

Message universel, réponse personnelle

Si l'on retient l'épure de l'annonce chrétienne la plus originelle, telle que les Évangiles nous la rapportent, on admettra vraisemblablement sans peine, quitte à s'interroger sur le sens du propos, qu'elle tient dans la proclamation et l'avènement du Royaume de Dieu [1] ; Jésus se donne pour le porte-parole d'une bonne nouvelle, neuve et bonne, en ce qu'elle annonce la présence actuelle de Dieu ; mieux même, il n'est pas seulement le héraut d'un message qui lui serait extérieur, mais, comme on le voit notamment dans l'Évangile de Luc, il est lui-même cette bonne nouvelle et ce message [2] ; il indique par sa parole et ses gestes, les miracles en particulier, que Dieu est là, comme don, pardon et grâce gratuitement livrée. Il bouscule les barrières traditionnelles de l'accès au salut, puisqu'il proclame en même temps que cette bonne nouvelle s'adresse à tout homme et à toute femme, non pas à un peuple élu mis à part ni à une élite de prédestinés, mais, selon un paradoxe effectivement scandaleux, à ces hôtes de choix du Royaume que sont les prostitués, les publicains et les pauvres ; bref à tous ceux qui se reconnaissent eux-mêmes pauvres devant Dieu, quel que soit leur statut social ou religieux, la pauvreté entendue ici étant l'attitude radicale de la remise de soi à plus grand que soi.

Du coup, et voilà qui concerne notre propos au premier chef, la convocation à entrer dans le Royaume venant du Messager de Dieu appelle la libre réponse de celui qui est ainsi invité aux Noces. Cette réponse n'est pas conditionnée par l'appartenance à un peuple, à une ethnie, à un sexe, à une classe sociale ; mieux, elle ne l'est même pas par le comportement vertueux et éthiquement ou religieusement conforme, puisque les plus réticents à répondre sont les plus « impeccables » (scribes et pharisiens) et que les plus proches du « oui » sont les pécheurs et les païens. Même si Jésus limite son champ d'action aux juifs, à quelques exceptions près, la portée universelle de son message est sans ambiguïté. La réponse à l'appel inauguré par les temps nouveaux et la proximité du Royaume dépendent avant tout et principalement de la libre disposition de celui qui se sent concerné par la parole, de son aptitude et de son désir

1. D'après l'*Évangile selon saint Marc* (et les textes parallèles), la prédication publique de Jésus commence ainsi : « Le temps est accompli, et le Règne de Dieu s'est approché ; convertissez-vous et croyez à l'Évangile » (ch. 1, v. 15).
2. *Évangile selon saint Luc*, ch. 4, v. 16 à 30 dans la synagogue de Nazareth.

à devenir disciple, donc à mettre ses pas dans ceux de celui qui le conduit sur les chemins du Dieu proche et de la rencontre d'autrui, ou à accueillir la bonne nouvelle de la vie proposée par Dieu. Le double principe du message de Jésus, universalité de l'annonce et réponse personnelle de l'auditeur, met au centre d'un dispositif dont les effets ne cesseront plus de se faire sentir, puisqu'ils vont faire sauter progressivement toutes les barrières qui empêchaient de voir que la libre initiative de Dieu ne peut attendre autre chose que la libre réponse de l'homme. Progressivement, car une telle révolution religieuse et anthropologique ne peut pas donner ses effets d'un coup ; elle est comme le germe ou la graine, évoqués par Jésus, qui travaillent sourdement, invisiblement mais inéluctablement ; elle agit sur les siècles et même ne peut donner du fruit qu'à partir d'un terrain plus ou moins favorable [1]. Mettant en avant la libre réponse de l'homme, éventuellement hors et même contre ses appartenances traditionnelles, elle privilégie le geste personnel d'acquiescement sur les solidarités naturelles et historiques, la conversion de l'apôtre Paul pouvant servir ici d'attestation claire de ce déplacement.

Droiture du cœur

Comme on affirme souvent que l'originalité chrétienne est faible, voire inexistante, il importe, sans pour autant entrer dans des analyses historiques minutieuses, longues et contradictoires, de tracer les fractures de cette révolution, d'une part à l'égard du monde juif, d'autre part à l'égard du monde hellénistique. On comprend mieux ainsi à quel point le christianisme, par ce que son message a d'essentiel, et non par des aspects annexes ou marginaux, a posé certaines des conditions principales de l'avènement de la subjectivité, et donc de la conscience.

---

1. On pense ici aux paraboles du semeur, si caractéristiques de l'enseignement de Jésus et si révélatrices de la nature du christianisme (par exemple *Évangile selon saint Luc*, ch. 8, v. 1 à 15, et textes parallèles).

Un regard même rapide sur l'enseignement moral de Jésus fait apparaître son insistance sur l'intérieur de l'homme, sur la visée de l'acte, sur l'intention de ce qui est fait ; certes, contre des interprétations réductrices ou anachroniques, il faut bien voir que Jésus n'est pas hostile par principe à la loi mosaïque, mais, ce qui est sans doute infiniment plus décisif et de plus durable portée, il déplace le rapport à la loi. Ce n'est pas le conformisme littéral aux préceptes qui compte aux yeux de Dieu ou de la vie morale authentique, mais la visée du cœur, au point même que le conformisme peut être radicalement infidèle à la volonté de Dieu exprimée dans la loi, et inversement l'impuissance à suivre la lettre peut être plus proche de son esprit. Jésus va même si loin dans cette perspective qu'il ose affirmer que quiconque désire commettre l'adultère l'a déjà commis, comme si l'intention avait autant, voire plus de poids que l'acte même [1]... Certes on objectera que les grands prophètes d'Israël avaient déjà dénoncé avec force les illusions du littéralisme et, au moins pour certains d'entre eux, appelé à une religion du cœur, d'un cœur de chair et non de pierre. Nul doute que Jésus s'inscrive en effet dans cette lignée, mais il la porte à son terme ; il propose la conversion du cœur comme possible dès maintenant sous la promesse actuelle du Royaume de Dieu ou dans la vie de l'Esprit, alors qu'Ézéchiel ne faisait qu'annoncer la venue de l'Esprit capable de transformer les cœurs. Une telle radicalisation, qui maintient la loi tout en renversant l'économie traditionnelle, pose les conditions d'une religion et d'une morale de l'intériorité, où l'acte est apprécié sur sa visée, sa conformité interne à la loi, le sens effectivement reconnu au précepte, le service réel rendu au prochain.

Dès lors, comment nier que, parfaitement enraciné sur le fondement juif, Jésus fasse pourtant un pas hors de lui, pas qui va entraîner une profonde remise en cause de sa structure interne ? Du point de vue moral en particulier, cet enseignement de Jésus oriente le regard du côté de l'examen du cœur, source des actes purs ou impurs, il oblige à peser les intentions, donc conduit iné-

---

1. *Évangile selon saint Matthieu*, ch. 5, v. 27-28 : tout le Sermon sur la montagne est à lire dans cette optique.

luctablement à une valorisation de l'intériorité ; sans doute est-ce même là l'une de ses originalités la plus remarquable, tant à l'égard de la tradition juive que des perspectives hellénistiques, nous le verrons. On ne se fera pas faute plus tard (pensons à Nietzsche en particulier) d'accuser cette orientation morale de survalorisation du monde intérieur, son résultat en étant l'égarement de la conscience dans le dédale indéfini des scrupules. La critique est sans doute excessive, elle attire néanmoins l'attention sur une inflexion incontestable du regard vers l'intériorité de la part de Jésus.

Traditions reçues et discernement spirituel

On cite généralement ici l'apport essentiel de l'apôtre Paul en matière morale pour étayer ces conclusions. Même si l'on ne retient pas l'opposition extrême entre évangile et loi qui, selon Luther, serait au centre de la théologie paulinienne, on admet généralement que Paul pousse plus que quiconque la séparation entre régime de la foi et régime de la loi [1]. Les théologiens scrutent même avec une attention savante les versets de l'*Épître aux Romains* (ch. 2, 14-15) dans lesquels ils croient découvrir la présence anticipée de la place donnée à la conscience dans la vie morale ; comme nous avons déjà abordé ce passage au cours du chapitre premier, nous n'y reviendrons pas ici.

Nous y reviendrons d'autant moins qu'il n'est pas sûr en effet que la contribution paulinienne à l'avènement de la conscience soit à chercher dans des citations après tout limitées et dont l'interprétation prête à discussion. Certes l'effort pour établir une sorte de pont entre régime moral juif et régime moral païen n'est nullement négligeable, et il est bien remarquable encore que ce point de passage soit cherché autour de la notion de « conscience », bien que le sens paulinien de l'expression soit spécifique de l'univers théologique de l'Apôtre et encore fort éloigné de l'acception actuelle du terme. Mais il ne faut certainement pas surévaluer un élément

1. Principalement dans les deux *Épîtres aux Galates* et *aux Romains*.

particulier du discours paulinien et méconnaître une rupture beaucoup plus décisive.

On peut affirmer en effet que Paul pose un geste inaugural bien plus considérable quand il n'oblige plus les païens, ni à la circoncision, condition d'accès à la vie juive selon la loi, ni aux pratiques légales et rituelles juives. Tel est le sens de son engagement vigoureux dans le conflit qui divisait l'Église primitive autour de la question de savoir quelles exigences demander aux païens convertis, conflit qui trouvera sa solution sous la forme suivante [1] : rien ne sera demandé d'autre aux païens, sinon de renoncer aux pratiques idolâtriques et de « s'abstenir de l'immoralité », proposition qui, selon certains manuscrits, serait à entendre comme l'appel à honorer la règle d'or [2]. Une telle conclusion est en pleine cohérence, et avec le message de Jésus qui demande d'unir amour de Dieu (pas d'idolâtrie) et amour du prochain, en quoi se résume toute la loi, et avec l'enseignement habituel de Paul en matière morale, telle qu'il transparaît avec une grande constance dans ses *Épîtres*. Non seulement il n'exige pas des païens qu'ils se comportent selon la loi juive, mais il ne les détourne nullement de leur *ethos* traditionnel. Il leur demande de faire preuve de discernement dans les mœurs et les coutumes qu'ils connaissent, et de ne repousser que ce qui va contre le respect du prochain ; le critère de discernement est à prendre de l'enseignement évangélique lui-même, autrement dit l'accueil mutuel comme Dieu accueille en Christ [3] devient le critère de tri dans les mœurs inculquées par la société païenne.

Si Paul donne toute sa mesure à ce que j'ai appelé la révolution chrétienne, c'est parce qu'il oblige aussi bien juifs convertis que païens convertis à ne plus se contenter de suivre docilement les coutumes de leur tradition, mais à les apprécier en fonction d'un cri-

---

1. *Actes des Apôtres*, ch. 15, v. 1 à 35.
2. Laquelle serait donnée ici dans sa version négative (« ne pas faire à autrui ce qu'on ne voudrait pas qu'il nous fasse »), tandis que les Évangiles en donnent la version positive : *Évangile selon saint Matthieu*, ch. 7, v. 12 ; cf. note de la TOB, p. 404, note d.
3. *Épître aux Romains*, ch. 14 et 15, la loi étant tout entière ramenée à l'amour de Dieu et du prochain.

tère transcendant. Dès lors, l'instance du jugement personnel prend le pas sur la fidélité aux traditions reçues. Paul demande à la fois d'assumer sa propre tradition et de garder distance critique à son égard ; le discernement maintient et dépasse la tradition, objet de ce tri critique. Mais en quoi consiste au juste la conduite chrétienne droite ? Passe-t-elle elle-même par de nouvelles pratiques codifiables en un système moral complet et fermé ? Justement parce que Paul annonce le salut par la foi au Christ, ou l'appel adressé à tous d'entrer dans l'Alliance nouvelle, il ne peut plus identifier les « mœurs chrétiennes » ni à celles de l'ancien peuple élu, ni à celles conformes à l'éthique de la cité grecque. Il frappe d'une essentielle indétermination les mœurs léguées et courantes : comme telles, elles ne sont pas voies de l'accomplissement pour le salut. Il les assume pourtant totalement puisqu'il ne demande ni au juif de renoncer à être juif (il revendique pour lui-même de le rester), ni au païen de récuser son paganisme pour devenir juif ; mais il assume entièrement ces mœurs en les passant au crible de la loi de charité. Ces deux aspects sont à tenir ensemble ; à oublier le dernier en particulier, on accusera le christianisme paulinien d'acosmisme ou on le suspectera de faire violence à la naturalité ou à l'historicité, donc de proposer un angélisme destructeur de l'humanité. Or Paul, fidèle à la dialectique de l'Incarnation, tient à la fois à assumer les particularités culturelles et historiques des traditions humaines hors desquelles l'homme n'est qu'une ombre, et à les dépasser, non à les supprimer, encore moins à les ignorer, pour en purifier les scories dans la ligne de la charité ou dans la perspective du « temps qui se fait court [1] ».

En conséquence, Paul n'élabore pas un système moral, pour en faire un signe de ralliement et de reconnaissance des chrétiens ; appelant au discernement, il met en position critique et postule l'émergence d'une instance de jugement hors traditions et hors éthiques établies ; bien évidemment cet appel au discernement et au tri dans les mœurs courantes à partir de l'Esprit du Christ ou de la Loi de charité ne renvoie pas le croyant à la solitude de son apprécia-

---

1. *Première Épître aux Corinthiens*, ch. 7, v. 29 *sq.*

tion. Le discernement est à opérer dans les communautés chrétiennes, donc en Église(s) ; c'est aux communautés d'apprécier ce qui, lésant le plus faible, est contraire à la liberté chrétienne, puisque si « tout m'est permis », « tout n'édifie pas », tout ne construit pas le corps du Christ[1]. Et Paul ne se fait pas faute d'intervenir avec vigueur et fougue dans ce discernement pour dire ce qui le scandalise dans les choix des communautés et ce qui doit éventuellement être rectifié. Ainsi donc l'appel à la conscience individuelle reste-t-il fortement canalisé, mais, il est facile de le noter, les interventions autoritaires de l'Apôtre portent sur des points réellement scandaleux, alors que pour le reste, c'est-à-dire pour la part immense de la vie courante, il consacre les pratiques communes en demandant de les passer au crible de l'*agapè*[2].

L'indétermination chrétienne

Il n'est reste pas moins que, par le déplacement qu'il opère du respect de la loi à l'impératif du discernement, Paul ouvre une indétermination et provoque une déstabilisation morale considérable. Le comportement droit n'est pas forcément le comportement conforme à la tradition vécue. Il se découvre à travers un travail critique difficile : juger de toutes choses à partir de la vie donnée par le Christ ou dans son Esprit. Ou encore parce que, appelé à vivre selon le Royaume ou la Cité d'en haut, le croyant ne peut plus simplement suivre les règles du Royaume ou de la Cité d'ici-bas : mais quelles sont les règles et les mœurs du Royaume des cieux ? Qui en fournit le déchiffrement et en énumère la liste ? Quels sont les actes concrets qui portent la fidélité à l'Esprit du Christ ? Il faut redire, plus qu'on ne le fait ordinairement, qu'en son principe la vie chrétienne est affectée d'une indétermination qui peut donner le vertige par rapport aux systèmes légalistes ou aux philosophies de la civilité grecque. Paul, ici encore, est moins éloigné des Évan-

1. *Première Épître aux Corinthiens*, ch. 10, v. 23.
2. *Épître aux Philippiens*, ch. 1, v. 9 à 11, et ch. 4, v. 8.

giles qu'on le prétend parfois. Qui peut dire avec certitude quels actes permettent d'être parfait comme le Père céleste est parfait ? La parabole du Bon Samaritain suggère certes qui est le prochain, mais elle ne donne pas un code de la conduite charitable [1], et surtout elle se refuse à offrir le catalogue attendu des catégories prioritaires de prochains : à chacun de découvrir par ses moyens propres et sa générosité dans l'Esprit celui dont il a à se rendre proche. De même, la scène célèbre dite du Jugement dernier, au chapitre 25 de l'*Évangile selon Matthieu*, joue sur la surprise des élus et des damnés qui découvrent seulement au terme de l'histoire la portée exacte de leurs actions ; les actes élémentaires de la moralité bien comprise (nourrir l'affamé, soigner le blessé, visiter les prisonniers...) peuvent être chargés d'une portée qui, sans rien leur ôter de leur densité humaine, leur donne un sens christique, et atteindre Dieu même dans les autres. Aucun acte comme tel n'est « chrétien », mais tous peuvent le devenir, vécus d'une certaine façon. Cela signifie donc concrètement que chaque croyant, éclairé par la vie communautaire ecclésiale, doit être vigilant [2], autre thème profondément évangélique, et donc qu'aucune vie éthique au sens hégélien du terme ne peut constituer le milieu et l'horizon de son action selon le Christ. Cette ouverture déstabilise les systèmes éthiques courants, et renvoie le croyant au jugement personnel, certes éclairé par la communauté ecclésiale, mais le jugement de celle-ci ne se forme évidemment pas sans le jugement des croyants...

On ne conclura certes pas qu'il est possible, en cherchant bien, de trouver dans l'enseignement de Jésus ou celui de Paul tous les éléments développés d'une morale de la conscience ; et cependant leur enseignement introduit à une révolution morale de portée considérable : l'insistance sur le cœur, l'appel à vivre selon l'Esprit ou dans la perspective du Royaume, l'exigence du discernement, autant

1. *Évangile selon saint Luc*, ch. 10, v. 29 à 37.
2. L'appel à la vigilance caractérise les discours de Jésus dits eschatologiques, c'est dire leur importance en forme de testament aux disciples : *Marc*, ch. 13 et surtout la finale, v. 33-37 (ainsi que les textes parallèles). La vigilance constitue le fil rouge qui traverse l'*Apocalypse de Jean* pour caractériser l'attitude du croyant au milieu des tempêtes de l'histoire.

d'éléments qui déstabilisent les traditions reçues et ouvrent un espace où le fidèle est mis en demeure de découvrir la décision droite, dans le souci de tester au premier chef l'intention qui préside à son action. Et même la visée d'une perfection à l'image de celle du Père céleste pose une inadéquation ou une distance quasiment abyssale entre l'acte déterminé et cette fin, ce qui oblige au progrès et à l'incessante recherche d'une plus grande proximité.

La volonté déchirée

Une autre pièce essentielle de l'enseignement paulinien contribue à l'approfondissement de l'intériorité morale de manière décisive, et largement ignorée des Grecs. On sait que l'*Épître aux Romains* porte la trace d'une impressionnante dramatique concernant le déchirement de la volonté ; au chapitre 7, Paul décrit son tourment à découvrir son incompréhension devant ce qu'il fait (v. 15), car « ce que je veux, je ne le fais pas, mais ce que je hais, je le fais ». Que ce portrait soit celui de l'individu Paul, ou celui de l'homme sous la loi et/ou sous l'emprise du péché, ou celui de tout homme en tant que tel, importe peu à notre propos ; le fait est que cette description d'une volonté, non seulement déchirée ou impuissante à faire ce qu'elle veut, mais intrinsèquement contradictoire, faisant le mal alors qu'elle vise le bien et inversement, a une portée morale considérable. Pour Paul, cette contradiction est si intense et si insurmontable qu'il en reporte la charge sur le péché qui « habite en moi », au point que « ce n'est donc pas moi qui agis » (v. 17). L'expérience de la volonté écartelée et par là même du péché témoigne par elle-même que le retrait vers l'intériorité, précédemment analysé, ouvre sur un abîme, celui de la division du sujet avec lui-même. Alors que les Évangiles semblent postuler l'importance certes, mais aussi la clarté de l'intention, Paul éprouve à quel point il est difficile d'accéder à une intention droite, et d'aboutir de là à la rectitude de l'action.

Tout se passe donc comme si, avec le message chrétien, une logique s'était mise en place qui dénonçait d'abord les pièges de l'exté-

riorité légaliste, portait ensuite ou en même temps au souci du
« cœur », donc de l'intention, et enfin dévoilait ses conséquences
plus tragiques qu'il n'apparaît de prime abord : l'intériorité met
face à une volonté non ordonnée au bien, divisée et impuissante,
dramatiquement incapable de faire ce qu'elle doit. Certes pour Paul
cette dramatique n'est pas le dernier mot de l'économie chrétienne :
le chapitre 8 de la même *Épître* met devant la libération donnée
par le Christ et la vie dans son Esprit, et ce même chapitre ouvre
aux perspectives de la gloire à venir (v. 18 et suivants). Il n'en reste
pas moins que l'opposition démontée au chapitre 7 est structurelle,
et si peu absorbée dans une unification déjà atteinte que cette même
opposition divise l'histoire entre juifs élus mais non convertis au
Christ, et païens convertis mais menacés à leur tour de se prévaloir de leur élection (ch. 9 et suivants). Elle divise bien évidemment
le chrétien, puisqu'il est lui-même soit d'ascendance juive, soit de
tradition païenne...

Ainsi donc une sorte de boîte de Pandore semble-t-elle s'être
ouverte, que la tradition théologique et philosophique ne refermera
plus tout à fait. Inutile de rappeler à quel point saint Augustin va
se sentir existentiellement concerné par l'analyse paulinienne, et
combien son génie philosophique et théologique va affiner et approfondir le domaine ainsi ouvert. Hannah Arendt, qui a étudié
l'apport paulinien et augustinien à l'élaboration de la philosophie
occidentale de la volonté, va jusqu'à parler à propos de l'insistance
chrétienne sur l'intériorité de « découverte de l'homme intérieur[1] ». Incontestablement la pensée d'Augustin, ancrée sur
l'héritage revisité et réinterprété de Paul, ouvre durablement une
problématique dans laquelle l'homme est abordé comme existence
doublement déchirée ; elle l'est en ce que la vie n'est plus limitée
aux horizons de la Cité terrestre, mais parce qu'elle est attirée par
la Cité de Dieu, tendue entre les deux, et essentiellement insatisfaite tant que n'est pas rejointe sa Fin ultime qu'est Dieu même ;
elle l'est encore par la douloureuse expérience d'une volonté écar-

---

1. Hannah Arendt, *La Vie de l'esprit*, t. II : *Le Vouloir*, Paris, PUF, 1983,
ch. II, p. 71 *sq.*

telée entre désir du bien (de Dieu) et esclavage du péché. Ce contexte est celui dans lequel se développe et s'affirme l'intérêt pour la conscience, comme lieu où l'homme se met à l'écoute de son Créateur, discerne en lui entre les volontés contraires, et tranche dans une relative incertitude [1]. En ce sens la révolution chrétienne en morale débouche bien sur la valorisation de la conscience, en en posant les conditions d'avènement spirituelles et intellectuelles.

Mais cet ultime développement suggère également à quel point l'insistance sur la conscience peut basculer vers la mauvaise conscience ou le sentiment de culpabilité, donc vers une sorte d'enfermement de la volonté sur elle-même, prisonnière de son impuissance, réelle ou supposée. On a rappelé dans le chapitre troisième la force avec laquelle Nietzsche a dénoncé ce cercle magique dans lequel une volonté déchirée se détruit elle-même dans une impuissance paralysante, au point de se laisser ruiner par une « volonté de néant ». Et en effet toute une tradition chrétienne va dangereusement jouer sur la culpabilisation à partir du péché et de l'esclavage de la volonté, illustrant par là à quel point la « découverte du monde intérieur », pour précieuse qu'elle soit, est une conquête pleine de périls. Ce qui démontre une fois encore que la conscience ne peut être créditée d'une valeur indiscutable, parce que sans les régulations venant de la loi ou des relations sociales, l'accès à l'intériorité risque d'aboutir à l'enfermement sur soi, ou, dans les versions contemporaines déjà rencontrées, au caprice d'un subjectivisme qui se pose en règle et mesure de toutes choses, quitte à être aussi écrasé par l'angoisse et la dépression.

1. Ce contexte met à grande distance de celui d'Ovide et radicalise son célèbre propos : « *Video meliora proboque sed deteriora sequor* » (*Métamorphoses*, VII, 20).

Contre-épreuve : le monde grec

Que le monde de l'intériorité et la référence à la conscience soient largement ignorés des philosophies hellénistiques doit être souligné, tant il est devenu banal de méconnaître la révolution chrétienne en ces domaines, et de transposer chez les Grecs ce qui n'est apparu qu'*a parte post*.

Ainsi, par exemple, bien des traducteurs n'hésitent pas à introduire les termes de «volontaire» et d'«involontaire» chez Aristote, donnant à croire que lorsque le philosophe parle en morale il utilise les mêmes concepts que nous, donc que lui et nous pensons sur le même horizon conceptuel. Or il n'en est rien. Au livre III de l'*Éthique à Nicomaque*, Aristote distingue entre ce que l'on fait «de son plein gré» *(ekousios)* et ce que l'on fait «malgré soi» *(akousios)*, ce qui, malgré les traducteurs, ne recouvre pas à beaucoup près la distinction entre «volontaire» et «involontaire». Est fait «de plein gré» l'acte dont le principe ou le mouvement est posé par soi-même. Relève du «malgré soi» ce que l'on fait soit par contrainte, soit par ignorance. Ce qui est fait par contrainte relève des actes que l'on a posés, mais par suite de la pression d'un mouvement ou d'une force extérieurs : ainsi, pour prendre les exemples d'Aristote, quand on est emporté par le vent ou quand on exécute les exigences de ravisseurs. De même l'ignorance entraîne le «malgré soi» quand des circonstances extérieures et singulières modifient la portée de l'acte : on nettoie une arbalète et la flèche part qui blesse ou tue quelqu'un ; ou on ignorait que telle information était secrète et on la révèle. On est donc victime ici de circonstances dont on n'a pas la maîtrise : donc l'acte est fait «malgré soi». Cependant, en dehors des actes où l'agent n'a aucune part, Aristote admet que beaucoup d'actes sont «mixtes» en ce que, au moins par le mouvement physique, l'agent a agi par lui-même. Domine donc dans cette analyse un modèle mécanique et physique de rapports de forces, d'où les notions d'imputation et de responsabilité d'un sujet sont absentes. Ainsi Aristote met-il sur le même plan le fait de jeter une cargaison à la mer pour sauver le navire de la tempête et le fait d'obtempérer aux ordres de ravisseurs : dans les deux cas, une force extérieure impose sa force aux forces propres de l'agent, mais celui-ci par son mouvement propre y participe, et donc n'agit pas totalement « malgré soi », c'est-à-dire dans une totale passivité. Dans les deux cas, l'agent coopère au moins partiellement « de son plein gré », puisqu'il déploie les principes d'un mouvement propre. Aristote admet que, même s'il y a participation de « plein gré », la participation est en quelque sorte purement mécanique, et qu'il n'y a pas à s'interroger sur le rapport de l'agent à son acte, alors que, à la différence de cette perspective grecque, nous nous interrogerions sur la qualité morale de l'obéissance aux ordres des ravisseurs, ou que nous chercherions quelle a été l'intention (obéir pour tromper les ravisseurs, ou obéir par lâcheté).

Faut-il ajouter que dans une telle perspective, non seulement l'intériorité de la volonté se trouve ignorée et non soupçonnée, mais la notion même de déchirement de la volonté, et plus encore celle de péché est absente. La volonté bonne est celle qui coïncide avec son acte, qui ignore tout « jeu » entre intention et réalisation. Est donc essentiel pour la vie morale de faire ce qu'il faut et comme il faut [1], donc en suivant les normes de la cité et en recherchant les vertus généralement louées par les sages. Si la référence à l'intention et aux choix intérieurs en quoi tient le libre arbitre est si minime, c'est parce que le sage sait qu'il doit se conformer aux actes honorables et honorés dans la cité. De plus, l'homme vertueux ou le vrai sage ne doit évidemment pas connaître la honte, encore moins la faute ; comme honte, la pudeur n'a pas de place parmi les vertus [2] ; ce qu'on fait de plein gré et opportunément exclut le retour sur soi, donc tout sentiment d'inadéquation ou de honte. Celle-ci ne pourra venir que d'un acte honteux, que le sage évite par défi-

1. *Éthique à Nicomaque*, IV, ch. 1, par. 24, et ch. 6, par. 3 : *a dei kai ôs dei*.
2. *Ibid.*, IV, ch. 15.

nition, non d'une distance de soi à soi. Tout ceci est cohérent avec l'idée qu'il n'y a pas à débattre des finalités de l'action, celles-ci étant connues par la pratique courante et les normes de la cité ; donc que la délibération précédant la décision est réduite au minimum : au total le libre arbitre comme possibilité de choix entre options diverses n'a pas à être thématisé comme tel, et en un sens il n'a pas de place dans le système [1].

Si l'on rapporte cette philosophie de l'acte à celle qu'impliquent les perspectives inscrites dans le Nouveau Testament, aussi bien du côté de Jésus que du côté de Paul, on aperçoit à quel point la révolution chrétienne va introduire de bouleversements et provoquer un basculement de cet ensemble du côté de l'intériorité. La valorisation de la personne est un autre aspect de cette révolution. On peut d'ailleurs élargir ce regard sur le monde hellénistique pris à partir d'Aristote : les travaux de Jean-Pierre Vernant [2] apportent à ce sujet toutes les précisions nécessaires, et l'on se bornera ici à en reproduire les conclusions concernant notre propos. Pour le fond, même s'il faut tenir compte des évolutions culturelles et historiques qui obligent toujours à la nuance, on retiendra que la position hellénistique ne valorise nullement l'individu. Certes les Grecs ont une expérience du moi, mais autrement organisée que la nôtre. « Le moi, écrit Jean-Pierre Vernant, n'est ni délimité, ni unifié : c'est surtout un champ ouvert de forces multiples (...). Surtout cette expérience est orientée vers le dehors, non vers le dedans. L'individu se cherche et se trouve dans autrui (...). L'individu se projette aussi et s'objective dans ce qu'il accomplit effectivement, dans ce qu'il réalise : les activités et les œuvres qui lui permettent de se saisir, non en puissance, mais en acte, *energeia*, et qui ne sont

1. Sur tout ceci, qui appellerait des développements nuancés, voir les commentaires de R. A. Gauthier et J.-Y. Jolif accompagnant (t. 2) leur traduction de l'*Éthique à Nicomaque* (t. 1), Louvain-Paris, 1958. Ou René Gauthier, *La Morale d'Aristote*, Paris, PUF, 1958.
2. Dans *Sur l'individu* (Paris, Éditions du Seuil, 1987), une conférence donnée à Royaumont résume bien ses travaux plus importants : « L'individu dans la cité », p. 20 à 37. Voir surtout *L'Individu, la Mort, l'Amour. Soi-même et l'autre en Grèce ancienne*, Paris, Gallimard, 1989.

ÉLOGE DE LA CONSCIENCE

jamais dans sa conscience. Il n'y a pas d'introspection. Le sujet
ne constitue pas un monde intérieur clos, dans lequel pénétrer pour
se retrouver ou plutôt se découvrir (...). Le monde de l'individu
n'a pas pris la forme d'une conscience de soi, d'un univers intérieur définissant, dans son originalité radicale, la personne de
chacun. »

Nul n'ignore évidemment à quel point Platon a insisté sur l'âme
au point de la distinguer fortement, voire peut-être de l'opposer
au corps [1]. Mais, selon Vernant, ici encore le contexte est tout
autre que celui du christianisme : « Le nombre d'âmes dans le cosmos est une fois pour toutes fixé ; il reste éternellement le même.
Il y a autant d'âmes que d'astres. Chaque homme, écrit-il, trouve
à sa naissance une âme qui était déjà là depuis le commencement
du monde, qui ne lui est aucunement particulière et qui ira, après
sa mort, s'incarner en un autre homme, ou un animal, ou une
plante, si elle n'est pas parvenue, dans sa dernière vie, à se rendre
assez pure pour rejoindre dans le ciel l'astre auquel elle est atta-
chée. » Donc l'âme platonicienne ne scelle pas une existence singulière à nulle autre pareille.

Faut-il marquer à nouveau combien la perspective chrétienne,
voyant en chaque homme un être créé à l'image et selon l'image
du Fils de Dieu, lui confère une unicité et une singularité non sub-
stituable [2], qui rend vaine toute tentative d'harmonie avec les philosophies de la réincarnation ou de la migration des âmes, malgré
les confusions si souvent entretenues de nos jours ? Deux logiques
se différencient là, dont l'une relativise l'individu au profit d'un
mouvement plus global dans lequel il est absorbé, et l'autre lui
confère une valeur unique et non temporaire.

---

1. Mais la lecture courante de Platon l'a sans doute trop christianisé et il
faut en retrouver le propos original, comme cherche à le faire Michel-Pierre
Edmond dans *Le Philosophe-roi. Platon et la politique*, Paris, Payot, 1991.
2. Au point qu'on peut se demander si la célèbre définition de la personne
attribuée à Boèce, « *Rationalis naturae individua substantia* », ne relativise
pas l'unicité (chrétienne) de la personne en la rapportant à une substance rationnelle sur laquelle elle se détacherait...

Un milieu formateur

Rôle de la communauté croyante

Que la « découverte » de l'intériorité soit à porter au crédit du christianisme, voilà une affirmation qui peut entraîner l'assentiment. Et donc que le christianisme ait très manifestement contribué à l'avènement de la conscience, voilà encore une thèse sur laquelle on peut s'accorder. Mais, objectera-t-on, l'Église n'apporte-t-elle pas une sorte de contre-feu à ces développements : par ses structures institutionnelles, par son encadrement et son contrôle de la vie religieuse et morale des fidèles, par l'élaboration d'une morale casuistique minutieuse, elle encadre à ce point le comportement individuel qu'elle semble bien rendre vain le recours à la conscience. Son histoire ne s'est-elle pas illustrée d'ailleurs par une méfiance viscérale à l'égard de toute forme de « libre examen » ? Même si de nos jours l'Église semble se rallier à la conscience, ce ralliement n'a nullement fait l'unanimité en son sein ; il n'est pas inconditionnel non plus, les rappels insistants, voire inquiets, à l'obéissance et à l'objectivité en morale l'attesteraient, comme si l'on voulait par ces rappels compenser les concessions faites en théorie aux exigences de la conscience. Nous nous devons donc d'examiner ces soupçons ; et pour cela nous procéderons en deux temps : il faut d'abord montrer que l'Église constitue bel et bien pour le fidèle un remarquable milieu de suscitation et de promotion de la conscience morale et religieuse ; et il faut ensuite en venir à l'enseignement officiel du magistère ecclésiastique en ce domaine, pour en montrer l'exacte signification.

Le soupçon selon lequel l'Église constituerait un milieu défavorable au développement de la conscience s'appuie généralement sur l'idée reçue d'une opposition entre l'Évangile et l'Église, la seconde annulant les effets et les enseignements du premier. Or, tout ce que nous avons analysé précédemment à propos de l'enseignement évangélique nous a été livré et transmis dans l'Église même et par sa tradition : c'est bel et bien elle qui nous donne accès aux textes fondateurs et qui nous éveille à leur interprétation, et c'est encore en elle aujourd'hui que nous les lisons. C'est même dans ce milieu que constitue l'Église et parce que ce milieu vit de cet enseignement vivant que nous pouvons avoir accès à la lecture de la Bible et que nous voyons, déjà en elle, la place d'une tradition (entre Jésus et Paul) qui accueille, interprète, approfondit une intuition première. C'est encore grâce à l'Église comme communauté de fidèles qui au long des âges tentent de se réapproprier l'enseignement de Jésus pour en vivre, que nous comprenons mieux que le message ne peut pas être isolé en un temps zéro supposé pur et seul vrai, mais que dès l'origine il a agi comme une semence féconde et n'a cessé depuis de donner des fruits nouveaux et parfois contestables.

C'est dire que l'Église, en tant que communauté de croyants, est le milieu au sein duquel le fidèle entend la Parole, et cette affirmation lève les illusions du libre examen qui, croyant à un lien direct entre Bible et croyant, méconnaît la présence de la communauté porteuse du message. Et en effet par ses éducateurs, par la prédication, par la vie sacramentelle le chrétien est suscité dans son désir de s'ouvrir au désir de Dieu sur lui. Et si le message évangélique a une portée concernant notre sujet, c'est sans doute parce qu'on peut trouver trace en lui de l'importance de cette référence, mais c'est bien plus fondamentalement parce que la méditation des Écritures met le fidèle devant le dessein de Dieu, devant un Dieu dont toute la « visée » est de créer et de susciter l'homme comme son partenaire, apte à lui répondre par une parole de don de soi, posée dans la liberté droite. On ne dira jamais assez que si les Écritures chrétiennes ont une portée morale, c'est parce qu'elles suscitent en celui qui les accueille l'étonnement de se savoir aimé du Dieu invisible au point que celui-ci l'appelle à avoir part à sa propre vie intime (fils dans le Fils). Par rapport à ce que nous avons précédemment dit sur le nihilisme et le désir, par rapport aux affaissements actuels de la volonté incapable de (se) vouloir, la foi contribue, non pas d'abord à mettre devant un catalogue de normes ou de valeurs, mais à la découverte que chacun est désiré par le désir même de Dieu, aimé plus qu'il ne peut s'aimer lui-même, digne d'une Vie plus haute que celle à laquelle il participe déjà. L'« apport » de la foi se situe donc au niveau de la constitution même du désir.

Suscitation du désir

Proposant une parole d'élection et d'amour, entendue dans la communauté ecclésiale et par elle (parents, éducateurs, prêtres...), la vie de foi constitue le désir en le mettant devant une Parole qui l'institue en coupant l'individu de son inconsistance latente et en l'ordonnant à un espace social, celui de l'Alliance. En d'autres termes, la Parole entendue est enrobée d'un interdit qui sépare dans le même temps qu'il ouvre à un univers de relations. La proposition d'Alliance, dans l'Ancien Testament, est structurée par une Loi grâce à laquelle le peuple hébreu est séparé des mœurs et des pratiques païennes, appelé à la vie selon Dieu, donc délivré des menaces de dissolution et de mort, mais cette Loi ne se confond pas à beaucoup près avec un système de contraintes et d'interdits (au pluriel); contraintes et interdits font sens à constituer un peuple dans lequel chacun est respecté comme membre du peuple élu, et où chacun est appelé lui-même à respecter le plus pauvre, notamment l'étranger vivant dans le pays, la veuve et l'orphelin, autant de rappels à l'hébreu qu'il fut lui-même dans la condition de l'étranger et du pauvre. De la même façon, la Loi de charité enveloppe bien un interdit (ne pas faire le mal, ne pas mépriser son prochain...), mais celui-ci est tout entier ordonné à susciter une liberté désireuse de faire le bien, de vivre selon Dieu, de s'ouvrir à son Esprit.

Il est important pour nous de noter que cette proposition d'Alliance est véhiculée par la vie sacramentaire de l'Église, tout autant que par l'enseignement catéchétique le plus banal ou par l'exemple donné par les croyants vivant de l'Esprit de cette Alliance. Important aussi de remarquer que cette proposition joue fondamentalement à un niveau symbolique[1] : par elle le croyant est invité à entrer dans la communauté des fils de Dieu, à se considérer lui-même comme fils et fille, comme « élu(e) », donc comme ayant valeur infinie. Cette invitation l'institue en sujet de désir, appelé à jouer son rôle dans la communauté des croyants et au service de la communauté humaine. Elle lui signifie qu'il a une vocation propre et spécifique, qu'il est membre singulier appelé à jouer sa note propre dans le concert voulu par Dieu. Comment mieux dire que la vocation personnelle de chaque croyant passe par l'éveil de sa conscience et la mise en demeure de répondre personnellement au Don de Dieu ?

Ce devant Dieu de la foi ne fait pas nombre avec la communauté croyante, c'est-à-dire avec l'Église, puisque c'est à travers elle que l'appel à se tenir à l'écoute de Dieu est entendu. L'appel conjoint à répondre personnellement constitue une exigence indépassable adressée à chacun. La conscience est donc promue et suscitée dans la rencontre avec d'autres croyants et les enseignements qu'ils transmettent. Est-il besoin de remarquer encore que la constitution de ce désir ne s'opère pas une fois pour toutes, mais que chaque fois que le croyant accepte de lire et d'écouter la Parole de Dieu, il entend encore l'appel à être lui-même à la hauteur de l'appel, donc de sa vocation ? Cette suscitation permanente de la conscience fait corps avec l'appel moral même : ne pas s'abandonner au n'importe quoi (interdit), mener une vie digne de Dieu (loi de charité) sont les deux faces de tout présupposé à une vie morale chrétienne. Cette inscription de l'interdit est même à ce point axiale qu'on a pu dire qu'en cette loi s'inscrit « l'absolu dans la moralité[2] ».

1. Le mot n'est pas pris ici au sens de Jung, ou de Drewermann, mais dans l'acception accréditée par la linguistique moderne.
2. Josef Fuchs, « The Absolute in Morality and the Christian Conscience », in *Gregorianum*, n° 71, 1990, p. 657-711.

Conscience et autorités religieuses

On peut dès lors situer la place des autorités dans l'Église, et en particulier celle du magistère ecclésiastique. Celui-ci doit bien évidemment d'abord être replacé parmi les autorités que rencontre tout fidèle : comme on l'a dit, parents, éducateurs, catéchistes, exemples divers sont autant d'autorités à travers lesquelles est entendu l'appel à se vouloir moral ; ces autorités marquent cet appel de leur empreinte affective et intellectuelle, pour le meilleur et pour le pire, puisque jamais l'appel n'est entendu hors relations humaines, dans une sorte de face-à-face illusoire entre l'homme et Dieu ; l'appel peut donc être brouillé par toutes sortes de défaillances personnelles, nous l'avons vu précédemment, tant cette loi est règle générale de la relation humaine. Mais quoi qu'il en soit des limites qu'on ne doit pas rêver de surmonter jamais à moins d'exténuer la relation humaine même, l'individu peut entendre un écho de ce qui lui est signifié. Ces autorités constituent, dans leur exemplarité ou dans leur infirmité même, une provocation constante à la conscience pour tendre à la hauteur de sa vocation. C'est donc bien l'Église en tant que communauté des croyants ici encore qui promeut la conscience en appelant le croyant à être digne de sa vocation.

L'autorité du magistère ecclésiastique s'inscrit dans ce contexte ; elle a cependant une responsabilité propre (un « charisme », comme dit le jargon) en ce qu'elle a charge de rappeler à l'ensemble de la communauté croyante les exigences de la fidélité au Christ. Elle le fait certes en remémorant les normes et les règles dans lesquelles historiquement la conscience chrétienne s'est reconnue, mais aussi en tentant d'indiquer en quoi, comment et sur quels points cette conscience se trouve aujourd'hui provoquée à la fidélité novatrice. Elle doit donc provoquer la vigilance en annonçant Celui qui vient, et que les conformismes, les sommeils moraux ou les lâchetés peuvent faire méconnaître. Que cette tâche soit délicate, qu'elle ne puisse pas aller sans une écoute respectueuse de la vie du peuple de Dieu, dans son passé et dans ses aspirations actuelles, en tant que ce peuple est habité et inspiré par l'Esprit, tout cela va, ou devrait aller de soi. On ne s'étonnera donc guère que son exercice entraîne des tensions et des contradictions ; c'est plutôt leur absence qui surprendrait et donnerait à croire que tout fonctionne mécaniquement, et non point dans un exercice toujours subtil de discernement réciproque.

Cette tâche trouve d'ailleurs une finalité bien affirmée par les Écritures ; selon la formule de la *Seconde Épître aux Corinthiens* (ch. 13, v. 10), que Paul utilise pour son propre ministère d'intervention dans les communautés, elle vise « à édifier, non pas à détruire ». Et si cette visée doit évidemment être présente à l'esprit de l'autorité quand elle intervient et commander sa démarche, elle fournit aussi aux croyants un principe herméneutique important ; ils ont à chercher à entendre dans les propositions faites en quoi elles édifient. A moins d'entretenir un principe de soupçon a priori, toute autorité, et c'est encore plus vrai d'une autorité religieuse qu'on suppose en recherche du vrai ou du bien commun universel, doit être créditée d'un préjugé favorable selon lequel on tient, jusqu'à preuve du contraire, qu'elle cherche à prononcer une parole qui construit. Ici encore une conscience adulte bien formée doit avoir assez de fermeté et de force pour être capable de cette attitude ; elle doit être assez assurée de sa vocation propre pour entendre aussi des paroles qu'elle peut juger inadéquates, mal venues ou peu fondées sans pour autant s'enfermer dans une hostilité d'adolescent râleur.

Il va de soi que même prescrivant au nom des valeurs et des références les plus hautes, l'autorité ecclésiastique ne peut pas vouloir une soumission ou une obéissance qui ne seraient pas elles-mêmes morales, c'est-à-dire serviles. Si donc elle parle, c'est, malgré certaines affirmations contraires, pour susciter la libre réponse d'une conscience ainsi avertie. Une relation complexe s'instaure donc qu'aucune règle si précise soit-elle ne rendra simple et univoque. Comme l'écrit non sans audace Josef Fuchs : « L'acte de se boucher les oreilles à des autorités éthiquement signifiantes peut être autant un signe de caprice superficiel qu'un signe de haute responsabilité. S'il existait un critère de discernement non ambigu et inconditionnel, il ne serait pas possible qu'existât le phénomène

de la conscience errante. » Ce même théologien romain rappelle
que la conscience d'un croyant ne peut pas négliger un enseignement autorisé, mais qu'«il est aussi de sa responsabilité de ne pas
admettre en soi des aspects de positions officielles qui rencontrent
des contre-arguments très importants et insurmontables (après le
processus nécessaire d'évaluation, conduit avec la compétence suffisante)[1]».

Le pluralisme en morale

Puisque chaque croyant doit s'approprier dans sa propre existence et selon sa vocation propre l'enseignement moral de son Église,
il doit aller de soi que la diversité des réponses est une conséquence
inévitable et d'ailleurs hautement souhaitable en vue de la construction du Corps du Christ. Chacun doit suivre sa vocation propre
dans l'écoute de l'Esprit en vue d'édifier le Corps du Christ ; poser
ce principe, c'est du même coup poser une diversité constitutive.
C'est aussi admettre que là où chacun est engagé le plus personnellement devant Dieu et devant autrui, la répétition morne d'un
comportement réglé est hors de saison. Aucun fidèle ne peut renoncer aux chemins singuliers par lesquels il rejoint Dieu et qu'il découvre dans les tâtonnements de son existence, étant sauves toutes les
analyses précédentes qui situent toujours un tel fidèle au sein de
la communauté d'où il reçoit sa vocation.

Si de nos jours certains ont tendance à assimiler diversité morale
et dissentiment, il n'en a pas toujours été ainsi. Impossible de lire
la *Theologia moralis* de saint Alphonse de Ligori sans apercevoir
que la prise en considération de la diversité des opinions théologiques en matière morale n'est nullement marginale, encore moins
considérée avec réticence, comme si cette diversité équivalait a priori
à un dissentiment suspect ; le rappel et la discussion de ces opinions
constituent même le tissu du texte de l'œuvre, comme s'il s'agissait du régime normal et totalement admis de la réflexion théolo-

1. *Ibid.*, p. 709.

gique catholique. On remarque encore que la problématique morale de Ligori ne se développe pas à partir d'une anthropologie chrétienne ou d'une conception de l'homme d'où il déduirait des règles pratiques ; elle ne cherche pas non plus directement des réponses dans la Révélation. Très moderne en cela, Alphonse de Ligori pèse la valeur et la qualité des arguments couramment discutés par ses pairs, mais aussi par les juristes et les philosophes ; il hiérarchise les réponses et il avance lui-même ses propres solutions ; il prend surtout grand soin de pondérer ses positions, en les qualifiant diversement (probabilité forte, égale ou faible, selon sa terminologie empruntée à la problématique probabiliste) ; cet exemple, proposé en modèle aux théologiens moralistes par le magistère ecclésiastique, montre bien que la tradition morale catholique n'a pas cherché à proposer un discours homogène où tout serait à prendre ou à laisser en bloc, mais que, surtout dans les derniers siècles, consciente de la légitime diversité des opinions, elle a tenté d'honorer le jeu de l'argumentation et de la pluralité.

Comment d'ailleurs procéder autrement dans le contexte argumentatif qui est le nôtre ? Comment ne pas introduire aussi en morale une pondération des appréciations pour éviter la fausse rigidité qui mettrait tous les actes ou toutes les positions sur un même plan ? Car de même que le Concile de Vatican II a appelé à un sens juste de la « hiérarchie des vérités », selon la longue tradition de la dogmatique, il conviendrait plus encore pour la morale d'introduire une hiérarchie des propositions et des qualifications des actes. En ce domaine plus qu'ailleurs, il est certainement périlleux de rêver d'une orthopraxie qui fixerait le comportement chrétien droit ; certes, on l'a vu précédemment, il importe d'indiquer les conduites ou les actes qui sont intrinsèquement mauvais, tout en sachant à quel point cette opération est délicate ; mais à moins de brider l'Esprit et le régime de la liberté chrétienne, on ne peut pas prétendre fixer en positif le seul comportement correct ni « la » doctrine normative en la matière.

Il serait d'ailleurs erroné d'opposer au pluralisme des positions à l'intérieur de la communauté croyante l'unanimisme du magistère ecclésiastique et de rejeter sur la première le soupçon de divergences coupables pour ne retenir que la fermeté morale au crédit du second. Ces jugements dépréciateurs voilent la réalité effective. Car s'il est bien des cas où l'autorité, ou telle ou telle autorité, s'est prononcée de manière ferme et répétée sur telle question morale, il en est bien d'autres où les autorités ont manifesté elles-mêmes les divergences qui les différencient. Josef Fuchs a d'ailleurs attiré l'attention sur ce point [1] : des prises de positions épiscopales ont montré de fortes diversités d'appréciation et de jugement moral en matière de désarmement ou au sujet de l'euthanasie, renvoyant le fidèle à un travail d'appropriation personnel. Ainsi encore au cours de l'année 1992, des dicastères romains ont adopté des options franchement incompatibles, le Conseil pontifical pour les migrants demandant aux États de mener une généreuse politique d'accueil pour les migrants et les exclus [2], tandis que la Congrégation pour la doctrine de la foi enjoignait aux évêques américains de faire pression pour que les homosexuels soient exclus des fonctions publiques [3]. Que choisir : une « culture de solidarité et d'accueil », proposée par le Conseil, ou une politique de discrimination, revendiquée par la Congrégation ? Le fidèle du Christ voit certes assez vite de quel côté est la morale, et où passe l'esprit du monde.

Mais cet état de choses, d'ailleurs nullement nouveau, pose problème par rapport au discours habituellement tenu qui semble requérir une obéissance quasi inconditionnelle de la part des fidèles, comme si ceux-ci n'étaient pas souvent mis devant des cas de conscience à cause des divergences affichées par les autorités religieuses. On pourrait ajouter que le silence imposé, dès le dernier Concile, sur les questions concernant la sexualité, peut difficilement passer pour une adhésion unanime à l'enseignement officiel, y compris de la part de bien des membres du magistère ecclésiastique. Ce silence contraint ébranle plutôt la confiance du fidèle à

---

1. Josef Fuchs, « "Wer euch hört, der hört mich''. Bischöffliche Moralweisungen », *Stimmen der Zeit*, n° 11, 1992, p. 723-731.
2. *La Documentation catholique*, n° 2059, du 1/12/1992, p. 926-932.
3. Texte rendu public le 23 juillet 1992, cf. *La Documentation catholique*, n° 2056 du 20/9/1992, p. 783 *sq*. Il a donné lieu à de sévères critiques, par exemple dans *America*, vol. 167, n° 6 du 12/9/1992, où est montrée l'incohérence de l'argumentation aux yeux de la tradition morale catholique.

l'égard des autorités. Les divergences réelles ou cachées l'obligent donc à mûrir sa décision personnellement ; on doit même ajouter que le refus de la discussion dans l'Église sur certains sujets difficiles contribue paradoxalement à renvoyer le fidèle à sa conscience et à renforcer son soupçon sur un enseignement si peu assuré qu'il n'ose pas soutenir l'épreuve de la discussion théologique et de la confrontation aux opinions diverses [1].

Tout ceci tend à montrer qu'une Église hiérarchiquement structurée, non seulement ne dispense pas du recours à la conscience, mais promeut une telle conscience ; d'abord parce que l'obéissance de la foi requiert l'appropriation personnelle et réfléchie du croyant, à moins que, le réduisant à l'adhésion d'un automate, l'autorité ne se rabaisse elle-même à l'exercice tout païen du pouvoir, autoritarisme effectivement contraire à l'enseignement évangélique [2] ; ensuite parce que la richesse des traditions morales catholiques comme la diversité de l'enseignement moral, y compris de nos jours, offrent à chacun les éléments nécessaires pour éclairer sa décision et conclure en toute conscience personnelle.

L'enseignement officiel

Il reste à prouver que cette conclusion est cohérente avec l'enseignement le plus officiel de l'Église catholique, tel qu'on le trouve dans les textes du Concile de Vatican II. Deux documents attestent principalement d'une évolution sensible des positions et d'une large ouverture aux requêtes contemporaines de la conscience ; il s'agit de la Constitution pastorale sur *L'Église dans le monde de*

1. Le même J. Fuchs a posé avec beaucoup d'acuité la question : si l'on attribue au magistère ecclésiastique une autorité morale spécifique, d'où la tire-t-il ? de quelle révélation que n'aurait pas l'Église comme communauté croyante ? In *Freiburger Zeitschrift für Philosophie und Theologie*, n° 3, 1989, p. 95-407.
2. *Évangile selon saint Matthieu*, ch. 20, v. 25 à 28.

ce temps (Gaudium et Spes) et de la *Déclaration sur la Liberté religieuse (Dignitatis humanae).* Que peut-on en retenir relativement à notre sujet ?

Gaudium et Spes

C'est dans la première partie de la Constitution, consacrée à la vocation humaine, que le Concile développe en deux paragraphes sa position concernant la conscience morale, les paragraphes 16 et 17. Le thème biblique de l'homme image de Dieu peut servir de fil conducteur pour déployer la pensée à partir du paragraphe 17 ; grâce à lui est affirmé que « la vraie liberté » est le « signe privilégié » de cette image ; autrement dit l'homme imite Dieu par sa propre liberté, proposition d'ailleurs cohérente avec les Écritures, qui disent que Dieu laisse l'homme à son propre conseil, c'est-à-dire ne se substitue pas à lui pour les décisions concernant son existence ; libre en tant que livré à son conseil, donc à son jugement droit, l'homme trouve sa dignité dans l'exercice de sa raison ; plus exactement, selon le Concile, cette dignité est à construire en se délivrant de la servitude des passions et en se donnant des convictions personnelles capables de porter à des décisions conscientes et libres.

Ce large contexte, développé au paragraphe 17, permet de situer les affirmations du paragraphe 16 qui lient fortement la conscience et la loi intérieure : il est dit qu'« au fond de sa conscience, l'homme découvre la présence d'une loi qu'il ne s'est pas donnée lui-même, mais à laquelle il est tenu d'obéir ». Étrangement proche de Kant, cette position revient à dire que la loi est la *ratio essendi* de la conscience, mais que la conscience est la *ratio cognoscendi* de la loi, avec l'encadrement théologique qui, on vient de le rappeler, fait de la perception d'une loi qui oblige le lieu de perception de la dignité humaine, par quoi l'homme est image de Dieu. D'ailleurs le texte poursuit en marquant clairement que « la conscience est le sanctuaire où l'homme est seul avec Dieu » ; conférant une portée sacrée à la conscience, le terme de « sanctuaire » vient avaliser en quelque sorte l'importance existentielle donnée à cette instance.

Le lien entre conscience et loi suggère déjà que la conscience n'est point considérée ici comme une réalité simple, immédiatement impérative, mais qu'elle est travaillée par une dualité constitutive et qu'il faut donc chercher ce qu'elle a à dire. C'est pourquoi le texte indique que la fidélité à la conscience requiert une tâche, que la conscience ne parle pas d'elle-même, qu'elle n'est pas une voix immédiatement perceptible ; il indique qu'il s'agit bien en effet de découvrir à quoi conduit le respect de la loi « qui s'accomplit dans l'amour de Dieu et du prochain » et que cette requête conduit à un travail de recherche commune : « Les chrétiens, unis aux autres hommes, doivent chercher ensemble la vérité et la solution juste de tant de problèmes moraux que soulèvent aussi bien la vie privée que la vie sociale. » La fidélité à la conscience engage donc dans un processus de communication avec autrui et de participation aux débats collectifs. C'est dans ce processus que la conscience se forme, s'affermit, découvre à quelles exigences l'on est tenu pour poser des décisions droites.

La confiance faite à ce processus est telle que le Concile ne craint pas d'affirmer que « plus la conscience droite l'emporte, plus les personnes et les groupes s'éloignent d'une décision aveugle et tendent à se conformer aux normes objectives de la moralité ». Sans doute un tel jugement porte-t-il la trace d'un certain idéalisme, car il n'est pas sûr que l'accroissement de la conscience aboutisse comme tel à une plus juste saisie des données et des solutions à promouvoir ; surtout dans le jeu du débat entre groupes, l'approfondissement de la conscience peut aboutir à la perception d'oppositions irréductibles et parfaitement fondées. Mais il est bien significatif qu'on puisse faire au Concile le reproche d'un excès de confiance dans les processus de la prise de conscience collective : cela montre quelle logique préside à sa réflexion. Et elle est pleinement favorable à la conscience. C'est d'ailleurs si vrai que le même paragraphe 16 confirme l'enseignement catholique traditionnel, que nous avons rencontré chez saint Thomas d'Aquin : s'il arrive « souvent que la conscience s'égare, par suite d'une ignorance invincible », elle ne perd pas « pour autant sa dignité ». Donc, même en ce cas, la dignité ontologique de la conscience reste sauve. Une réserve toutefois, elle-même classique : ce jugement ne vaut pas quand aucun effort n'est fait pour «rechercher le vrai et le bien», ce qui confirme l'idée que la fidélité à la conscience engage à une tâche positive, ou quand «l'habitude du péché rend peu à peu la conscience presque aveugle». Dans les mêmes perspectives, le Concile prend ses distances à l'égard des conceptions qui identifient conscience et «licence de faire n'importe quoi, pourvu que cela plaise, même le mal» (par. 17), tout en reconnaissant que «nos contemporains» «ont raison» d'estimer grandement la liberté.

Il est également significatif que lorsque la même Constitution aborde dans sa seconde partie la «Dignité du mariage et de la famille», elle introduise à nouveau la référence à la conscience. En effet après avoir rappelé les devoirs qui incombent aux époux, le texte indique selon quels processus ils peuvent parvenir à un jugement droit et informé, qu'ils arrêteront «devant Dieu» (par. 51, al. 2) ; puis il ajoute : «Dans leur manière d'agir, que les époux chrétiens sachent bien qu'ils ne peuvent pas se conduire à leur guise, mais qu'ils ont l'obligation de toujours suivre leur conscience, une conscience qui doit se conformer à la loi divine.» En cohérence avec ce qui précède, la conscience est abordée comme obligation morale, elle est mesurée par «la loi divine» (dont sens et contenu ne sont pas autrement précisés en ce point), elle est appelée à «la docilité au magistère de l'Église, interprète autorisé de cette loi à la lumière de l'Évangile». L'encadrement de la conscience semble donc rigoureux et presque étouffant ; il n'en reste pas moins que la docilité au magistère se prend à partir de la fidélité à l'Évangile, norme suprême de la Loi divine, donc que le magistère ecclésiastique fournit lui-même la clé d'interprétation de son enseignement ; mais surtout en définitive, et comment pourrait-il en être autrement, ce sont bien les époux qui ont à décider selon le sens de leurs responsabilités humaines et chrétiennes. Donc en toute conscience devant Dieu.

Dignitatis humanae

La Déclaration sur la liberté religieuse passe à juste titre pour
avoir grandement infléchi la position de l'Église catholique au moins
par rapport aux thèses soutenues au cours du XIXᵉ siècle. Nettement inspirée par des théologiens américains, elle a provoqué des
débats passionnés chez les Pères conciliaires, ce qui n'est pas sans
avoir laissé quelques traces, voire quelques incohérences, dans le
document final lui-même [1]. Toutefois l'axe fondamental est clair.
Et il met bien en avant, selon le titre même, l'importance « du droit
de la personne et des communautés à la liberté sociale et civile en
matière religieuse »; mais le droit des communautés va être rapporté
à celui de la personne d'être non contrainte en ce domaine. Cet appel
à la non-intervention est adressé au « pouvoir civil » et vise l'instauration d'un ordre juridique où la liberté religieuse soit reconnue
« de telle manière qu'elle constitue un droit civil ». On ne peut oublier
qu'à l'époque du Concile le totalitarisme léniniste tenait dans ses
griffes une part importante de l'humanité, mais que les Églises
connaissaient aussi ailleurs des formes larvées d'oppression, ou
qu'elles cherchaient à desserrer l'étreinte d'États officiellement
« catholiques ». Il faut encore remarquer que le document veut défendre la liberté religieuse en tant que telle, partout où elle est menacée,
et pas seulement, ni même d'abord au profit de l'Église catholique.
    L'argumentation se développe en deux temps qui se conjoignent
en réalité autour de l'importance accordée au respect de la
conscience et/ou de la dignité de l'homme, « telle que l'a fait

---

1. Ainsi le par. 14 constitue-t-il une pièce rapportée, concession visible aux
Pères les plus traditionalistes; c'est la thématique d'ensemble du document
qui permet d'interpréter cet *apax*, et non cet ajout qui donne la clé du texte.
La position conciliaire est d'ailleurs toujours objet de contestations; ainsi dans
une revue qu'on croyait sérieuse vient-on de défendre la thèse selon laquelle
la société civile moderne se devrait d'« honorer Dieu » et de « reconnaître
comme seule vraie » la religion catholique... cf. *Revue thomiste*, t. XCII, n° 2,
avril-juin 1992, p. 568, à propos d'un livre de B. W. Harrisson, dont les positions sont approuvées pour l'essentiel.

connaître la Parole de Dieu et la raison elle-même » (par. 2). La première partie développe l'argument rationnel et prend acte en somme de la doctrine précédemment rencontrée : « c'est par la médiation de sa conscience que l'homme perçoit et reconnaît les injonctions de la loi divine ; c'est elle qu'il est tenu de suivre fidèlement en toutes ses activités pour parvenir à sa fin qui est Dieu » (par. 3) ; dès lors, « c'est faire injure à la personne humaine et à l'ordre même établi par Dieu pour les êtres humains que de refuser à l'homme le libre exercice de sa religion », par quoi il ordonne sa vie à Dieu. L'intolérance envers les groupes religieux est un manque grave de respect à la personne humaine dans sa recherche de la vérité et de Dieu. La seconde partie s'appuie sur un argument théologique : « la réponse de foi donnée par l'homme à Dieu doit être volontaire » (par. 10), ce qui résume une position traditionnelle selon laquelle « personne ne peut être amené par contrainte à la foi » (par. 12). S'il en est ainsi pour l'Église même, à combien plus forte raison serait-il insensé que des États s'immiscent dans les affaires religieuses, soit pour favoriser la religion, soit pour en détourner. Il convient donc que « les fidèles du Christ, comme les autres hommes, jouissent au civil du droit de ne pas être empêchés de mener leur vie selon leur conscience » (par. 13).

Cette doctrine de l'immunité de la conscience est cohérente avec celle de *L'Église dans le monde de ce temps*, dont elle est en quelque sorte la traduction dans l'organisation des rapports entre « pouvoir civil » et « communautés religieuses » ; elle fixe une frontière à ne pas outrepasser et demande aux pouvoirs politiques de ne pas interférer dans un champ hors leur compétence. Cette doctrine avait une signification stratégique immédiate : soit à l'égard des États officiellement « catholiques » (comme l'Espagne à cette époque), soit à l'égard des États totalitaires. A long terme, toutefois, elle a montré sa fragilité pratique, car les relations concrètes entre Église et État ne peuvent pas être seulement de distance, de rigoureuse séparation entre domaines hétérogènes, comme si aucune interférence ne jouait entre politique et religion. En particulier, des questions morales sont à la charnière de leurs relations, et des législations peuvent paraître contraires aux droits de l'homme ou à la morale telle que l'entend l'Église. Du coup une évolution sensible est apparue au cours de ces dernières années, des États de plus en plus nombreux légiférant en des matières sensibles comme l'interruption de grossesse ou autour des questions d'euthanasie. Cette évolution a provoqué des réactions du côté des autorités romaines, notamment avec l'*Instruction sur le respect de la vie humaine naissante et la dignité de la procréation* (*Donum Vitae*, 1987) ; dans la troisième partie de ce texte, la Congrégation pour la doctrine de la foi revendique pour l'Église le droit et le devoir d'intervenir là où des États violeraient par leurs législations des Droits de l'homme fondamentaux ; et même, par un surprenant retournement des choses, la Congrégation fait appel à la conscience pour s'opposer à des États coupables de telles mesures, car « l'objection de conscience » face à de telles lois doit être « soulevée et reconnue », et même « la conscience morale » peut exiger « une résistance passive à la légitimation de pratiques contraires à la vie et à la dignité de l'homme »...

Cette évolution indique-t-elle un retour en arrière ou un mouvement inéluctable de la doctrine ? La menace d'une résistance passive est incontestablement grave ; on ne voit guère cependant comment elle pourrait être sérieusement mise en pratique sans aboutir à des tensions insupportables pour les Églises locales, autant que pour les États. Aussi faut-il sans doute comprendre cette finale de *Donum Vitae* comme une sorte de cri d'alarme, plus que comme une inflexion de la doctrine conciliaire ; en toute hypothèse une Congrégation romaine n'est pas habilitée à modifier cette doctrine ; et si elle s'aventure à en donner une interprétation restrictive, ce qui est son droit, chacun est à même de mesurer la distance ainsi prise à l'égard du Concile.

Par rapport à une telle tendance, il faut plutôt enregistrer que l'enseignement ordinaire au cours du pontificat de Jean-Paul II n'a fait que renforcer l'appel à la conscience, et de plus en plus nettement dans deux directions remarquables. D'une part le pape s'adresse avec toujours plus d'insistance aux États pour qu'ils respectent la liberté religieuse, considérée désormais comme le premier et le plus fondamental des droits de l'homme, ce qui constitue un apport original par rapport aux textes du Concile, mais ce qui

a pu être soupçonné aussi de vouloir réintroduire l'Église en position dominante sur les États, tandis que le Concile insistait sur la
prise de distance réciproque. D'autre part, et voilà le fait nouveau,
notamment au cours de ces dernières années, les droits de la
conscience sont de plus en plus évoqués contre les fondamentalismes religieux et contre l'intolérance là où « une norme spécifique-
ment religieuse devient, ou tend à devenir loi de l'État sans que
l'on tienne compte comme on le devrait de la distinction entre les
compétences de la religion et celles de la société civile [1] ». Liée à
une inquiétude personnelle de plus en plus sensible chez le pape,
cette insistance se retrouve dans presque tous les discours, prononcés
au cours des récents voyages de Jean-Paul II, notamment dans les
pays où des minorités chrétiennes sont soumises à la pression d'États
musulmans ou islamistes. Mais elle est également bien marquée dans
un document plus officiel, comme par exemple l'encyclique *Cen-
tesimus Annus* (1991) où on lit au paragraphe 29, avec une allusion explicite aux fondamentalismes religieux, que « c'est dans la
reconnaissance des droits de la conscience humaine que se trouve
le fondement premier de tout ordre politique authentiquement
libre », droits caractérisés ici comme « droit élémentaire naturel »
à « connaître la vérité et à vivre selon la vérité [2] ».

On l'aura remarqué : l'enseignement officiel ne sépare jamais
conscience et recherche de la vérité [3]. Dès lors, peut-on soupçonner cet enseignement de vouloir réintroduire subrepticement le droit

1. Message pour la Journée de la Paix, 1er janvier 1991 (*La Documentation catholique*, n° 2020, du 20/1/1991, p. 53 *sq.*). Bien d'autres citations,
tirées d'autres documents pontificaux, pourraient être faites qui iraient dans
le même sens, par exemple dans l'Encyclique *Redemptoris missio* ou dans *Sol-
licitudo rei socialis* au par. 26.
2. Il faut aussi se référer à l'important discours de Jean-Paul II devant le
Conseil de l'Europe, à Strasbourg. *La Documentation catholique*, n° 1971,
du 6 novembre 1988, p. 1001 *sq.*
3. Ce qu'évoque à lui seul le titre de la récente encyclique Splendeur de la
Vérité (août 1993), consacrée à « quelques positions fondamentales de l'enseignement moral de l'Église ». Toutefois la surenchère sur ce terme, non vraiment
défini et confondu souvent avec le Bien, montre la faiblesse spéculative de ce
document.

de l'Église à gérer les consciences par ce biais ? Nul doute qu'un tel enseignement prenne ses distances à l'égard des doctrines exaltant la conscience en tant que telle, comme norme première et ultime : on ne peut que donner raison à une position qui écarte à juste titre le subjectivisme et qui concorde avec les positions défendues dans les chapitres précédents. Mais comme, ainsi que l'a rappelé le Concile, la vérité religieuse ne peut être imposée en matière de foi, et, bien plus, qu'y adhérer présuppose une libre démarche personnelle, on ne voit pas comment un tel rappel réintroduirait la contrainte, ou alors ce ne pourrait être qu'en contradiction avec la tradition la plus ferme de l'Église. Certes on peut toujours trouver des textes dispersés qui semblent ne parler de la conscience qu'avec réserve. Mais il faut remarquer une fois de plus qu'une logique rigoureuse s'impose dès lors qu'on parle de conscience : on a beau encadrer, limiter, mettre en garde, avancer des réserves, le droit de la conscience à juger en dernier recours de la conduite à tenir ne peut plus être écarté. Ainsi la perspective d'ensemble trace-t-elle une ligne claire et nettement favorable au recours à la conscience.

Et l'on assiste en effet à une tranquille assimilation de l'importance accordée à la conscience par les documents conciliaires dans l'enseignement récent. Deux exemples. Le *Catéchisme de l'Église catholique* (1992) avalise l'importance de la conscience morale quand il traite de la vocation de l'homme à vivre dans l'Esprit ; dans sa présentation, débordant de bonne volonté, il en rajoute même sur *Gaudium et Spes*, puisqu'il parle d'abord de la conscience au paragraphe 1776, pour n'introduire la référence à la loi que bien plus loin, au paragraphe 1950 ; assez rousseauiste à cet égard, le *Catéchisme* eût gagné à plus de fidélité envers le Concile de Vatican II en évitant un tel dualisme qui désarticule dangereusement le lien entre conscience et loi, mais, même maladroit, le souci d'honorer la conscience est net. Second exemple : un récent document du Comité mixte catholique-protestant en France, *Choix éthiques et Communion ecclésiale* (1992), enregistre comme point d'accord œcuménique une telle référence, même s'il est reconnu en annexe que « des accentuations » différentes peuvent être mises entre catholiques et protestants ; extrait du corps du document, on

LA CONSCIENCE PROMUE

peut citer ce passage tout à fait ferme : « Il n'est pas en son pouvoir (de l'Église) de se substituer dans la pratique à la décision ultime des consciences qui demeurent toujours l'instance suprême quand il s'agit d'engagement éthique. Que l'Église fasse un devoir aux consciences de s'éclairer et qu'elle se dise habilitée à les aider ne signifie pas qu'elle puisse les décharger de leur responsabilité inaliénable » (p. 46). Qu'ajouter d'autre ?

La conscience et Dieu

On ne contestera pas que dans un organisme aussi complexe que l'Église catholique des tensions excitent et même que des incohérences pratiques puissent être dénoncées par rapport à une doctrine pourtant ferme. Le tutiorisme demeure une tentation permanente, notamment dans le domaine de l'éthique sexuelle. Mais une telle tentation est d'autant plus frappante qu'elle blesse une position fondamentale bien affirmée concernant la conscience morale et la responsabilité personnelle du fidèle dans sa vie morale. Il en va d'ailleurs du respect de la conscience comme des Droits de l'homme ; de même qu'il revient au citoyen de rendre vivante la référence aux Droits de l'homme contre les « oublis » ou les violations de ces Droits par les pouvoirs établis, de même il revient au fidèle d'approfondir sa conviction concernant l'importance de la conscience dans sa vie morale et religieuse. La conscience n'est honorée que si on s'en rend digne et si l'on sait en imposer le respect. Cette formule vaut en toute société et à l'égard de tout pouvoir.

Un tel principe est d'autant plus impérieux que la doctrine catholique pose un lien intime entre la conscience et Dieu, comme on l'a vu par exemple à propos de la *Constitution sur l'Église dans le monde de ce temps*. Par là le subjectivisme, compris comme référence se faisant centre et se posant en absolu, est structurellement dépassé ; la conscience ne peut pas être pensée ni vécue sans une relation avec un Autre qu'elle, qui est son Absolu, mais un Absolu présent en son acte propre. Et même si cet Autre est connu dans ses exigences grâce à la médiation de la communauté croyante et dans l'écoute des autorités religieuses, il demeure bien la référence ultime qui juge la conscience et devant laquelle elle-même se juge. « Si l'on s'accorde à penser que la conscience est un sanctuaire (au sens où un sanctuaire est inviolable), écrit le Comité mixte dans une référence transparente au texte conciliaire, encore doit-on reconnaître que ce n'est pas à elle-même mais à Dieu qu'elle doit rendre un culte [1]. » Par là la conscience croyante se trouve libérée de l'enfermement sur soi, et mise en demeure de s'ouvrir à une écoute qui la sauve de son narcissisme dans le temps même où elle l'informe et la mobilise.

Faut-il ajouter que ce lien constitue aussi la chance de sortir des pièges de la mauvaise conscience ? Nous avons fait allusion antérieurement au reproche souvent adressé au christianisme : en mettant si fortement l'accent sur l'intériorité et sur la place de l'intention, n'enferme-t-il pas dans le scrupule indéfini et n'efface-t-il pas la référence à l'objectivité d'une loi qui sauverait la conscience de ses incertitudes ? La référence à l'Église a montré à quel point la communauté croyante et les autorités qui la structurent constituent une référence objectivante qui permet à la conscience de ne pas s'enfermer dans les rets du subjectivisme. Il faut dire encore que la relation à Dieu délivre aussi la conscience du jugement qui la condamnerait : elle peut savoir, en raison de cette relation constitutive, que son propre jugement sur elle n'est pas le dernier mot. « Si notre cœur nous accuse, Dieu est plus grand que notre cœur, et il discerne tout », écrit saint Jean dans sa *Première Épître* (ch. 3, v. 20). Loin de constituer un accablement, comme certaine tradition chrétienne l'a pensé, cette affirmation est une délivrance : le jugement ultime sur nous-même ne nous appartient pas, et même si notre jugement nous condamne, reste le jugement du Dieu de miséricorde sur lequel nul n'a prise. Appelé à la vie dans l'Alliance nouvelle, le fidèle, si accablé soit-il par sa propre vie, ne peut jamais désespérer de Celui qui ne désespère pas

1. *Op. cit.*, p. 41.

de lui en Jésus-Christ. Certes, si la conscience se réfère aux projections qu'elle se fait de Dieu, si elle adhère au Dieu infantilisant et débilitant qu'elle se donne, et non au Dieu de Jésus-Christ qui détruit une telle idole, les processus de culpabilisation seront quasiment inévitables. Ici encore une vie de foi en l'Église, alimentée par la méditation des Écritures, c'est-à-dire de l'économie du salut, est le présupposé nécessaire.

Dans la perspective évangélique, au sein de laquelle ce qui vient d'être dit prend sens, le pardon reste toujours possible, non point l'autoblanchissement que la bonne conscience s'accorderait à elle-même, mais le pardon reçu d'un Autre ; il constitue certes un effacement du passé et de ses turpitudes, mais essentiellement une chance nouvelle ouverte sur l'Avenir. Le pardon délivre la conscience de l'enfermement dans son acte et dans son passé, si lourd soit-il ; il la recrée en lui donnant la possibilité d'une histoire renouvelée. Signifié concrètement dans et par la communauté croyante (Église), il évite les illusions d'une conscience laxiste qui peut aussi bien se murer dans sa bonne conscience que dans la culpabilité. Il prend figure du frère qui dans le sacrement de Réconciliation encourage et signifie le Don inaliénable de Dieu.

Ce qui est vrai de la conscience individuelle vaut évidemment pour autrui. Le lien posé entre Dieu et la conscience délivre de la tentation d'enfermer autrui dans son acte, de le murer dans son passé si lourd soit-il ; nous ne devons pas juger de nos frères, ce qui ne signifie certes pas que nous ne puissions pas et ne devions pas apprécier la qualité morale des actes et des attitudes, mais que sur le fond nous ne pouvons pas nous substituer à Celui qui juge les reins et les cœurs. Par là même un principe de libération et un espace de respiration se trouvent posés ; par là se trouvent évitées ces diabolisations d'autrui qui ont si souvent cours dans la vie sociale ou politique, dès lors que l'individu (ou un groupe) est identifié à son comportement réel ou supposé. Le principe du pardon de l'ennemi se trouve fondé en ce lieu ; un tel pardon n'est ni innocence illusoire sur la profondeur du mal, ni naïveté ignorante des turpitudes ; il se base sur l'impossibilité d'identifier l'ennemi à ses crimes éventuels, de le confondre avec le mal même ; il honore l'idée que, même criminel, même corrompu, il est autre que son crime ou que sa corruption, parce que, lui aussi image de Dieu, il porte la trace inaliénable d'un Autre. Pardonner alors consiste à parier que le bien en lui, ou la grâce, peut prendre le dessus sur le mal et le vice. Faut-il ajouter, contre les méprises si répandues, qu'un tel pardon ne se commande pas, sauf à verser dans la caricature ? Plus que jamais, nous sommes ici dans le royaume de la liberté et de la grâce ; un pardon contraint n'a pas plus de sens qu'un amour forcé. Il est une offre faite à l'autre de nouer avec lui une histoire renouvelée. Mais sans la force de Celui qui est maître du temps et de l'histoire, qui peut prétendre trouver par soi-même et en soi-même la force du pardon, c'est-à-dire la force de renouveler le temps et l'histoire ?

Conclusion-ouverture

Malgré sa fragilité interne, son investissement par l'inconscient, les doutes qui la traversent, ses errements, la conscience reste et doit rester une référence fondamentale. Il faut même dire que la fidélité à sa conscience constitue la meilleure issue à bien des problèmes actuels ; elle seule peut éviter le suivisme si redoutable, d'autant plus redoutable que beaucoup tiennent naïvement que dans une « société des individus » la liberté va de soi et que suivre son impulsion ou chercher son équilibre constituent une incontestable référence, sans voir à quel point ces « valeurs » sont manipulées par la publicité, l'opinion changeante, la pression des groupes, les impératifs commerciaux. Elle seule peut conduire à poser des gestes courageux sur le terrain professionnel, dans les cabinets médicaux, les hôpitaux aussi bien que les entreprises ou les écoles, et à aider chacun à mesurer le prix et la dignité de la vie humaine en y étant provoqué par le comportement d'autrui ; contre les formes subtiles de banalisation ou d'exaltation du mal sous couvert du langage du bien, une conscience ferme et avertie est à même d'infléchir les tendances paresseuses au conformisme et à l'affaissement devant les facilités, financières, carriéristes, complaisantes ou simplement médiocres.

Mais elle n'est pas qu'une vertu individuelle, réservée au pré carré de la vie privée, ce qu'on vient de dire l'atteste déjà ; sa disparition ou son affaissement sont liés aux malaises, aux tensions et aux scandales de la vie publique ; elle engendre ces comportements d'indifférence à autrui et au bien commun qui provoquent tant de mal-vivre, d'autant plus insupportables qu'ils pullulent dans la vie

265

quotidienne. Son affermissement et sa vitalité sont par contre nécessaires à nos démocraties ; grâce à une conscience ferme, des citoyens
exigeants sont capables de vouloir une vie commune réglée et nourrie
d'idéaux de justice et de solidarité ; grâce à elle ces citoyens sont
à même d'exiger de ceux qui les informent, qui les jugent, qui les
dirigent, qui les distraient ou qui les guident intellectuellement ou
spirituellement, ce respect de leurs convictions et de leurs personnes sans lequel la vie publique devient, non le lieu d'un combat
entre forces opposées, mais l'arène où s'accumulent dérisions et
scandales. Une conscience vive et alertée en chaque citoyen fournit la base du dialogue social et politique, car la démocratie repose
sur le sens du respect d'autrui, et de tout homme quels que soient
son sexe, sa race, son âge, ses qualités ou ses défauts... ; sans cette
conscience, la démocratie s'affaisse ; au lieu de la considération
mutuelle s'impose alors l'appel à la force publique et s'élèvent les
demandes de renforcement de la sécurité parce que chacun éprouve
la peur devant chacun, par quoi on se rapproche de la « condition
naturelle » décrite par Hobbes, plutôt que de la « condition politique » ouverte par l'État de droit.

Ainsi, loin de renoncer à cette référence ou d'en atténuer l'importance comme le proposent nombre de détracteurs des mœurs démocratiques, il faut en faire l'axe de toute éducation aussi bien
humaine que religieuse. Car, l'a-t-on assez montré au long de ces
pages, une conscience droite et libre se forme ; elle devient vive
à la mesure même où elle se découvre désirée et voulue. L'assimilation de connaissances toujours plus nombreuses semble à certains la condition essentielle pour former des individus « adaptés »
à la société de demain ; il ne faudrait pas oublier que, sans une
conscience exigeante et rigoureuse, ces individus seront des proies
faciles aux manipulateurs innombrables, et qui n'ont pas tous le
visage de Hitler ou de Staline, mais parfois celui du « concepteur »
ou du « manager entrepreneurial ». En ce sens, former des consciences circonscrit une tâche éducative essentielle, dont il faut sans
doute redécouvrir les modalités en ce début du XXIe siècle. Cette
tâche éminemment politique incombe à tous ; les Églises, malgré
ou peut-être à cause de leurs faiblesses présentes, peuvent jouer

un rôle essentiel : délivrées des tentations de mainmise sur la société, malgré la nostalgie de quelques marginaux, elles peuvent et doivent contribuer par leur message, qui est message de liberté, à œuvrer dans une tâche heureusement jamais achevée...

Table

TRANSCODAGE : CHARENTE-PHOTOGRAVURE À L'ISLE-D'ESPAGNAC
IMPRESSION : S.N. FIRMIN-DIDOT AU MESNIL-SUR-L'ESTRÉE.
DÉPÔT LÉGAL : JANVIER 1994 - N° 19262 (25612)

Collection Esprit
dirigée par Jean-Louis Schlegel

Les Carrefours du labyrinthe
Cornélius Castoriadis, 1986

Du Texte à l'action
essais d'herméneutique II
Paul Ricœur, 1986

La Faiblesse de croire
Michel de Certeau, 1987

L'Égale Dignité
Essai sur les fondements des droits de l'homme
Janos Kis, 1989

Inévitable Morale
Paul Valadier, 1990

Bio-médecine et Devenir de la personne
ouvrage collectif
sous la direction de Simone Novaes, 1991

Les Racines de la religion
Tradition, rituel, valeurs
Henri Hatzfeld, 1993

L'Économie contre la société
Affronter la crise de l'intégration sociale et culturelle
Bernard Perret et Guy Roustang, 1993

Que m'est-il donc arrivé ?
Un trajet vers la foi
Guy Coq, 1993

Une mélodie sans paroles ni fin
Chroniques juives
Arnold Mandel, 1993